Lo que otros dicen sob

La humanidad, dice Richard Rohr, es una rima perfecta para lo que el cristianismo, intentando expresar lo inexpresable, denomina la santa trinidad. Esta danza humana en la que estamos todos refleja una danza divina misteriosa, una que observamos en nuestros mejores días. Encontrando el punto dulce donde la ciencia contemporánea se encuentra con el misticismo antiguo, y la teología se encuentra con la poesía, *La Danza Divina* bosqueja una hermosa coreografía para una vida bien vivida. En nuestra alegría o nuestro dolor, la vida verdadera es siempre relacional, un flujo, una danza. (Y así había de serlo siempre).

—*Bono*, U2

En serio, amigos, esto es Richard en plena forma, haciendo lo que mejor hace: mostrándonos cómo las mejores ideas para el futuro en realidad han estado aquí, en la tradición de Jesús, todo el tiempo. En estas páginas es la Trinidad, esa vieja palabra tan familiar, la que de repente cobra perspectiva y electricidad cuando vemos lo práctico y útil, lo sanador e inspirador, lo provocativo y peligroso que es este concepto de lo Divino. ¡Nuestro franciscano favorito lo ha hecho otra vez!

—*Rob Bell*
Orador, maestro y autor, *Love Wins*
RobBell.com

Cada vez más personas están batallando con comprensiones convencionales de Dios, como el hombre grande y blanco sentado en un trono, con una larga barba y su puño lleno de espadas y relámpagos con los cuales tú (o tus enemigos) podrían ser golpeados en cualquier momento si no piensan o actúan de manera correcta. Para muchos, el concepto de la Trinidad simplemente triplica sus problemas sobre Dios. Pero en *La Danza Divina*, Richard Rohr y Mike Morrell exploran la Trinidad como un camino que está por encima de comprensiones problemáticas de Dios. Este libro que está escrito de modo hermoso puede hacer mucho más que cambiar tus pensamientos inquietos sobre Dios: puede cambiar por completo tu modo de pensar sobre Dios.

—*Brian D. McLaren*
Activista, orador y autor, *We Make the Road by Walking*
Brianmclaren.net

Rohr y Morrell nos han hecho una invitación liberadora, y a la vez totalmente ortodoxa a la vida de Dios. Este libro es una celebración de la Trinidad, no como una simple suma $(1+1+1=3)$, y no como un misterio desconcertante que evitar, sino como el movimiento divino de amor. Estoy agradecida por un libro que habla de Dios, no con pretensión y jerga, sino con sabiduría y experiencia humana genuina. *La Danza Divina* es un ejemplo de por qué Rohr ha tenido una influencia tan profunda en tantos cristianos que buscan equilibrar razón y misterio, acción y contemplación, por no mencionar fe y vida real.

—*Nadia Bolz-Weber*
Pastora, House for All Sinners and Saints
Autora de *Accidental Saints: Finding God in All the Wrong People*
NadiaBolzWeber.com

La Danza Divina nos recuerda que Dios es una comunidad santa: Padre, Hijo y Espíritu. Y que la humanidad ha sido creada a imagen de la comunidad, con un profundo anhelo de amar y ser amada. Este libro nos llama a ser como Dios: a pertenecer el uno al otro, a ser uno como Dios es uno, y a negarnos a ir por la vida solos.

—*Shane Claiborne*
Activista y autor de *Jesus for President*
RedLetterChristians.org

Es una ironía que, mientras que tenemos muchas instituciones religiosas que llevan el nombre de Trinidad, estamos cada vez más plagados de sentimientos de aislamiento y soledad porque no experimentamos verdaderamente este misterioso Tres en Uno. Con sabiduría, compasión y una profunda perspectiva teológica, Rohr y Morrell ayudan a los lectores a comenzar a oír la música, a entender la invitación, y a sentir la alegría que conduce a nuestras almas a entrar en *La Danza Divina*.

—*Sarah Thebarge*
Autora de *The Invisible Girls*
SarahThebarge.com

Richard Rohr es uno de los grandes maestros espirituales de nuestra época, y sin duda de cualquier época. Su magnífico nuevo libro sobre la Trinidad es Rohr estilo *vintage*: lúcido, provocativo, inspirador, retador y, sobre todo, bañado de la presencia del Espíritu Santo. La Trinidad seguirá siendo siempre un profundo misterio, pero después de leer el libro del Padre Rohr, la experimentarás como un misterio que puede transformar y transformará tu vida.

—*James Martin, SJ*
Autor de *Jesus: A Pilgrimage* y *Seven Last Words*

La Danza Divina es una alegre zambullida en lo que es con frecuencia un seco misterio académico. Richard Rohr comparte su exploración de lo sagrado, y nos reta a todos a acompañarlo en el estimulante viaje a la comunidad.

—*Simone Campbell, SSS*
Directora ejecutiva de NETWORK, abogada, defensora, poeta,
y autora de *A Nun on the Bus*
NetworkLobby.org

Esto es cristianismo, despierto. En *La Danza Divina*, Fray Rohr y Mike Morrell inspiran la mente y abren el corazón al explorar cómo una teología Trinitaria más robusta puede dar vida a la fe de un modo que está arraigado, no solo en la tradición cristiana, sino también en la sabiduría, la experiencia y el amor.

—*Michael Gungor*
Músico y autor de *The Crowd, the Critic, and the Muse*
GungorMusic.com

En parte devocional, en parte (re)introducción teológica a la Santa Trinidad, *La Danza Divina* arroja luz sobre algunos de los movimientos que harán que nuestros músculos cansados de estar en los bancos se levanten, y vuelvan a moverse. Pero una advertencia: ¡es difícil danzar sin tocar!

—*Jenniffer Knapp*
Cantante/compositora y autora de *Facing the Music*
JenniferKnapp.com

Yo nunca me llamaría a mí misma una mística o contemplativa. Mi vida de fe corre rapidísimo. El Creador me inspira a producir alabanza que es cacofónica y alegre; Jesús me catapulta a batallas por una sociedad más justa; y el Espíritu me lanza a amar con rigor a mi prójimo y a mí misma. Este hermoso libro me hizo ralentizar, estar presente, atender y ser curiosa acerca de los componentes de la Danza Divina. Tuve la sensación de que el Padre Rohr estaba sentado conmigo tomando un té, que Mike Morrell estaba con nosotros, tejiendo el lenguaje, pintando un retrato íntimo de Dios, Jesús y el Espíritu Santo: el misterio de la Trinidad. Cada Persona está más viva ahora, dando vueltas en mi corazón; ¿es un vals? ¿es danza *two-step*? ¿Es incluso *hip-hop*? Este libro debe estar en tu estante: clérigos, líderes laicos, activistas y académicos. Para reflexión y alimento. Para recordar nuestra "semejanza" con lo Santo. Para ser invitados a la danza.

—*Rev. Dr. Jacqui Lewis*
Ministro principal, Middle Collegiate Church (ciudad de Nueva York)
Presentadora de *Just Faith* (MSNBC.com);
autora de *The Power of Stories*
JacquiLewis.com

¿Los tres y uno? Bien, sí. Una realidad dinámica, un ruido alegre, ¡una gloriosa explosión de semejanza sagrada! Una doctrina intrépida, ciertamente. Como sufí judía, hindú y budista, finalmente lo entiendo. Dios es amor y el amor se despliega sin fin, impregnando, transformando y conectando Todo lo que Es. *La Danza Divina* bien puede ser el libro más importante de Richard Rohr.

—*Mirabai Starr*
Autora de *God of Love: A Guide to the Heart of Judaism,*
Christianity and Islam
MirabaiStarr.com

La Danza Divina no es solo el mejor libro de Richard Rohr; es el mejor libro sobre la Trinidad que he leído jamás. Tierno, humano, brillante pastoralmente y psicológicamente, esta es la obra para la cual nació Rohr, el esquema maestro teológico que ilumina toda una vida de enseñanza. Aunque la profundidad y el ámbito del libro son enormes, *La Danza Divina* está marcado principalmente por su claridad brillante y reveladora. La escritura, como nuestro Dios tres en uno, danza. Para Rohr y Morrell, la Trinidad no es tan solo la revelación de Dios, sino también la revelación de todo. Lloré, adoré, comencé de nuevo. Un clásico espiritual al instante.

—Jonathan Martin
Autor de *How to Survive a Shipwreck*
JonathanMartinWords.com

Este libro es esencial para cualquiera que haya sufrido alguna vez bajo la impresión de un Rey Dios enojado que se sienta en un trono y juzga a los malvados. *La Danza Divina* ilumina las bellas implicaciones de un Dios que es verdaderamente Padre, Hijo y Espíritu Santo, cuyo ser está formado por la relación; y al hacerlo, reclama el bien esencial de la creencia cristiana.

—Mike McHargue
Autor de *Finding God in the Waves*
MikeMcHargue.com

La Danza Divina es un redescubrimiento radical de la Trinidad para nuestra generación, que proporciona una comprensión ampliada del flujo divino de la Trinidad y cómo proporciona un marco para todo... nuestras relaciones, nuestra sexualidad, nuestra autoestima y nuestra espiritualidad. Es una lectura esclarecedora para todos los cristianos que hayan batallado para entender la Trinidad más allá de una doctrina impersonal, e ilumina el modo en que la integración de la Trinidad nos sitúa a todos en un camino hacia la integración espiritual, la vulnerabilidad y la sanidad.

—Kristen Howerton
Escritora
Rageagainsttheminivan.com

La Danza Divina nos invita al corazón del misticismo cristiano: el abundante amor de Dios que nunca se agota. Richard Rohr y Mike Morrell muestran que el Dios trino es más que un concepto filosófico; la Trinidad es una celebración gozosa de amor y vida, y todos somos llamados a participar. Este no es un libro meramente para leerlo o estudiarlo; hay que *vivirlo*.

—*Carl McColman*
Autor de *The Big Book of Christian Mysticism*
CarlMcColman.net

Una de las doctrinas peor entendidas y menos apreciadas en la iglesia moderna está comenzando a ver una resurgencia a medida que la humanidad avanza hacia una era no dualista de conciencia, que está descubriendo la belleza y el poder del misterio de nuestro Dios tres en uno y relacional. En *La Danza Divina*, Fray Richard Rohr y Mike Morrell exploran las profundidades del misterio Trinitario de manera sorprendentemente accesible y refrescante, reflexionando en cómo el concepto trino de Dios del cristianismo tiene la llave para la transformación personal y de la sociedad.

Este libro es una re-presentación verdaderamente vital de las verdades fundamentales que yacen en el corazón del evangelio cristiano para una nueva era. Rohr y Morrell han escrito un libro que pronto será un clásico y que volverá a encantar a muchos con la belleza de la tradición cristiana, a la vez que hará que nos extendamos y exploremos más allá de las fronteras de la religiosidad rígida. Este libro es práctico, profundo e inspirador, lectura obligada para todo cristiano en el siglo XXI.

—*Brandan Robertson*
Autor de *Nomad: A Spirituality for Travelling Light*
BrandanRobertson.com

Con la sabiduría de C.S. Lewis y la accesibilidad de Rob Bell, Richard Rohr y Mike Morrell desarrollan nuestras prolongadas preguntas sobre Dios, el amor, la gracia y el perdón, todo ello mediante los lentes de la espiritualidad Trinitaria. Esto no es lo mismo que decir que este libro responde a todas las preguntas. Como todos los buenos místicos, Rohr y Morrell rodean nuestras preguntas, deleitándose en el misterio de todo lo que es. Acompáñalos. Permanece a su lado "bajo la catarata de la infinita misericordia de Dios, y ten la seguridad de que eres amado".

—*David James Poissant*
Finalista del Premio Literario de *L.A. Times*;
autor de *The Heaven of Animals*
Davidjamespoissant.com

Hace muchos años tuve una visión, supe de algún modo, de la Trinidad: danzando. En esta danza, las personas de Dios estaban llenas de una gran alegría contagiosa. Recuerdo desear poder unirme a ellos en esa danza íntima y circular. ¡Puedes imaginar mi gran alegría cuando Jesús me tomó de la mano y me incluyó en ella!

Mi querido amigo Richard Rohr ha vuelto a darnos otra vez un notable libro sobre un tema en el que la mayoría de cristianos no ha pensado realmente o ha orado al respecto, y sin embargo todos estamos de acuerdo en que está en el corazón mismo del cristianismo: esta Trinidad. El corazón de Richard es reformar el cristianismo desde abajo dejando claro la forma de Dios, y en *La Danza Divina* hace precisamente eso. Me siento muy privilegiado de endosar este maravilloso libro ¡y saber que la sabiduría contenida en estas páginas nos permitirá a todos unirnos a la danza de la vida!

—*Francis MacNutt*
Ministerio de sanidad y autor de *The Healing Reawakening*
christianhealingmin.org

Aunque mi herencia está en el movimiento carismático, siempre he tenido una curiosidad espiritual que me llevó fuera de los límites de mi educación tradicional. Creo que hay una fe a nuestra disposición que sobrepasa con mucho cualquier temor a ser engañado. Si somos sinceros, todos nosotros hemos cuestionado lo que creíamos en el pasado a fin de llegar a las creencias que tenemos en el presente. *La Danza Divina* es el catalizador perfecto para la innovación continuada.

Tengo una aventura amorosa con pensadores progresistas como Richard Rohr y Mike Morrell, quienes desafían con valentía verdades que se han vuelto estáticas, y han perdido su relevancia. Su colaboración generacional con este trabajo es crítica para aquellos de nosotros que evolucionamos en nuestras perspectivas teológicas. Juntos, demuestran una humildad inteligente, enseñando al lector cómo pensar, en lugar de qué pensar.

En estas páginas descubrí que lo que yo he sabido sobre la Trinidad no era necesariamente impreciso, tan solo incompleto. *Danza* es una metáfora perfecta para participar en el misterio. Rohr y Morrell aceptaron la invitación del Padre, del Hijo y del Espíritu; una invitación que pregunta: "¿Me concedes este baile?". Desde el primer capítulo fui tomado de la mano para mover mis pies, deslizarme, y hacer piruetas hacia las profundas perspectivas de la Trinidad. Mi corazón aún sigue danzando. Este es, sin lugar a dudas, el mejor tratado teológico que he leído en cuarenta años.

—*Dr. Randall Worley*
Autor de *Brush Strokes of Grace*
RandallWorley.com

No creía que necesitaba entender la unidad hipostática de la Trinidad; tan solo necesitaba entregar mi vida a quien quiera que creó el Gran Cañón. Leer *La Danza Divina* me proporciona el mismo sentimiento: ¡quiero levantarme y moverme!

—*Kevin Prosch*
Cantante, compositor y artista discográfico

¡Richard Rohr lo ha vuelto a hacer! En *La Danza Divina*, Richard y Mike Morrell revelan el cambio de paradigma espiritual que está teniendo lugar para que volvamos a examinar cómo vemos a Dios. Dios no es alguien que amenaza y está lejos, ¡sino la fuente de vida en todas las cosas! Este libro es transformador, y hará que eches una segunda mirada a quién es Dios realmente dentro de la creación. ¡Bien hecho! ¡*La Danza Divina* es excelente y una lectura obligada!

—Jeremy Lopez
Autor de *The Power of the Eternal Now*
Fundador de Identitynetwork.net

La Danza Divina es una historia de amor que nos llama a avanzar y aceptar la plenitud de Dios en las tres partes unitivas del ser de Dios. El Padre Richard Rohr y Mike Morrell nos invitan a desatar nuestras limitadas imágenes de Dios, con frecuencia creadas por nuestra visión singular o por separado del Padre, el Hijo y el Espíritu Santo.

Estas páginas nos llaman a reunir conscientemente a nuestro Dios de tres para ver la expresión plena del ser de Dios; como un molino de agua, Dios fluye libremente mientras las partes discurren en el todo.

La Danza Divina nos ofrece la oportunidad de enamorarnos de un Dios robusto, y al hacerlo, nos hace el regalo de un espejo divino, que nos ve y nos ama completamente, y nos permite aceptarnos y amarnos completamente a nosotros mismos.

—*Teresa B. Mateos, LCSW*
Autora de *Sacred Wounds: A Path to Healing from Spiritual Trauma*
teresabmateus.com

Richard Rohr es amigo y contemplativo, y nos ha enseñado mucho sobre los gozos de una profunda vida espiritual. En *La Danza Divina: La Trinidad y tu Transformación*, Richard explica de modo maduro la naturaleza y el profundo significado de la Trinidad, que no ha sido apreciada por muchos cristianos durante gran parte de los últimos mil setecientos años. Recomiendo encarecidamente este libro a cualquiera que quiera entender la relación entre los seres humanos y Dios, de manera más rica y profunda.

—*Jim Wallis*
Presidente de *Sojourners* y editor en jefe de la revista *Sojourners*
Autor del éxito de ventas del *New York Times*, *America's Original Sin*

LA
DANZA DIVINA

LA TRINIDAD Y TU TRANSFORMACIÓN

RICHARD ROHR

CON MIKE MORRELL

WHITAKER
HOUSE

El autor está representado por Christopher Ferebee, abogado y agente literario.
www.christopherferebee.com

Traducción al español por:
Belmonte Traductores
Manuel de Falla, 2
28300 Aranjuez
Madrid, ESPAÑA
www.belmontetraductores.com

Editado por: Ofelia Pérez

La Danza Divina
La Trinidad y Tu Transformación
Publicado originalmente en inglés bajo el título: *The Divine Dance*

ISBN: 978-1-62911-887-1
Ebook ISBN: 978-1-62911-888-8
Impreso en los Estados Unidos de América.
© 2017 por Richard Rohr

Whitaker House
1030 Hunt Valley Circle
New Kensington, PA 15068
www.whitakerhouseespanol.com

1 2 3 4 5 6 7 8 9 10 11 WH 22 21 20 19 18 17

DEDICATORIA

DE RICHARD ROHR

A todos los amigos nada suspicaces que no saben que ya están dentro del Flujo Divino.

DE MIKE MORRELL

A mis hijas, Jubilee Grace y Nova Rain. ¡Ustedes personifican los movimientos inesperados del Espíritu en mi vida!

CONTENIDO

PARTE II: ¿POR QUÉ LA TRINIDAD? ¿POR QUÉ AHORA?

PARTE III: EL ESPÍRITU SANTO

PRÓLOGO

UNO solo

No es por naturaleza Amor,
o Risa,
o Canto

UNO solo
Puede ser Fuerza Motriz,
Desconocido
Indivisible
Todo

y si todas las cosas son Todo y Todo es Uno

Uno está Solo
Egocéntrico

No Amor
No Risas
No Canto

DOS
Ying/Yang
Oscuridad/Luz
Varón/Hembra

Dualismo que contiende
Afirmando el mal/bien
Y esforzándose hacia el Balance

Cara a cara en el mejor de los casos
         pero nunca Comunidad
TRES
Cara a cara a cara
         Comunidad
         Ambigüedad
         Misterio

Amor por el Otro
         Y por el amor del Otro

Adentro
         Centrado en el Otro
         Dando de sí
                  Amando
                  Cantando
                  Risas

                  Es creado un cuarto
                           Siempre amado y amoroso.

La relación ha sido siempre el comodín, el bufón de la corte que aparece en medio de nuestros planes humanos y nuestras alucinaciones de autosuficiencia independiente, revelando por cualquier medio que el emperador está desnudo. Cuando rozas los bordes de la relación, te sometes al misterio, y pierdes el control. El matrimonio sería mucho más fácil si no hubiera otra persona involucrada, pero entonces no tendría sentido. Las relaciones son entrelazadas, arraigadas, elusivas, confusas, posibilitadoras, cautivadoras, enloquecedoras, estimulantes, frustrantes, arriesgadas y demasiado hermosas para expresarlas con palabras. Hay momentos cuando pensamos que finalmente podríamos tener un susurro de control sobre nuestro mundo, y entonces... ¡uff! Llega alguien que lo vuelca por completo.

Sin embargo, es la relación la que provee el telón de fondo y el marco para el arte de nuestras vidas, y sin ella nuestros colores sencillamente se dispersarían informes y vacíos en la oscuridad, esperando que el revoloteo del Espíritu los recogiera y, con Sus sombras y matices, soplara en nosotros para liberarlos.

La mala teología es como la pornografía: la imaginación de una relación real sin el riesgo de tener una. Tiende a ser transaccional y proposicional en lugar de ser relacional y misteriosa. No tienes que confiar en una Persona u ocuparte de una Persona. Se convierte en un ejercicio de auto- gratificación que finalmente deshumaniza el yo y a la comunidad de la humanidad, a fin de evitar los dolorosos procesos de humillarse y confiar. La mala teología no es un crimen sin víctima. Deshumaniza a Dios, y convierte la maravilla y el difícil misterio de la relación íntima en una página desplegable para usarse y tirar.

Hay un retumbo resonante, como el de un tren de medianoche que se acerca cruzando los páramos. No solo lo oímos desde la distancia, sino podemos sentirlo si ponemos nuestras manos en el suelo, o en el agua, o en el pan partido y el vino servido. El rumor en los lugares profundos de nuestra alma es que se está celebrando una fiesta, y escasamente podemos confiar en nuestra invitación. ¿Podría alguna vez haber un brindis en nuestro honor? ¿Podría una mano extenderse y conducirnos a la *danza divina*, susurrando en nuestro oído que siempre fuimos hechos para esto? Y así, esperamos el beso, la inspiración y la expiración que despierten a la vida nuestro corazón que duerme. ¡Fuimos hechos para esto, absolutamente encontrados dentro del Cariño Incesante!

Hay una comunidad de místicos inteligentes que están hablando con profunda compasión y autenticidad, atreviéndose a aceptar ellos mismos esta comunión en la mesa, y recordándonos que *también nosotros* recibimos una invitación. Richard Rohr y Mike Morrell son dos de esas voces, que nos llaman a pasar adelante y nos invitan a cambiar activamente lo que permitimos que entre en nuestro corazón, llamándonos a participar de modo consciente en esta danza divina de amar y ser amado.

Hemos visto retroceder las aguas durante los últimos cientos de años, y con ello llegó un sentimiento de esperanza que baja como la marea. Pero cuando desafiamos y cambiamos lo que permitimos que entre en nuestro corazón, entendemos lo siguiente: *no* hemos sido olvidados ni abandonados, y lo que creíamos estar perdiendo era en realidad una reunión. Aguas compuestas por muchas voces se elevan formando una fuente de vida que está reuniendo sueños de expectativa, de maravilla crónica y de amor anhelante, la cúspide de una nueva reforma y la puesta en libertad del renacimiento. Por maravilloso que haya sido el despertar, nunca ha sido suficiente. Hemos sido testigos de la destrucción de los odres viejos, y hemos observado el vino de color rojo intenso ser absorbido por la tierra. Para quienes tienen ojos para ver, miran desde una masa inmensa y colosal de agua viva que está a punto de chocar contra este planeta. Para aquellos cuyos ojos no han sido sanados aún, los que "nacieron ciegos", aunque no puedan verlo, pueden sentir que llega.

Los hijos de esta inminente re-forma de las maneras en que pensamos y vemos responderán rápidamente y fácilmente. Los ancianos de los imperios necesitarán mucho más trabajo. Sin embargo, no deben ser descartados, porque el amor nunca rechaza ni una miga de pan o una gota de vino.

La Danza Divina, junto con otras miles de voces que van en aumento, es una violación del Imperio y una celebración de la Relación. Cuando uno ha visto los profundos misterios revelados amorosamente aquí, no puede dejar de ver. Cuando uno ha oído, no hay vuelta atrás; el sufrimiento no puede borrar la sonrisa del corazón.

Dios, tú nunca tuviste una baja perspectiva de la Humanidad.

Que nuestros ojos sean sanados, especialmente de aquellos de nosotros "nacidos ciegos", para que podamos ver lo que tú haces.

Que nuestros oídos sean abiertos a la música que sana, celebrando el enredo de las diferencias para que, incluso en nuestra discordancia, oigamos que nosotros mismos somos la melodía adoptada en la Armonía de Tres partes.

Que nuestra valentía sea alentada para correr los riesgos de la confianza, para vivir solamente en el interior de la gracia de un solo día, para cruzar las fronteras del Imperio y derribar los muros que enmascaran nuestros rostros.

Que podamos sentir en nuestro interior la vida eterna de Jesús obrando mediante nuestras manos para sanar, para sostener, para abrazar, y celebrar el pan de nuestra Humanidad, la santidad de lo Ordinario y la Participación en la Trinidad.

Al leer estas páginas y vivir nuestras vidas, ¡que así sea!

—William Paul Young
Autor de *La Cabaña, Cross Roads* y *Eva*
Trinity Sunday, 2016

INTRODUCCIÓN:

"SEIS COSAS IMPOSIBLES ANTES DEL DESAYUNO"

La Bendita Trinidad está supuesta a ser una doctrina fundamental central, incluso la suprema, de todo nuestro sistema de creencias cristiano. Y aún se nos dice, al menos a mí me dijeron cuando era un muchacho en Kansas, que no deberíamos tratar de entenderla.

"¡Tan solo créelo!", nos exhortaban. Pero en eso quedaba todo. La Hermana Ephrem, irlandesa de nacimiento, solo sostenía el trébol ante mi clase de tercer grado totalmente confiada. Nosotros, por cierto, creíamos, si no en la Trinidad, al menos en la fervorosa fe irlandesa que ella tenía (¡aunque quizá es ahí exactamente como tiene que comenzar el flujo divino! *Con compartir un poco de fervorosa y profunda bondad*).

Sin embargo, era ciertamente un misterio. Cierto tipo de enigma matemático para probar nuestra capacidad de creer que cosas imposibles eran verdad. Tú hubieras pensado que "creer seis cosas imposibles antes del desayuno" era la verdadera meta de mi formación católica anterior al Vaticano II. Pero más adelante descubrí que mis amigos protestantes tenían aproximadamente el mismo enfoque de la fe, solamente que incluía diferentes imposibilidades, por lo general cosas que sucedieron en la Biblia. Ellos tampoco parecían apreciar demasiado la experiencia interior.

Y aquí estoy yo, unos sesenta años después, atreviéndome a intentar traspasar este misterio impenetrable. ¿Nos atreveremos a intentarlo?

Supongo que esta es la única manera real en que podemos unirnos a la danza...

TRINIDAD: D.E.C.

Comencemos con la idea asombrosa y frecuentemente citada de Karl Rahner, el jesuita alemán que fue tan importante influencia en el Concilio Vaticano Segundo. En su clásico estudio *La Trinidad*, dijo: "Los cristianos son, en su vida práctica, casi meros 'monoteístas'. Debemos estar dispuestos a admitir que si la doctrina de la Trinidad tuviera que descartarse como falsa, la mayor parte de la literatura religiosa bien podría permanecer prácticamente sin cambio".[1]

Tendríamos que admitir que eso era en su gran mayoría cierto hasta que William Paul Young escribió su novela *best-seller* mundial, *La Cabaña*, en la pasada década.[2] Por primera vez desde la Capadocia del siglo IV, la Trinidad realmente se convirtió en un inspirado tema de conversación, y agradables preguntas en hogares y restaurantes. ¡Y continúa!

Pero diecisiete siglos de estar desaparecido en combate... ¿cómo podría haber sido cierto eso? ¿Podría esa ausencia ayudarnos a entender que aún podríamos estar en la etapa de infancia del cristianismo? ¿Podría ayudar a explicar la simple ineficacia, y la falta de transformación que vemos en una parte tan grande del mundo cristiano? Cuando estás en el centro, el edificio completo está tambaleante e inseguro.

Si se supone que la Trinidad describa el corazón mismo de la naturaleza de Dios, y sin embargo no tiene casi ninguna implicación práctica o pastoral en la mayor parte de nuestras vidas... si es incluso posible que pudiéramos terminarla mañana y fuera una doctrina olvidable y descartable... *entonces ¡o no puede ser cierta o no la entendemos!*

Como estás leyendo este libro, voy a suponer que, en algún lugar, crees que de algún modo debe ser verdad. En las páginas que siguen, simplemente voy a dar vueltas alrededor de esta idea tan paradójica sobre la naturaleza de Dios. Y en verdad, *dar vueltas alrededor* es en realidad una metáfora apropiada para este misterio que vamos a intentar comprender. No hay otra manera de apreciar el misterio.

Recuerda que el misterio no es algo que *no puedes* entender; ¡es algo que se puede *entender interminablemente*! No hay ningún punto en el cual podamos decir: "Lo tengo". Siempre y para siempre, ¡el misterio te tiene *a ti*!

---

1. Karl Rahner, *The Trinity* (New York: Crossroad Publishing Company, 1999), pp. 10–11.
2. William Paul Young, *The Shack* (Newbury Park, CA: Windblown Media, 2007).

"Dar vueltas alrededor" es lo único que podemos hacer. Nuestro hablar de Dios es una búsqueda de símiles, analogías y metáforas. Todo lenguaje teológico es una aproximación, ofrecida tentativamente en temor santo. Ese es el mejor lenguaje humano que podemos alcanzar. Podemos decir: *"Es como... es similar a..."*, pero nunca podemos decir: *"Es..."*, porque estamos en el ámbito del más allá, de la trascendencia, del misterio. Y debemos, absolutamente debemos, mantener una humildad fundamental ante el Gran Misterio. Si no lo hacemos, la religión siempre se adora a sí misma y sus formulaciones, y nunca a Dios.

Los Padres Capadocios muy místicos de la Turquía oriental del siglo IV llegaron a desarrollar un pensamiento muy sofisticado sobre lo que enseguida llamamos la Trinidad. Fueron necesarios tres siglos de reflexión sobre los Evangelios para tener la valentía de decirlo, pero ellos de esta tierra, que incluía a Pablo de Tarso antes de ellos y a Mevlânâ Rumi de Konya después, dieron vueltas alrededor de la mejor metáfora que pudieron encontrar:

Lo que sea que suceda en Dios es *un flujo, una relación radical, una comunión perfecta* entre Tres: una danza circular de amor.

Y Dios no es tan solo un bailarín; Dios es la danza misma. Ahora, aférrate a esto. No es ninguna teología nueva y de moda que viene de los Estados Unidos; es tan tradicional como se pueda ser. Aquí está en palabras del hermano Elías Marechal, un monje en el Monasterio del Espíritu Santo en Conyers, Georgia:

> Los antiguos Padres griegos representan la Trinidad como un baile circular: un acontecimiento que ha continuado durante seis mil años, y seis veces seis mil, y más allá del tiempo cuando los seres humanos conocieron *por vez primera* el tiempo. Una infinita corriente de amor discurre sin cesar, *de un lado a otro, de un lado a otro, de un lado a otro*: deslizándose desde el Padre al Hijo, y de regreso al Padre, en una ocurrencia atemporal. Esta corriente circular de amor trinitario continúa noche y día... El proceso ordenado y rítmico de partículas subatómicas que dan vueltas y vueltas a una velocidad inmensa se hace eco de su dinamismo.[3]

---

3. Elias Marechalm, *Tears of an Innocent God* (New York: Paulist Press, 2015), p. 7.

Aquí está: la "danza circular" de la Trinidad es un lenguaje *muy* tradicional. Y sin embargo, si yo demostrara la misma valentía para usar hoy una palabra tan arriesgadamente teatral, probablemente me tacharían de ser de la Nueva Era, o un esotérico; o un hereje.

Sin embargo, ¡Dios es la danza misma, dijeron ellos!

UN ESPACIO EN LA MESA DE DIOS

Observemos esta *danza divina* en una enigmática historia del primer libro de nuestros textos sagrados que denominamos la Biblia.

> *El Señor se le apareció a Abraham junto al encinar de Mamré, cuando Abraham estaba sentado a la entrada de su carpa, a la hora más calurosa del día. Abraham alzó la vista, y vio a tres hombres de pie cerca de él. Al verlos, corrió desde la entrada de la carpa a saludarlos. Inclinándose hasta el suelo, dijo:*
>
> *—Mi señor, si este servidor suyo cuenta con su favor, le ruego que no me pase de largo. Haré que les traigan un poco de agua para que ustedes se laven los pies, y luego podrán descansar bajo el árbol. Ya que han pasado por donde está su servidor, déjenme traerles algo de comer para que se sientan mejor antes de seguir su camino.*
>
> *—¡Está bien —respondieron ellos—, hazlo así!*
>
> *Abraham fue rápidamente a la carpa donde estaba Sara, y le dijo:*
>
> *—¡Date prisa! Toma unos veinte kilos de harina fina, amásalos y haz unos panes.*
>
> *Después Abraham fue corriendo adonde estaba el ganado, eligió un ternero bueno y tierno, y se lo dio a su sirviente, quien a toda prisa se puso a prepararlo. Luego les sirvió requesón y leche con el ternero que estaba preparado. Mientras comían, Abraham se quedó de pie junto a ellos, debajo del árbol.*[4]

Este relato nos da mucho para pensar. La escena se presenta como *"el Señor"* se le apareció a Abraham, pero en el ámbito de la forma perceptible, quienes se le aparecieron son vistos como *"tres hombres"*.

---

4. Génesis 18:1-8

En los siglos de reflexión, teología y narración que han seguido a esta historia original, estos tres con frecuencia son considerados ángeles, y quizá algo más. Abraham, inclinándose ante ellos, parece reconocer intuitivamente este *algo más*, y los invita a comer y a descansar. Él no los acompaña en la comida, sino los observa desde cierta distancia, quedándose *"debajo del árbol"*. Un sitio en la mesa de Dios todavía es demasiado para imaginarlo.

Abraham y Sara parecen ver al Santo en la presencia de los tres, y su primer instinto es de invitación y hospitalidad: crear un espacio de comida y bebida para ellos. Aquí tenemos a la humanidad aún alimentando a Dios; será necesario mucho tiempo para darle la vuelta a eso en la imaginación humana. "Ciertamente, nosotros mismos no estamos invitados a esta mesa divina", suponen ellos.

Esta historia singular y multifacética inspiró una pieza de arte religioso devocional igualmente singular y multifacética titulada *La Hospitalidad de Abraham*, llamada también sencillamente (y por razones en las que entraremos) *La Trinidad*.

Yo creo que todo arte genuino es sagrado. El arte "religioso" conscientemente concebido a menudo se intenta con demasiada fuerza, y se rebaja al sentimiento barato. Pero la forma particular de expresión artística a la que pertenece *La Trinidad*, el ícono, intenta señalar más allá de sí misma, invitando en quienes la miran un sentimiento de lo que está *más allá*, y la *comunión* que existe en medio de nosotros.

Creada por el iconógrafo ruso Andrei Rublev en el siglo XV, *La Trinidad* es el ícono de íconos para muchos de nosotros y, como yo descubrí años después de mi primer encuentro con ella, es incluso más invitacional que la mayoría. A mi parecer, es la pieza de arte religioso más perfecta que hay; siempre he tenido una copia de ella colgada en mi cuarto. El original sigue expuesto en la galería Tretyakov en Moscú.

Se cuenta una historia de un artista que se hizo seguidor de Jesús solamente por contemplar este ícono, exclamando: "Si esa es la naturaleza de Dios, entonces yo soy un creyente". Y puedo entender eso totalmente.

En el ícono de Rublev hay tres colores primarios, lo cual ilustra facetas del Santo, contenidas todas ellas en los Tres.

Rublev consideraba el *dorado* el color "del Padre": perfección, plenitud, integridad, la Fuente suprema.

Consideraba el *azul* el color de "lo humano", tanto el mar como el cielo siendo un espejo mutuo y, por lo tanto, Dios en Cristo a cargo del mundo, a cargo de la humanidad. Así, Rublev representa a Cristo azul, mostrando sus dos dedos para decirnos que Él ha unido espíritu y materia, divinidad y humanidad, dentro de Él mismo, ¡y por nosotros!

Y después está el *verde*, fácilmente representativo de "el Espíritu". Hildegard de Bingen, la abadesa benedictina alemana, compositora musical, escritora, filósofa, mística y en general visionaria, viviendo tres siglos antes que Rublev, llamó a la fertilidad y fecundidad del Espíritu *veriditas*: una cualidad de viveza divina que hace que todo aflore y florezca en interminables matices de color verde.

Hildegard probablemente fue inspirada por la exuberancia de su entorno en su monasterio de Rhineland, el cual pude visitar recientemente. Rublev, en reverencia similar por el mundo natural, escogió el color verde para representar, por así decirlo, la *fotosíntesis divina* que hace crecer todo desde el interior *transformando la luz dentro de sí mismo*, precisamente la obra del Espíritu Santo.

¿Acaso no es eso bueno?

El Santo en la forma de Tres: comiendo y bebiendo, en hospitalidad infinita y profundo disfrute entre ellos mismos. Si tomamos en serio la representación de Dios en *La Trinidad*, tenemos que decir: "En el principio era la Relación".

Este ícono produce más frutos cuanto más se contempla. Es obvio que se meditó en cada parte de él con gran cuidado: la mirada entre los Tres; el profundo respeto entre ellos mientras todos comparten de un tazón común. ¡Y notemos la mano del Espíritu señalando hacia el cuarto lugar vacante en la mesa! ¿Está el Espíritu Santo invitando, ofreciendo, y haciendo espacio? Si es así, ¿para qué?

UN HUECO (UN TODO) EN DIOS

Pese a lo magnífico que es este ícono, y esta comunión... hay algo que falta.

Están en círculo en una mesa compartida, y si miramos al frente de la mesa, parece haber un pequeño *hueco* rectangular pintado allí. La mayoría de las personas lo pasan por alto, pero los historiadores de arte dicen que el pegamento que permanece en el ícono original indica que ¡quizá antes hubo un *espejo* pegado al frente de la mesa!

Si no provienes de un trasfondo ortodoxo, católico o anglicano, esto podría no parecerte raro, pero deberías saber que este rasgo es muy inusual para un ícono. Normalmente no se pondría un espejo de verdad al frente de un ícono santo. Si es así, es absolutamente único y valiente.

Eso podría haber sido el rasgo final en el diseño de Rublev; o quizá fue añadido más tarde, no estamos seguros.

Pero ¿puedes imaginar cuál podría ser su significado?

Es asombroso cuando lo pensamos: había lugar en esta mesa para un *cuarto*.

El observador.

¡Tú!

En el corazón de la revelación cristiana, Dios no se ve como un monarca distante y estático, sino como exploraremos juntos, una *danza circular divina*, como los primeros Padres de la iglesia se atrevieron a llamarlo (en griego *perichoresis*, el origen de nuestra palabra *coreografía*). Dios es el Santo presenciado en la acción dinámica y amorosa de Tres.

Pero incluso a esta plenitud de Tres no le gusta comer sola. Esta invitación a compartir la mesa divina es probablemente la primera indicación bíblica de lo que finalmente llamaríamos "salvación".

Jesús sale de esta Plenitud Eterna, permitiéndonos vernos a nosotros mismos reflejados como parte de esta comunión en la mesa, como un participante en este banquete, y como un colaborador en la danza eterna de Dios de amor y comunión.

El espejo parece haberse perdido con los siglos, tanto en el ícono como en nuestra comprensión sobre el terreno de quién es Dios y, por lo tanto, quiénes somos nosotros, creados a "imagen y semejanza"[5] de Dios.

5. Ver Génesis 1:26-27.

Mi más afectuosa esperanza sería que estas páginas volvieran a posicionarte en el espejo de la comunión divina, con un lugar en la mesa.

Quiero que mientras lees te apropies de esta imagen. Te invito a reconocer que esta Mesa no está reservada exclusivamente para los Tres, ni la danza circular divina es un círculo cerrado: estamos todos invitados. Toda la creación está invitada a entrar, y esta es la liberación que Dios tuvo como intención desde el principio.

Esta intención divina, esta invitación audaz, está incrustada en la creación misma,[6] y más adelante se vuelve concreta, personal y palpable en Jesús.[7] En otras palabras, la inclusión divina, repito, lo que denominamos correctamente *salvación*, ¡era el plan A y no el plan B!

Nuestra meta final de unión con Dios está arraigada en la creación misma, y también en nuestra propia creación única.[8] Esta fue una creencia central en mi propia formación espiritual como fraile franciscano.[9] Nuestro lugar de partida fue siempre *bondad original*,[10] no pecado original. Esto hace que nuestro lugar de llegada, y todo lo que hay entre medio, posea una capacidad inherente de bondad, verdad y belleza.

La salvación no es una adición ocasional de emergencia posterior, sino la intención suprema de Dios desde el principio, incluso "escrita en nuestros corazones".[11]

¿Estás listo para ocupar tu lugar en esta maravillosa mesa? ¿Puedes imaginar que ya eres parte de la danza?

¡Entonces comencemos a explorar cómo y por qué!

---

6. Ver Juan 1:1-18; Colosenses 1:15-20; Efesios 1:3-14; Romanos 1:20; 8:18-25.
7. Ver, por ejemplo, 1 Juan 1:1-3; Hebreos 1:1-3.
8. Ver, por ejemplo, Efesios 1:3-4.
9. Ver Richard Rohr, *Eager to Love* (Cincinati, OH: Franciscan Media, 2014), ap. I, p. 209, que explora cómo *Cristo* y *Jesús* son dos verdades diferentes, pero que se solapan.
10. Ver Génesis 1;10-31.
11. Ver Jeremías 31:33; Hebreos 8:10; 10:16.

PARTE I

SE BUSCA: UNA REVOLUCIÓN TRINITARIA

CAMBIO DE PARADIGMA ESPIRITUAL

Porque no envió Dios a su Hijo al mundo para condenar al mundo, sino para que el mundo sea salvo por él.[12]

Mi Padre hasta ahora trabaja, y yo trabajo.[13]

El Espíritu Santo [...], les enseñará todas las cosas y les hará recordar todo lo que les he dicho.[14]

Antes de que intentes descifrar por qué comencé esta sección con esas tres citas bíblicas acerca de un Dios muy activo e involucrado, permíteme intentar explicarme. Lo único que yo puedo hacer es *intentarlo*.

En su libro *The Structure of Scientific Revolutions* [La Estructura de las Revoluciones Científicas], Thomas Kuhn popularizó el término "cambio de paradigma".[15] Él dejó claro que incluso en el campo científico, un cambio de paradigma es equivalente a lo que la religión denomina con frecuencia "conversión mayor". ¡Y es igualmente raro tanto en la ciencia como en la religión! Cualquier transformación genuina de la cosmovisión requiere un cambio tan grande desde el camino con el que estamos familiarizados, que a menudo quienes mantienen el viejo paradigma deben realmente morir

---

12. Juan 3:17 (RVR1960)
13. Juan 5:17 (RVR1960)
14. Juan 14:26.
15. Ver *The Structure of Scientific Revolutions*, 4ª ed. (Chicago: University of Chicago Press, 2012).

antes de que un nuevo paradigma pueda ganar tracción y amplia aceptación. Incluso más asombrosa es la conclusión de Kuhn de que un cambio de paradigma tiene poco que ver con la lógica o incluso la evidencia, y todo que ver con la visión cataclísmica y el avance. ¡El místico alemán Maestro Eckhart denominó "hervir" a este fenómeno![16]

A riesgo de parecer que estoy haciendo una grave exageración, pienso que la imagen cristiana común de Dios, pese a Jesús, sigue siendo en gran parte "pagana" (¡no que los paganos sean malas personas, a propósito!) y no transformada.

¿Qué quiero decir con eso? La historia ha operado por mucho tiempo con una *imagen estática e imperial de Dios*, como un Monarca Supremo que principalmente vive en un espléndido aislamiento de lo que Él creó, y Dios se imagina siempre y exclusivamente como varón en este modelo. Este Dios es considerado en gran parte un Espectador crítico (y sus seguidores hacen todo lo posible por imitar a su Creador en este aspecto).

Siempre nos convertimos en lo que contemplamos; la presencia que practicamos importa. Por eso necesitamos desesperadamente un cambio mundial de paradigma en la conciencia cristiana con respecto a cómo nos relacionamos con Dios. Este cambio empezó hace algún tiempo de manera sutil, pero profunda, oculto a plena vista: la revelación de Dios como lo que siempre hemos llamado "Trinidad," pero que apenas hemos entendido (*en el principio era la Relación*).

Esta revelación cristiana que apareció poco a poco debía haber cambiado radicalmente nuestra imagen de Dios, pero en su mayor parte no lo hizo. Los viejos esquemas estaban demasiado en su lugar. Nos ha tomado dos mil años para intentar hacer este cambio, pero ahora la historia, la salud mental, tantos cristianos negativos y enojados, la cosmología, y la física cuántica nos lo están demandando rápidamente.

Kuhn dijo que los cambios de paradigma se hacen necesarios cuando la estructura de verosimilitud del paradigma anterior llega a estar tan llena de huecos y arreglos con parchos, que una reparación completa que antes parecía absolutamente amenazadora, ahora aparece como una cuerda salvavidas.

---

16. Ver, por ejemplo, *Meister Eckhart: The Essential Sermons, Commentaries, Treatises and Defense* (Classics of Western Spirituality), rev. ed. (New York: Paulist Press, 1981), p. 37.

PARTE I SE BUSCA: UNA REVOLUCIÓN TRINITARIA   33

Yo creo que estamos precisamente en un momento así cuando se trata de nuestras imágenes de Dios. En lugar de la idea de que la Trinidad sea un enigma oscuro, bien podría terminar siendo la respuesta al problema fundamental de la religión occidental.

En lugar de que Dios sea el Amenazador Eterno, tenemos a Dios como el Participante Supremo, en todo, tanto en lo bueno como en lo doloroso.

Permíteme describir los dos paradigmas en marcado contraste.

En lugar de un Monarca Omnipotente, probemos lo que Dios como Trinidad demuestra como la forma real y maravillosa de la Realidad Divina, la cual entonces *se reproduce en nosotros*[17] y en "todo lo que hay" en la creación.[18]

En lugar de que Dios esté observando la vida desde lejos y juzgándola...

¿Y si Dios es inherente a *la vida misma*?

¿Y si Dios es la *Fuerza Vital* de todo?

En lugar de que Dios sea un Objeto como cualquier otro objeto...

¿Y si Dios es la *Energía Vital entre cada uno de los objetos* (lo cual normalmente llamaríamos *Amor* o *Espíritu*)?

Esto permite que Dios sea mucho mayor, *al menos* cotidiano con el universo en continua expansión que estamos descubriendo, y *totalmente inclusivo*; ¿qué otra cosa podría ser cualquier Dios digno de ese nombre?

En lugar del pequeño dios al que vemos atascado dentro de nuestro paradigma actual (y moribundo), normalmente absorto en la exclusión, la Revolución Trinitaria revela a Dios como *con nosotros en todo en la vida* en lugar de quedarse al margen, siempre criticando qué cosas pertenecen, y qué otras no pertenecen.

La Revolución Trinitaria revela a Dios como *siempre involucrado,* en lugar de la deidad que entra y sale que deja "huérfana" a la mayoría de la humanidad gran parte del tiempo.[19]

---

17. Ver Génesis 1:26.
18. Ver Génesis 2:1.
19. Ver Juan 14:18.

Teológicamente, desde luego, esta revolución reposiciona la gracia como inherente a la creación, y no como una adición ocasional que algunas personas merecen ocasionalmente.

Si esta revolución ha estado siempre presente calladamente, como la levadura en la masa de nuestra espiritualidad creciente, podría ayudarnos a entender la esperanzada y positiva teología de Pablo de la "adopción" y la "herencia",[20] y a los Padres orientales por encima de las imágenes posteriores y punitivas de Dios que han dominado la iglesia occidental.

Este Dios es precisamente a quien hemos llamado "Trinidad": el *flujo* que fluye a través de todo, sin excepción, y quien lo ha hecho desde el principio.

Así, todo es santo para aquellos que han aprendido a ver.

Las implicaciones de este cambio de paradigma espiritual, de esta Revolución Trinitaria, son asombrosas: cada impulso vital, cada fuerza hacia el futuro, cada ímpetu creativo, cada impulso amoroso, cada carrera hacia la belleza, cada carrera hacia la verdad, cada éxtasis ante la sencilla bondad, cada salto de *élan vital* (fuerza de la vida), como dirían los franceses, cada parte de ambición por la humanidad y la tierra, por integridad y santidad, es la vida que fluye eternamente del Dios Trinitario.

¡Ya sea que lo sepamos o no! *Esta no es una invitación con la que puedas estar de acuerdo o en desacuerdo. Es una descripción de lo que ya está sucediendo en Dios, y en todo lo creado a imagen y semejanza de Dios.*

Este Dios trino te permite, te impulsa, a vivir fácilmente con Dios en todo lugar y todo el tiempo; en una planta en ciernes, la sonrisa de un labrador, la emoción de un adolescente por su nueva novia, la incansable determinación de un científico investigador, el orgullo de un mecánico por su trabajo oculto bajo la capota del auto, las caricias con el hocico de los caballos, la ternura con la cual las águilas alimentan a sus polluelos, y el discurrir descendente de cada arroyo por las montañas.

¡Este Dios se encuentra incluso en el sufrimiento y la muerte de esas mismas cosas! ¿Cómo sería posible que esto no fuera la energía vital de Dios? ¿Cómo podría ser alguna otra cosa? Una definición tan grande de la vida

---

20. Ver, por ejemplo, Romanos 8:14-17; Gálatas 4:5-7; Efesios 1:5, 14.

debe incluir la muerte en su Gran Abrazo, "para que ninguna de tus labores sea desperdiciada".[21]

En el piar de cada ave emocionada por un nuevo amanecer, en la dura belleza de cada acantilado de arenisca, en la profunda satisfacción ante toda tarea bien hecha, en la pasión del sexo, e incluso en la sonrisa gratuita de un dependiente a un cliente de una tienda por departamentos, o en la pasividad de la cama del hospital; *o el universo, o la vida, o la muerte, o lo presente o lo por venir; todo es de ustedes, y ustedes son de Cristo, y Cristo es de Dios*", como lo expresa el apóstol Pablo.[22] Es un Flujo Trinitario desde el principio.

A menos que los videntes de Dios puedan comenzar a hacer este cambio de paradigma, no hay manera en que Dios vaya a poder "salvar al mundo". Escenas en tribunales y sistemas penales no inspiran ni cambian al mundo. Son totalmente inadecuadas para comunicar el Banquete Divino y la invitación; de hecho, hacen casi imposible imaginarlo. No se trata de ser obviamente religiosos, pues hemos probado eso durante siglos con pocos resultados; se trata de ser calladamente alegres y cooperadores[23] con la *generosidad* divina que conecta todo a todo lo demás.

Sí, *Dios* está salvando al mundo, y Dios sigue obrando aunque nosotros no lo notemos, no lo disfrutemos, no lo transmitamos, y no vivamos plenamente nuestra única vida. Llegamos a ser semejantes al pequeño dios al que hemos adorado tantas veces, y por lo tanto, espectadores en nuestro propio funeral.

Pero en vez de eso, tenemos:

> *Cristo es todo y está en todos.*[24]

> *Cuando Cristo, que es la vida de ustedes, se manifieste, entonces también ustedes serán manifestados con él en gloria.*[25]

Ya hay una revolución en curso; están disminuyendo las viejas estructuras de plausibilidad de la divinidad, y gran parte de la religión está en rigor mortis. ¿Estamos preparados para soltar lo que ya no funciona, y aceptar el

---

21. Ver 1 Corintios 15:51-58.
22. 1 Corintios 3:22-23.
23. Ver Romanos 8:28.
24. Colosenses 3:11.
25. Colosenses 3:4.

paradigma que ha estado siempre emergiendo y que es siempre demasiado para nosotros? Como dijo San Agustín, este Dios es "siempre viejo y siempre nuevo".

Si mis instintos son correctos, este desentierro de la Trinidad no puede llegar demasiado pronto. Porque estoy convencido de que debajo de las feas manifestaciones de nuestras maldades presentes, como corrupción política, devastación ecológica, guerras unos contra otros, odio a los demás con base en raza, género, religión u orientación sexual, la mayor enfermedad que la humanidad encara en este momento es nuestro profundo y doloroso sentimiento de *desconexión*.

Desconexión de Dios, ciertamente, pero también de nosotros mismos (nuestros cuerpos), los unos de otros, y de nuestro mundo.

Nuestro sentimiento de este cuádruple aislamiento nos está desmoronando como cultura, como especie, llevándonos a una conducta cada vez más destructiva. Aunque nuestro mundo no es tan negro como podrían concluir quienes se alimentan de una dieta regular de televisión por cable y "malas noticias" que aparecen en las redes sociales, sí es cierto que meramente el alcance y la complejidad de nuestra desconexión es asombrosa.

Estoy descubriendo que el regalo de la Trinidad, y nuestra experiencia práctica y sentida de recibir este regalo, ofrece una fundada reconexión con Dios, con el yo, con los demás y con el mundo a la que apunta toda religión y espiritualidad, y se puede decir que incluso la política, pero de la cual carecen la religión convencional, la espiritualidad y la política.

La religión, la espiritualidad y la política de juegos de valía, barreras de pertenencia y recompensas por el logro nunca serán la cura; de hecho, esas cosas son parte del *mal-estar*. Pero la gozosa revelación de Dios como Trinidad puede derretir incluso las restricciones más endurecidas, iluminando el camino hacia una *re-unión* cuádruple de Espíritu, yo, sociedad, y sensación de espacio.

¿Estás listo para explorar cómo un cambio en nuestra perspectiva de Dios como "removido" a Dios como "el más conmovido que mueve"[26] participando íntimamente en la co-creación continua, hace posible una re-unión tan gozosa?

---

26. Ver Clark Pinnock, *Most Moved Mover: A Theology of God's Openness* (Grand Rapids, MI: Baker Academic, 2001).

Si es así, bienvenido a *La Danza Divina*. En estas páginas ciertamente llegaremos a conocer la Trinidad y la transformación de todas las cosas, incluido tú mismo.

DESEMPOLVAR UNA DOCTRINA OSADA

Permíteme hablarte un poco sobre cómo llegué a participar más conscientemente en la *danza divina*. Hace algunos años, pasé un tiempo largo y maravilloso en un retiro en Arizona durante la Cuaresma. Mis prácticas principales mientras estuve allí eran prestar atención, escuchar, y escribir un diario. Hacia el final de mi tiempo allí, decidí que lo apropiado sería leer todo el diario que había escrito para ver si Dios me había enseñado algo; quería ver si había algún patrón en el desarrollo de aquellos días maravillosos y solitarios.

Fui a la biblioteca del centro, que estaba a cierta distancia del monasterio, y allí sobre una mesa estaba el emocionante libro de la difunta Catherine Mowry LaCugna titulado *God for Us: The Trinity and Christian Life* [Dios por Nosotros: La Trinidad y la Vida Cristiana].[27] Es un libro grueso lleno de notas a pie de página, y se veía formidable. Aun así, sentí un gran impulso de acercarme a él, aunque no había tenido intención de leer ninguna otra cosa excepto la Biblia durante ese tiempo.

Por lo tanto, en lugar de leer mi diario en aquellos últimos días, comencé a leer lentamente este libro muy académico. A medida que leía, mientras captaba tan solo vislumbres de comprensión, no dejaba de decir: *"¡Sí, sí!"* a nuevas palabras y a ideas captadas tan solo ligeramente. Sentí la presencia de una gran Tradición que la autora trazaba, dando nombre al mismo dinamismo interior que había estado aumentando en mí durante más de treinta días. Ya no era una idea abstracta, una doctrina, o una "creencia" sobre una estantería, sino casi una fenomenología de mi propia experiencia interior de Dios, y la de otros.

La Trinidad no era una creencia, sino un modo muy objetivo de describir mi propia profunda experiencia interior de Trascendencia, ¡y de lo que aquí denomino *flujo*! Sin embargo, la convicción llegaba ahora desde el interior, y no era nada parecido a conformarse a cualquier cosa impuesta desde fuera. ¿Me estaba engañando a mí mismo? ¿Cómo podían tal aparente objetividad y tal subjetividad personal coincidir tan bien en mi interior?

27. Harper San Francisco, 1991.

Esto es, fue lo que sentí. *Esto resume lo que creo que he experimentado durante este tiempo de retiro, y quizá durante toda mi vida.* Algo estaba resonando, incluso mediante ese libro pesado y con frecuencia aburrido (el cual ni siquiera recomendaría a menos que tengas algún trasfondo en teología). Sin embargo, no pude dejar de leerlo hasta que lo terminé precisamente el último día de mi tiempo a solas.

Había quebrantado mi intención de no leer, y sin embargo no tenía la sensación de que aquello fuera lectura en absoluto, sino haberme dado a conocer un secreto: un secreto que era yo mismo.

Me fui de Arizona con una sonrisa interior de agradecimiento, respirando profundamente el aire limpio del desierto. Disfruté de manera mucho más consciente el flujo que ahora veía fluyendo dondequiera.

Estoy seguro de que esta es la presunción suprema: pensar que yo podía entender o tener algo que decir sobre esta vida en la Trinidad. Y sin embargo, también siento que debemos usar el lenguaje y la experiencia que están a nuestra disposición, en lugar de permanecer en silencio.

Quiero pedirte que, si es posible, te sumerjas en este libro. Quizá será más una meditación que un tratado académico.

Pero desde un lugar más profundo, si puedes permitirlo, mi oración y mi deseo es que algo de lo que encuentres en estas páginas lo identifiques con tu propia experiencia, de modo que puedas decir: *Yo conozco esto; he sido testigo de que esto es cierto por mí mismo.*

Porque *ese es* el gran momento en toda revelación divina, cuando hermosas ideas pasan de la cabeza al corazón, del nivel de dogma a la experiencia. Cuando no es algo que meramente creemos, sino en un sentido muy real es algo que *conocemos.*

Esta es mi oración: que la *danza divina* de Dios sea algo que tú conozcas, y mis palabras no se interpongan en el camino.

PROBLEMAS DE MATEMÁTICAS

Anteriormente asumido en la civilización occidental, "Dios" es ahora una de las ideas más debatidas que tenemos. Se ha discutido en debates, se han librado guerras, y se han roto corazones al intentar poseer, definir, o incluso relacionarnos con este ser, o sobreponernos a su (no)existencia.

Quizá la salida de este impase cultural esté *en, dentro:*

¿Qué sucede en el interior de Dios?

¿Cómo se expresa esta vida, cómo se manifiesta en la danza de la creación?

Los seguidores de Jesús han batallado por mucho tiempo con esta pregunta en el contexto de Dios como una unidad en diversidad.

Una Trinidad...

¡Pero Dios es uno![28]

Esta es la gran afirmación de las tres principales religiones monoteístas: judaísmo, cristianismo e islam. Pero después de Jesús, la mayoría de cristianos desertan a todos los propósitos prácticos, diciendo: "Bueno, Dios se revela más perfectamente como Tres, ¡pero sigue siendo realmente Uno!". No es extraño que nuestros ancestros judíos estuvieran confusos y dijeran que les parecía un concepto sin sentido, y una importante amenaza para el monoteísmo; ¡y provino de uno de los suyos! ¿Era esto quizá un enigma matemático? ¿O simplemente pura herejía de algún grupo esotérico?

No exactamente Uno, místicos y maestros cristianos intentan explicar, *y a la vez perfectamente Uno; no exactamente Tres, ¡pero sin embargo también Tres!* No sorprende que necesitáramos tres siglos para incluso encontrar una palabra que describiera tal imagen de Dios sin sentido. Observemos lo siguiente por ahora: el principio de uno es soledad; el principio de dos es oposicional y mueve hacia la preferencia; el principio de tres es inherentemente móvil, dinámico y generativo.

En nuestros esfuerzos por explicar la Trinidad, probamos con el trébol, probamos con tres partes en una persona, probamos con el agua, hielo y vapor. Probamos con todo lo que pudimos para intentar resolver lo que se denomina "el primer problema filosófico" del *uno y los muchos.* En el siglo IV, los Padres Capadocios (Gregorio de Nisa, Basileo de Cesarea y Gregorio de Nacianceno) y otros místicos sintieron que tenían que llegar a una

---

28. Ver Deuteronomio 6:4.

resolución del problema, y esto inspiró la creación de un nuevo lenguaje que ha perdurado hasta la fecha.

En efecto, ellos dijeron: *No comencemos con el Uno e intentemos llegar hasta Tres, sino comencemos con los Tres y veamos que esa es la naturaleza más profunda del Uno.* Este punto de comienzo, junto con la mente contemplativa para comprenderlo, fue mucho más subrayado y desarrollado en la iglesia oriental, y francamente esa es la razón por la cual sigue sonando ajeno para la mayor parte de las iglesias occidentales.

Lo único que conocemos por experiencia es el flujo mismo. El drama se puso en movimiento, y nunca se ha detenido. El principio de tres se convirtió en el principio operativo del universo, y debilitó todo pensamiento dualista. Sus implicaciones plenamente cataclísmicas siguen entrando en la historia con lentitud.[29]

Dios no es *un* ser entre otros seres, sino más bien *Ser en sí* revelado para cualquier buscador maduro.[30] El Dios del que habla Jesús, y en el cual Él mismo se incluye, es presentado como diálogo abierto, un fluir totalmente positivo e inclusivo en una dirección, ¡y un molino de agua de amor que se derrama y nunca cesa!

San Buenaventura llamó más adelante a este Dios una "fuente plena" de amor. Cualquier alusión al enojo en Dios, "ira" en Dios, falta de perdón en Dios, o cualquier tipo de retención sería considerado por los místicos capadocios como teológicamente imposible e incompleto para siempre en una idea trinitaria de Dios. Nada humano puede detener el flujo de amor divino; no podemos deshacer el patrón eterno ni siquiera por nuestro peor pecado.

Dios siempre gana, y el amor de Dios ganará. El amor no pierde, ni tampoco Dios pierde. No podemos detener la efusiva e implacable fuerza que es la *danza divina.* Cualquier justicia retributiva proyectada en Dios se ve con los lentes de la efusiva Trinidad como deshecha por la misericordia de Dios, y es redefinida correctamente como justicia restauradora, tal como enseñaron todos los profetas mayores, y también muchos de los menores.

---

29. Ver Cynthia Bourgeault, *The Holy Trinity and the Law of Three: Discovering the Radical Truth at the Heart of Christianity* (Boston: Shambhala, 2013).
30. Ver Hechos 17:28.

La revelación Trinitaria estaba supuesta a cambiarlo todo, pero muy pocos cristianos se permitieron a sí mismos experimentar este flujo de limpieza.

LA RELACIÓN ES EL VEHÍCULO

¿Por qué nos quedamos tan enganchados en problemas de matemáticas divinas? A riesgo de ser un poco abstracto, voy a dar mi interpretación de cómo nos metimos en este problema. Le debemos gran parte de nuestro pensamiento occidental a un hombre maravilloso y brillante llamado Aristóteles. Es asombroso cómo un ser humano pudo reunir los fundamentos para lo que llegaron a ser muchas de las estructuras del pensamiento occidental.

Aristóteles enseñaba que había diez cualidades diferentes en todas las cosas. No voy a enumerar las diez; con dos bastará. Él decía que había "sustancia", y que había "relación". Lo que definía la sustancia era que era independiente de todo lo demás; por lo tanto, un árbol es una sustancia, mientras que "padre" es una relación. ¿Entiendes la distinción que él traza?

"Hijo" es también una relación, mientras que piedra es una sustancia. Ahora bien, Aristóteles clasificó la sustancia como lo más alto. Esto es típico pensamiento griego. Sustancia es aquello que es "independiente" de todo lo demás, y puede permanecer por sí mismo. No es un adjetivo; es un sustantivo. Los sustantivos son mayores que los adjetivos.

Y lo que Occidente se encontró haciendo en las primeras tradiciones, en los siglos segundo y tercero, fue intentar edificar sobre el pensamiento de Aristóteles para demostrar que este Dios a quien habíamos llegado a entender como Trinitario era una sustancia. No queríamos un Dios de vieja efímera *relación*. ¡Queríamos un Dios *sustancial* de quien pudiéramos demostrar que era tan bueno como el Dios de cualquier otra persona! (Los católicos hicimos lo mismo con nuestra desafortunada definición de la *transustanciación* del pan y el vino en la misa).

Sin embargo, cuando este Jesús nos es revelado a nosotros los cristianos denominándose a sí mismo Hijo del Padre y a la vez uno con el Padre, Él está dando una clara prioridad a la *relación*. Quien tú eres es quien eres en el Padre, como Él lo expresó.[31]

---

31. Ver Juan 17, entre muchos otros pasajes de la Escritura.

Ese es tu significado.

"Mi yo es Dios, y tampoco hay ningún otro yo que conozca excepto mi Dios", dijo Catherine de Genoa.[32]

Nosotros no somos de sustancia independiente; existimos solamente en relación. ¡Cuán contracultural! Para la mente occidental, la relación siempre parecía estar en segundo o tercer mejor lugar: "¿Quién quiere ser tan solo una relación? Yo quiero ser un hombre hecho por mí mismo".

Lamentablemente, esto no termina con Aristóteles. Este hiperindividualismo occidental tiene raíces profundas en el cristianismo latino, u occidental. Agustín llega en los siglos IV y V describiendo la Trinidad como Dios en tres sustancias unidas como una. En el siglo siguiente, Dios es una sustancia que resulta que tiene tres relaciones. Aquino llega en el siglo XIII diciendo que Dios es una sustancia, pero las relaciones (y se está acercando) constituyen la naturaleza misma de esa sustancia. Ah, de eso se trata. Él lo denominó *relación subsistente*.

Ahora estamos preparados para decir que Dios no es, ni tampoco necesita ser "sustancia" en ese sentido histórico aristotélico, de algo independiente de todo lo demás sino, de hecho, Dios es relación Él mismo.

¿Y no ves eso? ¿Has conocido alguna vez a una persona santa? Son personas que siempre pueden mantenerse en relación a toda costa.

Personas que son tóxicas, psicópatas o sociópatas son siempre quienes no pueden mantener relaciones, quienes no pueden sostener relaciones. Huyen de ellas y, por lo general, son llaneros solitarios o hacen que sea muy difícil tener relación con ellas. Seguro que conocerás a diez personas así.

Yo conocí una vez a un psiquiatra que me dijo algo que al principio pensé que era una exageración. Él es mayor que yo, y dijo: "Richard, al final de tu vida entenderás que toda persona mentalmente enferma con la que hayas trabajado es básicamente solitaria".

"Ah, vamos, eso es un poco simplista, ¿no crees?", respondí yo.

32. S. Catherine de Genoa, en *Life and Doctrine of Saint Catherine of Genoa*, ed. Paul A. Boar Sr. (Veritatis Splendor Publications, 2012), p. 59. Esta es una versión reeditada de la obra del mismo título publicada en 1907 por Christian Press Association Publishing Company.

"Bueno, admito que probablemente hay razones físicas para algunas enfermedades mentales, pero la soledad es lo que la activa".

He planteado esa teoría a varios amigos psiquiatras, y después de sobreponerse a su asombrada objeción inicial ("Ah, vamos. Eso es demasiado simplista"), ¡están de acuerdo! Cada caso de enfermedad mental sin base fisiológica surge de una persona que ha estado separada, apartada, viviendo sola, olvidando cómo relacionarse. Esa persona no conoce la intimidad, y está hambrienta de comunión.

Probablemente por eso Dios creó el impulso sexual tan fuerte en la mayoría de nosotros. Es un instinto que demanda relación en su manifestación más saludable, porque cuando te separas de otros te vuelves enfermo, tóxico y, voy a decirlo, incluso malvado.

Creo que regresamos otra vez a este misterio de la Trinidad. Ahora estamos listo para decir que Dios es relación absoluta. Yo denominaría la *salvación* sencillamente como la preparación, la capacidad y la disposición de permanecer en una relación.

Mientras tú aparezcas, el Espíritu seguirá obrando. Por eso Jesús aparece en este mundo desnudo y vulnerable: un bebé indefenso. ¡Eso sí que es una relación absoluta! Vulnerabilidad desnuda significa que voy a permitir que tú me influencies; voy a permitir que me cambies.

¿Cuál es la alternativa?

"Tú no puedes cambiarme".

"No puedes enseñarme nada".

"Yo ya lo sé".

"Yo tengo todas las respuestas".

Cuando no das a otras personas ninguna capacidad en tu vida, cuando las bloqueas, creo que estás espiritualmente muerto. Y no lejos de la maldad.

No pasará mucho tiempo antes de que comiences a hacer cosas malas. Ah, claro, no las *llamarás* maldad, y ni siquiera las reconocerás como maldad a primera vista en tu conciencia. Una consciencia pulverizada y aislada es la semilla de la independencia sin relación de Aristóteles, que produce su fruto maduro en el aislamiento occidental; nos convertimos en maestros incontestables de nuestros propios reinos que se encogen. La empatía se muere de hambre en esos recipientes del yo herméticamente cerrados; la bondad acude allí a morir.

Qué gran contraste con el camino de Jesús, que es una invitación a un modo trinitario de vivir, de amar y de relacionarnos: en la tierra como en la Deidad. Nosotros, no tú, sino *nosotros*, somos intrínsecamente como la Trinidad, viviendo en una relación absoluta.

A eso lo llamamos *amor*.

Realmente fuimos creados para el amor, y fuera de él morimos con mucha rapidez.

Y nuestro linaje espiritual nos dice que el Amor es personal: *"Dios es amor"*.[33]

Ahora, intentemos convencerte de que este ser al que llamamos Dios es, de hecho, amoroso. No hemos tenido éxito en esto, ¿verdad? En mis décadas de sacerdocio, he observado que la vasta mayoría de cristianos tienen miedo de Dios. En mi experiencia, ahora amplia y mundial, no veo que la mayoría de cristianos sean por naturaleza más amorosos que quienes sostienen otras creencias. ¡Tan solo pensamos que lo somos! Es bastante decepcionante descubrir esto, pero es inevitable si te estás relacionando básicamente por miedo con este Dios, y si tu religión es, en general, un seguro contra incendios por si acaso todo este asunto resulta ser real.

No estás realmente en esta danza. No te has metido en la cama para dormir entre tus Padres divinos.

Ahora, ¿ves por qué representamos al Espíritu Santo como una paloma o como viento? No puedes captar eso tan fácilmente, ¿no es cierto?

Lo mejor que podríamos hacer sería utilizar metáforas.

Una vez más, todo lenguaje religioso es metáfora; espero que sepas eso. Es lo mejor que podemos hacer. Somos como personas ciegas que tocan el costado de un elefante, describiendo la diminuta parte que sentimos con toda la convicción que podemos reunir.

---

33. ¡Está aquí en nuestra Biblia! Ver 1 Juan 4:8, 16.

Pero el Espíritu siempre fue el más difícil de describir, e incluso Jesús reconoce esto: *El Espíritu sopla de donde quiere;*[34] no intentemos controlar al Espíritu diciendo de dónde viene el Espíritu, dónde va el Espíritu, o quién sin ninguna duda "tiene" el Espíritu. Dios tiene a muchos que las iglesias no tienen, y las iglesias tienen a muchos que Dios no tiene.

¡QUE LAS METÁFORAS TE ACOMPAÑEN!

La raíz griega de la palabra *metáfora* significa "transportar" un significado: llevar de un lugar a otro. La paradoja es que todas las metáforas caminan, por necesidad, con cojera. Y sin embargo, las metáforas conllevan una carga sustancial y necesaria. Te ofrezco la sabiduría del escritor canadiense Donald Braun, quien dice al principio de su libro *The Journey from Ennuied* [El Viaje desde Ennuied]: "Aquello que es menospreciado en el lenguaje llano encuentra el respeto que se merece en las sutilezas de la metáfora".[35]

Por lo tanto, la metáfora es el único lenguaje posible que tenemos a nuestra disposición cuando hablamos de Dios, y sin duda cuando nos atrevemos a hablar del misterio de la Trinidad. Ya hemos comenzado a hablar metafóricamente acerca de la "danza circular". Probemos con otra imagen:

Dios es como una banda elástica.

Hace años, estaba yo en la habitación de un hotel preparándome para una importante conferencia donde me pidieron que reflexionara sobre la vida de Dios como Trinidad. Me encontré compartiendo lo que es esencialmente el libro que tienes en tus manos.

Antes de salir de mi habitación aquel día, oré: *Muy bien, Dios, quiero decir algo que sea de algún modo cierto e incluso persuasivo. Por favor, mantenme apartado del camino.* Al final de la oración, miré hacia el piso, y al final de la armadura de la cama vi una banda elástica común y corriente; allí estaba, sobre una alfombra de otro modo limpia, mirándome directamente. Deberían haber limpiado la habitación esa mañana, pero tengo que creer que estaba ahí por una razón. Me fui de la habitación con confianza, sabiendo que tenía una metáfora nueva y útil para lo que quería decir.

---

34. Ver Juan 3:8.
35. Donald Braun, *The Journey from Ennuied* (Victoria, BC, Canada: FriesenPress, 2015), v.

Cuando estiro una banda elástica, se crea una fuerza centrífuga; abro mis dedos y la banda elástica se estira con ellos. Y pronto, se produce un movimiento contrario; precisamente lo que impulsa a la banda elástica hacia fuera (en este caso, mis dedos pulgar e índice) se encuentra incluido en ella. Entonces actúa una fuerza centrípeta para impulsar hacia el centro lo que está incluido. Es un movimiento completo, estirándose, y permitiéndose ser impulsado otra vez hacia donde estaba.

Ahora recordemos que en el Nuevo Testamento nadie utilizó la palabra Trinidad. No fue hasta el siglo III cuando Tertuliano (150-240), a veces llamado "el fundador de la teología cristiana occidental", acuñó por primera vez la palabra Trinidad partiendo de la palabra latina *trinitas*, que significa "triada", o *trinus*, que significa "triple". Repito: la palabra en sí no se encuentra en la Biblia; la historia necesitó algún tiempo para encontrar una palabra indicada para esta "banda elástica" siempre evasiva.

Pero eso no significa que la experiencia en sí no estuviera presente desde los primeros tiempos de la era cristiana. Ya en el Nuevo Testamento tenemos a Jesús dirigiéndose a su Dios, quien es aparentemente distinto a Él mismo, y tenemos a Jesús ofreciéndose a compartir una parte de sí mismo, también el yo del Padre, al cual Él denomina *Espíritu*.

Padre, Hijo, Espíritu: ¿cuál es cuál?, se preguntaron sin duda nuestros ancestros. Jesús describe este fluir pleno que va y viene como *soplo*,[36] que es otra buena metáfora, siendo *soplo* y *Espíritu* lingüísticamente inseparables en hebreo. Así, el *soplo santo* emana de Dios, y es denominado Dios.

Estos nombres múltiples de la divinidad eran muy confusos para muchos lectores de los Evangelios, e incluso lo son hasta la fecha. Me sorprende que este Evangelio temprano de Juan hable tan rápidamente y con aparente facilidad en esta dirección, ¡además, desde y hacia monoteístas judíos! ¿Cómo llegamos a tal capacidad mística para hablar sin tener casi ningún precedente a este respecto, y con esa confianza tranquila? Solamente si hubiera una profunda experiencia interior de lo mismo.

Vemos que incluso Jesús busca metáforas, un lenguaje posible para intentar describir su propia dinámica interior. Podemos encontrar, oculta a plena vista, su manera natural y amorosa de conocer la realidad, transmitida a sus primeros aprendices y, por extensión, a nosotros.

---

36. Ver, por ejemplo, Juan 20:21-22.

UN UNIVERSO REFLEJADO

Probablemente como ninguna otra cosa, todo conocimiento auténtico de Dios es *conocimiento participativo*. Debo decir esto directamente y claramente porque es una manera muy distinta de conocer la realidad, y debería ser el regalo único y abierto de las personas de fe. Pero nosotros mismos hemos perdido casi por completo esta manera de conocer, incluso desde las peleas alimentarias de la Reforma y el racionalismo de la Ilustración, que condujeron al fundamentalismo en la Derecha, y al ateísmo o al agnosticismo en la Izquierda.

¡Ninguno de los dos conoce cómo conocer! Hemos sacrificado nuestro telescopio único por un microscopio muy inadecuado.

El conocimiento divino, algunos lo llamarían intuición espiritual, es en realidad el permitir a otro conocer en nosotros, por medio de nosotros, por nosotros, e incluso *como* nosotros. Demanda lo que denomino con frecuencia "un trasplante de identidad".

¡Esto no es ninguna idea de la Nueva Era! El estimado maestro, fraile y sacerdote carmelita del siglo XVI, Juan de la Cruz, describe este trasplante Trinitario de la siguiente manera:

> Uno no debería pensar que es imposible que el alma sea capaz de una actividad tan sublime como este respirar en Dios, mediante la participación cuando Dios sopla en ella. Porque asumido que Dios la favorece mediante la unión con la más bendita Trinidad, en la cual ella se vuelve deiforme y Dios mediante participación, cómo podría ser increíble que ella también entienda, conozca y ame, o mejor que esto sea hecho en ella, en la Trinidad, juntamente con ella, ¡tal como hace la Trinidad misma! Sin embargo, Dios logra eso en el alma mediante comunicación y participación. Esta es la transformación en las tres Personas en poder, sabiduría y amor, y de este modo el alma es como Dios por medio de esta transformación. Él la creó a su imagen y semejanza para que ella pudiera lograr tal reflejo.[37]

---

37. S. Juan de la Cruz, "Cántico Espiritual", estrofa 39, comentario 6, en *The Collected Works of St. John of the Cross*, trans. Kieran Kavanaugh, O.C.D. y Otilio Rodriguez, O.C.D. (Washington, DC: ICS [Instituto de Estudios Carmelitas] Publications, 1973), 558. Traducción de *Obras de San Juan de la Cruz*. Reimpreso; publicado previamente en 1964 por Doubleday.

Tal conocimiento no infla el ego, sino lo humilla de manera hermosa, enseñándonos paciencia, porque incluso un poco de conocimiento espiritual recorre un largo camino. Puedes leer *Sermo Sapientiae* (Sermón sobre la Sabiduría) de Pablo en 1 Corintios 1:17; 2:16, si quieres estar expuesto a un esfuerzo maestro para describir esta manera alterna de conocer. Es, francamente, por qué los dones del Espíritu distinguen entre conocimiento y sabiduría,[38] que la mayoría de nosotros pensamos que son lo mismo. El conocimiento espiritual se denomina con frecuencia *sabiduría*, y debe distinguirse de tener meramente información o conocimiento correcto.

En otras palabras, Dios (y exclusivamente la Trinidad) no puede ser conocido como conocemos cualquier otro objeto, como una máquina, una idea objetiva o un árbol, los cuales somos capaces de "despersonalizar". Miramos a objetos, y los juzgamos desde cierta distancia mediante nuestra inteligencia normal, analizando sus distintas partes, separando esto de aquello, suponiendo que entender las partes es siempre ser capaces de entender el todo. Pero las cosas divinas nunca pueden despersonalizarse de esa manera; ¡solamente pueden ser "subjetivadas" llegando a ser uno con ellas! *Cuando ni tú mismo ni el otro es tratado como un mero objeto, sino que ambos descansan en una admiración mutua de yo-tú, tienes conocimiento espiritual.*[39] Algunos de nosotros denominamos eso conocimiento contemplativo.

Tal conocimiento intuye cosas en su totalidad, con todos los niveles de conexión y significado, y quizá el modo en que encajan en el esquema completo de las cosas. Por lo tanto, la respuesta contemplativa al momento es siempre apreciación y *re-speto* inherente ("mirar una segunda vez") porque ahora yo soy parte de lo que intento ver. Nuestra primera observación práctica y parcial de la mayoría de las cosas carece de este respeto; no es todavía conocimiento *contemplativo*. Francamente, *cuando vemos las cosas contemplativamente, ¡todo en el universo es un espejo!* La seriedad con la que me refiero a esto se verá más claramente a medida que procedamos.

Ahora, tan solo quédense con esto, queridos lectores, porque el misterio que origina la Trinidad nombra y comienza a la vez el proceso de reflejo, permitiéndonos conocer todo lo que necesitamos conocer mediante el mismo proceso interminable de ser un espejo y reflejar.[40] Conocemos las cosas

---

38. Ver Isaías 11:2; 1 Corintios 12:8.
39. Ver Martin Buber, *I and Thou* (New York: Scribner, 1958).
40. Ver 2 Corintios 3:18; Romanos 1:20.

en su profundidad y belleza solamente mediante esta segunda mirada de amor.

Quédense con esta metáfora central de ser un espejo a medida que avanzamos: un espejo verdadero recibe primero una imagen y después la refleja con fidelidad, pero ahora de modo que también puedo verme a mí mismo. Lo más importante es que encuentres el espejo correcto que te refleje honestamente y con profundidad. Toda persona es creada en este proceso, y nuestra tarea es permanecer siempre dentro de este reflejo. Eso es casi exactamente lo que dijo el psicoanalista Heinz Kohut en su "psicología del yo".[41] Aquí estamos diciendo que lo mismo es cierto teológicamente y espiritualmente; nuestra tarea es recibir verazmente y después reflejar la imagen interior transmitida a nosotros hasta que, como expresó el apóstol Pablo, "somos transformados de gloria en gloria en la misma imagen".[42]

¡Este es todo el viaje espiritual en una sola oración! Todo amor, bondad y santidad son un regalo reflejado. Interiorizas todas las cosas mirándolas con reverencia, y esto completa el circuito de amor, porque es así como la creación te mira. La vida interior de la Trinidad se ha convertido en la vida exterior de toda la creación. ¡Esto es bueno!

Todo se trata de ampliar nuestro reconocimiento y reverencia por el misterio universal de la Encarnación (lo Divino hecho carne) hasta que, al final, como lo expresa de manera asombrosa Agustín: "habrá un Cristo, amándose a sí mismo".[43] Y desde luego, él tan solo está construyendo sobre lo que dice Pablo: *"Cristo es el todo, y en todos"*.[44] El Cristo es la universalización de lo que al principio nos enamoramos muchos de nosotros en Jesús. Pero esto se merece otro libro entero,[45] y me estoy adelantando. Pero sí quiero que sepas hacia dónde conduce todo esto, y de dónde provino. El reflejo divino nunca se detendrá; ese reflejo es el modo en que se inicia personalmente el proceso completo de transformación y finalmente se logra.

---

41. Ver, por ejemplo, Heinz Kohut, *Self Psychology and the Humanities* (New York: W. W. Norton & Co., Inc., 1985).

42. Ver 2 Corintios 3:18.

43. S. Agustín, "Ten Homilies on the First Epistle of John", trans. H. Browne, en *Nicene and Post-Nicene Fathers of the Christian Church*, vol. 7, ed. Philip Schaff, rev. Joseph H. Myers (New York: The Christian Literature Company, 1888), p. 521.

44. Colosenses 3:11.

45. Afortunadamente, ¡yo ya lo he escrito en parte! Ver mi libro *Eager to Love* (Cincinnati, OH: Franciscan Media, 2014), ap. I, p. 209.

Pero nos tienen que enseñar cómo mirar atentamente a esta perfecta ley de la libertad, y hacer de ella nuestra práctica, como lo intuye Santiago de modo tan brillante.[46]

Jesús viene de la vida infinita de la Trinidad, y nos invita y nos vuelve a incluir en la Mirada Infinitamente Receptora para que ahora podamos tener un conocimiento participativo de la misma,[47] porque nunca es posible una despersonalización de Dios. Solamente podemos ser reflejados, y solo podemos conocer y vernos a nosotros mismos plenamente en un espejo, y mediante un espejo. Por lo tanto, es crucial y central tener un espejo bien limpio que pueda ver y reflejar a Dios en ti. Sí, ¡la buena teología y una buena imagen de Dios son importantes!

¿Y nos atrevemos a creer que Dios ve un poco de Él mismo reflejado en una forma nueva cuando nos mira? Esta es una conclusión muy justa.

El conocimiento reflejado no es conocimiento "lógico"; es conocimiento *reflejado* y *recibido*. Por eso es difícil demostrar a Dios o demostrar el amor a cualquiera que no haya estado en la línea receptora. De hecho, es en su mayor parte imposible. Observemos que el rostro de Moisés *resplandece* después de haber recibido la mirada divina, y haber sido visto verazmente y amorosamente.[48] Sin embargo, lo cubre con un velo cuando está entre el pueblo. Este no es un símbolo pequeño. Todas las personas necesitan ser vistas tal como son y como ellas mismas, y recibir íntimamente la mirada divina, y no confiar tan solo en lo que ha visto otra persona.

Tres veces menciona la Escritura que Moisés fue el único que conoció a YHWH *"cara a cara"*.[49] Este es el primer relato de la revelación divina en la tradición bíblica, y se hace precisamente mediante un proceso de *interrelación* personal, o reflejo. La imagen es transferida eficazmente a Moisés, y entonces él pasa el resto de su vida intentando transmitir el reflejo a los israelitas que vagaban por el desierto, con escaso éxito. Las personas prefieren leyes y rituales repetitivos tranquilizadores, en lugar de un reflejo íntimo. El reflejo verdadero solamente necesita ser recibido y reconocido una vez, y una vez es suficiente para cambiarte para siempre. Pero se profundiza

---

46. Ver Santiago 1:25.
47. Ver Juan 14:3, 18-20.
48. Ver Éxodo 34:29-35.
49. Éxodo 33:11; Números 12:8; Deuteronomio 34:10.

si "miramos atentamente y lo practicamos", como dice Santiago. Este es el corazón de toda oración.

Es muy difícil hablar de cosas espirituales de una manera totalmente objetiva o externa. Es muy difícil hablar de experiencia interior porque, francamente, si no has estado allí, no has estado allí. Si no deseas reflejar a otros, probablemente tú mismo no has sido reflejado eficazmente; y el espejo divino es lo que Santiago denomina *"la perfecta ley, la de la libertad"*[50] porque nos refleja con un amor y una aceptación totalmente liberadores. Quizá una de las mayores debilidades de la religión institucional es que hemos dado a las personas la impresión de que el Papa podría conocer por nosotros, o los expertos podrían conocer por nosotros, o la Biblia podría conocer por nosotros; que podríamos tener un conocimiento de segunda mano de las cosas santas, y podríamos estar realmente investidos de lo sagrado porque otra persona nos dijo que era verdad. Dios terminó siendo una "cosa" exterior, y se quedó en su mayor parte *ahí afuera*, ajeno a la experiencia del alma, del corazón, e incluso de la mente transformada. Sin embargo, Dios no tiene nietos, solamente tiene hijos.

Así, intentamos conocer a Dios mediante un conocimiento despersonalizado, lo cual finalmente se convirtió en un facsímil aburrido de conocimiento porque no estábamos incluidos en el trato; estaba literalmente fuera de nosotros y más allá de nosotros. Esto es mucho de religión organizada.

Los seres humanos se emocionan por algo solamente si los incluye de alguna manera. Dios seguramente sabía esto sobre nosotros, y por eso Dios nos incluyó dentro del propio conocimiento de Dios, plantando el Espíritu Santo en nuestro interior como el Conocedor Interior, y quien nos recuerda *"todas las cosas"*[51]. Esto es ciertamente un *recordatorio*, ¡un tipo de mente muy distinta que nos es dada!

Pero mejora aún más: nos conocemos y aceptamos a nosotros mismos en el mismo movimiento en el cual estamos conociendo y aceptando a Dios; al rendirnos a Dios, simultáneamente aceptamos nuestro yo mejor y más pleno. ¡Qué recompensa! ¡Qué intercambio verdaderamente santo! Y todo

---

50. Santiago 1:25.
51. Ver Juan 14:26.

ello se logra en el proceso de reflejar. A nivel psicológico, esto es la "recuperación del yo"[52] de Heinz Kohut.

La doctrina de la Trinidad dice que es finalmente el conocimiento participativo lo que importa, y no el cálculo racional, lo cual no es sino una forma limitada de conocimiento. Dios, y la persona humana mediante una extensión irreductiblemente importante, nunca deben ser despersonalizados. De hecho, Dios se niega a ser un objeto de nuestro pensamiento. Como insistía frecuentemente Juan de la Cruz, Dios se niega a ser conocido, y solamente puede ser amado.[53]

Aquí está el triste canje con que la mayoría de creyentes occidentales se han conformado: se permite a la ciencia darnos el gran campo del conocimiento objetivo y útil, y se permite a la religión darnos el pequeño campo subjetivo de la sabiduría personalmente significativa. Cynthia Bourgeault, quien enseñó en nuestra Escuela Viviente en el Centro para la Acción y la Contemplación, define esto legítimamente como "hacer locura".[54] Ambos estamos de acuerdo en que está en el corazón de nuestro cristianismo anémico y dividido, el cual produce en masa fundamentalistas y también agnósticos prácticos dentro de la iglesia, y ateos sinceros fuera de ella. Qué vergüenza y qué pérdida. De hecho, la espiritualidad verdadera debería darnos acceso al campo mayor, pero no parece que la mayoría de nuestras religiones se hayan elevado por encima del nivel tribal hasta ahora. ¡Quizá nos ha estado faltando Trinidad!

Dios solamente puede ser amado y disfrutado, lo cual irónicamente termina siendo su propio y nuevo tipo de conocimiento. Esto es absolutamente central y fundamental.

---

52. Ver Heinz Kohut, *The Restoration of the Self* (Madison, CT: International Universities Press, 1977). Esta obra (y la mayor parte de los otros libros de Kohut) desarrolla el concepto de reflejar como básico para la formación del yo, tanto positivamente como negativamente. Necesitamos "objetos del yo" que nos reflejan de modo narcisista hacia nosotros mismos, o no podemos comenzar a saber quiénes somos. Esto se denomina la "transferencia del espejo". Inicialmente y necesariamente "usamos" a otros para así poder, irónicamente, dejar de usar a otros; y en cambio podemos transmitir libremente el reflejo a otros. ¡Una aparente paradoja! Las personas esquizofrénicas con frecuencia miran fijamente espejos durante largos periodos, intentando reflejarse ante ellos mismos, presumiblemente porque nunca recibieron un reflejo adecuado por parte de otra persona. Eso no funciona para sanarlos; el reflejo correcto y perfecto se logra en la Trinidad.
53. Ver, por ejemplo, David Benner, *Surrender to Love*, (Downers Grove, IL: InterVarsity Press, 2003), p. 29.
54. Bourgeault, *Law of Three*, p. 208.

Ahora bien, si la misma naturaleza de este Dios es una fuerza centrífuga que fluye hacia el exterior, y que se convierte en una fuerza centrípeta que impulsa hacia el interior (parecido a una banda elástica, o como en el reflejo), entonces tenemos todo el derecho a esperar un *parecido familiar* entre nosotros mismos y todo lo demás. La Trinidad permite que nuestras cosmologías científica y espiritual finalmente funcionen como una sola, lo cual sería mejor que descubriéramos rápidamente antes de que la división sea más profunda o parezca insalvable.

Si un Creador amoroso comenzó todo esto, entonces tiene que haber una "conexión de ADN", por así decirlo, entre Aquel que crea y lo que es creado. Una de las cosas maravillosas que los científicos están descubriendo cuando comparan sus observaciones mediante el microscopio con las que llegan mediante telescopios es que el patrón de las neuronas, los protones y los átomos es parecido al patrón de los planetas, las estrellas y las galaxias: ambos están en órbita, y todo se relaciona con todo lo demás. Ahora sabemos que lo mismo es cierto en la biología, como demuestra de modo tan brillante la obra sobre el biocentrismo de Robert Lanza: "el universo es creado mediante la vida, y no al contrario"[55]. El flujo de la vida es el terreno de todo, absolutamente todo.

Existe una similitud entre los dos extremos percibidos del universo, lo Divino y lo humano, tal como deberíamos haber esperado: "*Hagamos* al hombre a nuestra imagen, conforme a *nuestra* semejanza" es como Génesis describe por primera vez al Creador hablando.[56] Y el hebreo utiliza incluso los pronombres plurales por alguna razón maravillosa.

La intuición judía estaba ahí desde el principio. Ellos no tenían aún evidencia científica de ello; era sencillamente interrelación con el mundo. Las *intuiciones* espirituales son casi siempre correctas en cierto nivel. Es lo que hacemos con ellas cuando las literalizamos y hacemos que sean rígidas, mecánicas y fundamentalistas lo que hace que pierdan el *flujo*, y flujo es exactamente donde está la vida.

Lo que podría haber sido una Onda Divina, en su mayor parte nos hemos relacionado como si fuera un dios de partícula estática.

---

55. Ver http://www.robertlanza.com/the-biocentric-universe-theory-life-creates-time-space-and-the-cosmos-itself/.

56. Ver Génesis 1:26.

Esta degradación hizo que un conjunto de dogmas cristianos parezcan creer en la magia: puramente transaccional, y casi siempre para unos pocos exclusivos. Nuestras "buenas nuevas" ya no eran verdad *católica*, o universal, sino verdad meramente étnica, cultural y terrenal.

Aún nos queda mucho para ponernos al día.

La energía en el universo no está en los planetas, ni en los protones o neutrones, sino en *la relación existente entre ellos*. Tampoco está en las partículas, sino en el espacio entre ellas. No está en las células de los organismos, sino en el modo en que las células se alimentan y se retroalimentan unas a otras. Tampoco en una *definición* precisa de las tres personas de la Trinidad tanto como ¡*en la relación existente entre las Tres!* Es aquí donde está en movimiento todo el poder para la renovación infinita:

La amorosa relación entre ellos.

El amor infinito entre ellos.

La danza misma.

En otras palabras, es un universo totalmente relacional. Si en cualquier momento intentamos detener este flujo que se mueve *mediante* nosotros, *con* nosotros y *en* nosotros,[57] caemos en el verdadero estado de pecado; y es verdaderamente un estado, más que una conducta momentánea.

Pecado es el estado de estar cerrado, desconectado, bloqueado, y así resistente al flujo eterno que habíamos de ser. Mediante un corazón endurecido o un espíritu frío, al apartar a otra persona con odio, nos hemos apartado *a nosotros mismos* del flujo. Por lo tanto, Jesús critica a los líderes religiosos que quieren condenar a la mujer atrapada en adulterio mucho más que a la mujer misma. Las palabras de Jesús a los homicidas, contadores religiosos de piedras en Juan 8 destacan para siempre como una crítica bastante indiscriminada a todos los que lanzan piedras, y que localizan el pecado donde preferiríamos no verlo.

El flujo divino o fluye hacia dentro y hacia fuera, o no fluye en absoluto. La Ley de Flujo es sencilla, y Jesús la declara en muchas afirmaciones, como: *"Bienaventurados los misericordiosos, porque ellos alcanzarán misericordia".*[58]

---

57. Notemos que estas son las tres mismas preposiciones que utilizamos al final de la oración eucarística ("mediante Él, con Él y en Él"), a lo cual la congregación responde con el gran "¡Amén!".
58. Ver Mateo 5:7.

El pecado es siempre una negación del mutualismo, y cerrarse en separación. En su clásico *El Gran Divorcio*, C. S. Lewis exclama: *"No quiero ayuda. Quiero que me dejen solo"*[59]. Siempre que nos negamos al mutualismo hacia algo… siempre que no permitimos que nuestra profunda conexión interior nos dirija… siempre que no estamos sintonizados con recibir y dar... se podría decir que el Espíritu Santo está existencialmente ausente de nuestras vidas (no *esencialmente*, sin embargo).

Este es ciertamente el "pecado contra el Espíritu Santo" que no puede ser perdonado,[60] ¡solo porque no se parece a una de esas cosas horribles que necesitan perdón! Y por lo tanto, ni siquiera pensaríamos en pedir perdón, sentándonos cobardemente en nuestro rincón de autocomplacencia. La verdadera maldad y el verdadero pecado deben estar muy bien disfrazados para sobrevivir. La separación normalmente no parecerá pecado, sino que con frecuencia reflejará corrección e incluso un mantenimiento de límites apropiados. "¡Tengo derecho a estar molesto!", dice el alma del justo. Nadie "se merece" nunca nuestra bondad; de hecho, lo que hace que sea bondad es que ni siquiera hacemos esa tonta pregunta.

VULNERABILIDAD

¿Imaginaste alguna vez que lo que llamamos "vulnerabilidad" podría ser la clave del crecimiento continuado? En mi experiencia, las personas sanamente vulnerables utilizan toda ocasión para extenderse, cambiar y crecer. Sin embargo, es una posición arriesgada para vivir sin defensa en cierto tipo de apertura constante al otro, porque significaría que otros podrían a veces herirte realmente (de *vulnus*, "herida"). Pero solamente si decidimos correr ese riesgo permitimos también la posibilidad totalmente opuesta: el otro podría también dotarte, liberarte e incluso amarte.

Pero es un riesgo percibido cada vez.

Cada vez.

Si podemos y cuando podemos vivir una vida así de vulnerable, sin cesar, la vida que vemos reflejada en un Dios a quien se describe como tres personas perfectamente entregando, vaciándose ellas mismas y después recibiendo plenamente lo que ha sido entregado, siempre habrá una fuerza

---

59. C. S. Lewis, *The Great Divorce* (New York; HarperCollins, 2001), p. 59. Énfasis añadido.
60. Ver Mateo 12:31-32; Lucas 12:10.

centrífuga fluyendo a través, hacia fuera y más allá de nosotros. Dentro de la Trinidad, una vida espiritual se convierte sencillamente en "la imitación de Dios",[61] por imposible que esto parezca para nuestros niveles comunes de permanencia y de conciencia.

Esta, entonces, parece ser la obra del Espíritu: mantenerte creciendo es mantenerte vulnerable a la vida y al amor mismo. Notemos que las principales metáforas para el Espíritu son siempre dinámicas, enérgicas y en movimiento: viento elusivo, paloma que desciende, fuego que cae y agua que fluye. Las personas guiadas por el Espíritu nunca dejan de crecer, de cambiar, y de reconocer el nuevo momento de oportunidad. Qué extraño pensar que una parte tan grande de la religión se convirtió en adoración al status quo, hasta que recordamos que lo que el ego aborrece y teme más que a ninguna otra cosa es el cambio.

¿Cuál, entonces, es el camino hacia la santidad? Es el mismo que el camino hacia la sanidad y la integridad. Y nunca estamos "allí" aún. Siempre estamos tan solo *en el río*.

No intentes forzar el río o hacer que suceda el río; ya está sucediendo, y tú no puedes detenerlo. Lo único que puedes hacer es reconocerlo, disfrutarlo, y permitir que te transporte aún más plenamente.

Esta es la gran sorpresa, y para algunos un desengaño: este flujo divino tiene muy poco que ver contigo.

Como el difunto poeta y sacerdote irlandés, John O´Donohue, lo expresa:

> Me encantaría vivir
> Como fluye un río.
> Llevado por la sorpresa
> De su propio fluir.[62]

El flujo no tiene que ver con que tú seas perfecto. No tiene que ver con que tú seas correcto. Tampoco se trata de pertenecer al grupo adecuado. Ni siquiera tienes que entenderlo. ¿Cómo podrías hacerlo? Sin duda habrás observado que Jesús nunca hace tal examen de comprobación antes de sanar a cualquiera. Él tan solo afirma, por así decirlo: "¿Vas a permitirte a ti mismo ser tocado? Si es así, ¡vamos!".

---

61. Ver Efesios 5:1.
62. John O´Donohue, "Fluent", *Conamara Blues* (New York: Cliff Street Books, 2001), p. 23.

Quienes permiten ser tocados son quienes son sanados; es así de sencillo. No hay examen doctrinal. No hay examen moral. No hay comprobación de si la persona es judía, homosexual, bautizada, o casada por primera vez. Solamente hay una pregunta:

¿Quieres ser sano?

Si la respuesta es vulnerable o de confianza, el flujo siempre se produce, y la persona es sanada. ¡Trata de desaprobarme en eso!

Y lo creamos o no, es mucho más difícil permitir este toque y rendirse a este flujo de lo que es mantener una fuerte postura moral sobre esto o aquello, o creer doctrinas sobre esto, eso o aquello, lo cual seguramente sea la razón de que la persona no convertida caiga en estos niveles más bajos, en lugar de mantenerse confiada en el río de la vida siempre vulnerable.

SABIDURÍA DÉBIL

Vamos a quedarnos en este tema de la vulnerabilidad por un momento, e incluso en su sinónimo menos halagador: *debilidad*.

"Débil" no es una característica con la que ninguno de nosotros quiera estar relacionado, ¡y sin embargo el apóstol Pablo describe nada menos que a Dios teniendo debilidad! Pablo dice: *"la debilidad de Dios es más fuerte que la fuerza humana"*.[63] ¿Cómo podría Dios ser débil? Aquí estamos ante un nuevo enigma.

Admitamos que admiramos la fortaleza y la importancia. Admiramos la autosuficiencia, la autonomía, la persona hecha por sí misma. Este es sin duda el estilo americano. Esta debilidad de Dios, como Pablo la denomina, no es algo que admiramos o queremos imitar.

Quizá esto ha sido parte de nuestra resistencia a este misterio de la Trinidad.

Yo describiría la fuerza humana como autosuficiencia.

Yo describiría la debilidad de Dios como dependencia.

---

63. 1 Corintios 1:25.

La dependencia es una manera distinta de estar en el mundo a como lo está una persona hecha por sí misma. La fuerza humana admira la resistencia, hay algo positivo con respecto a ella, y no toda es mala. Pero la ironía es que este misterio se trata mucho más de soltar, lo cual en primer lugar nos parece debilidad, tenemos que admitirlo, y no fuerza.

Casi nos sentimos avergonzados por este misterio de la Trinidad; quizá por eso no lo hemos desarrollado.

La fuerza humana admira la autonomía; el misterio de Dios descansa en la mutualidad.

Nos gusta el control, y parece que a Dios le encanta la vulnerabilidad. De hecho, si Jesús es la imagen de Dios, entonces se describe mucho mejor a Dios como "Vulnerabilidad Absoluta entre Tres", que "el Todopoderoso". Sin embargo, ¿cuántas oraciones cristianas comienzan con alguna forma de "Dios Todopoderoso"? Si estás inmerso en el misterio Trinitario, ¡también debes decir igualmente: "Dios Todovulnerable"!

Pero a pesar de la popularidad de Brené Brown,[64] la vulnerabilidad no se admira en nuestra cultura, ¿no es cierto? ¿Podría un candidato verdaderamente vulnerable ser elegido fácilmente presidente de los Estados Unidos? Lo dudo. Parece ser un requisito previo parecer que uno sabe más de lo que realmente sabe, pues eso nos impresiona por alguna razón. Si no hemos tocado ni estamos en contacto con el lugar vulnerable en nuestro interior, normalmente estamos proyectando hacia fuera una aparente invulnerabilidad. Esto parece ser particularmente cierto de los hombres, como me enseñaron muchos años de oficiar ritos de iniciación para hombres.[65]

---

64. ¿Cómo? ¿No has leído o visto nada de la maravillosa investigación y enseñanza de Brené Brown sobre la vulnerabilidad? ¡Consulta inmediatamente brenebrown.com!

65. La iniciación de jóvenes varones, normalmente entre las edades de 13 a 17 años, era la norma absoluta en casi todas las culturas indígenas en todos los continentes, hasta que comenzó a desmoronarse en el último par de siglos. Esta era la suposición universal: Si no se *hace* que el varón recorra viajes de impotencia, se puede suponer que casi siempre abusará de cualquier poder que obtenga. Tal individualismo y búsqueda de poder eran tóxicos para la supervivencia de cualquier tribu o comunidad. Así, los "ritos de paso" aseguraban al menos cierto grado de humildad, vulnerabilidad, interioridad y espiritualidad en el varón, quien normalmente evita todas esas cosas si le es posible. Actualmente, la comunidad masculina de iniciación de la que fui cofundador sigue desarrollándose como Illuman (Illuman.org). Ver también el ManKind Project mundial (ManKindProject.org) y su rama femenina, Woman Within (WomanWithin.org).

La fuerza humana quiere promover, proyectar y proteger un claro sentimiento de identidad propia y autonomía, y no de dependencia o interacción.

Nos encanta decir: "Yo sé quién soy". Y sin embargo, tenemos al Padre, Hijo y Espíritu Santo operando por una identidad *recibida* dada por otro. "Yo soy Hijo solamente con respecto al Padre, y Él me da mi quien soy, mi ser".

Admiramos no necesitar a nadie; parece que la Trinidad admira necesitar.

Necesitar todo: comunión total con todas las cosas y todo ser (aunque *necesitar* puede ser en un sentido metafórico). Tenemos práctica en ocultarnos y autoprotegernos, y en no mostrar todas nuestras cartas. Dios parece estar en una apertura total.

La fuerza humana es definida en afirmar fronteras. Dios, parece ser, está en el negocio de disolver fronteras. De modo que entramos en una paradoja: lo que es Tres es uno, y lo que es Uno es Tres. Sencillamente no podemos resolver eso, así que confundimos unidad con uniformidad.

Dios crea de modo interminable, y permite la diversidad. Lo único que necesitas hacer es mirar el mundo animal, el mundo bajo el mar, los pequeños insectos ocultos, o a todos los seres humanos en un supermercado; ¿quién de ellos es igual?

A Dios claramente le encanta la diversidad. En toda la creación, ¿hay alguna evidencia para mostrar que Dios quiere la uniformidad? A nosotros nos gusta porque eso da al ego un sentimiento de control, aunque falso. Y por eso sustituimos constantemente uniformidad por unidad, obediencia por amor, y conformidad por verdadera lealtad a nuestra identidad más profunda, lo cual requiere mucha más confianza y valentía.

¡El misterio del que estamos hablando aquí es claramente la diversidad en despliegue! Los Tres son diversos, diferentes y distintos; y sin embargo, son uno. ¿Qué hay *en* esta diversidad que es tan intrínseca al ADN de la Trinidad? Sigue leyendo.

EL DELEITE DE LA DIVERSIDAD

Una de las cosas más maravillosas que encuentro en este nombre de Dios como Padre, Hijo y Espíritu Santo es su afirmación de que hay una *pluralidad intrínseca* de bondad. Quédate con eso, ¿sí?

Bondad no es *similaridad*. La bondad, para ser bondad, necesita contraste y tensión, y no uniformidad perfecta. Si Padre, Hijo y Espíritu Santo son todos ellos Dios, y sin embargo claramente diferentes, y aceptamos esa diferenciación resistiendo la tentación de mezclarlos en cierto tipo de amasijo amorfo, entonces hay *al menos* tres formas de pura bondad (y desde luego, probablemente más).

La meta de Dios, me parece a mí, es la misma en la creación. Es la creación de personas, no la creación de un grupo uniforme, lo cual significa que hay una clara diversidad y un tipo de lo que voy a denominar final abierto en toda la naturaleza, y en la naturaleza misma de esta creación. En otras palabras, el cielo no es precisamente uniformidad. Debido a que no honramos la Trinidad, muchos cristianos no estaban en absoluto preparados para ninguna idea de evolución, lo cual de nuevo forzó a muchos creyentes potenciales hacia el ateísmo bastante sincero.

La diversidad del cielo nunca fue algo que yo consideré en mis primeros años. Pensaba que a todos se nos entregaba la misma túnica blanca y un arpa estándar, y se nos asignaba una nube idéntica por toda la eternidad.

Pero ¿cómo desmonta Jesús esta franquicia McCielo de centro comercial? Él nos dice: *"En la casa de mi Padre muchas moradas hay"*.[66]

¡Qué contraste! Incluso en la naturaleza eterna de las cosas, eres en cierto modo *tú* en tu ser, en el camino por el que Dios te guía *a ti*, el viaje que *tú* estás haciendo, las cargas que *tú* estás soportando. Todo eso se combina para crear la alquimia precisa de *tu* alma, *tu* santidad y *tu* respuesta. En el plan eterno de cosas, descubrimos que lo que Dios quiere de ti es *a ti*.

Es aleccionador, porque siempre se siente como si no fuera suficiente, ¿verdad?

"Lo único que quiero es ser como San Francisco", le decía yo a mi director espiritual, una y otra vez, durante mi primera década como franciscano.

---

66. Ver Juan 14:2.

Finalmente, un día me dijo: "Oye, Richard, tú no eres, y nunca vas a ser, Francisco de Asís. Ni siquiera estás cerca de serlo, ¿de acuerdo? Tú eres, 'lamentablemente', Richard Rohr de Kansas". Yo pensé para mí: *Esto no parece nada dramático o emocionante.*

Excepto cuando entendí: lo único que Dios quiere es a Richard de Kansas.

¡Pero eso es lo que yo no sé cómo darte, Dios!

Da la sensación de ser muy insignificante, y sin embargo este es el secreto liberador: yo soy precisamente el regalo que Dios quiere, en rendición plena y humilde. Hay unidad entre el camino emprendido y el destino a donde finalmente llegamos. Los santos no son uniformes, sino son creaciones únicas de gracia según el viaje por el que Dios les ha conducido.

Este es el mayor riesgo de libertad de Dios: permitirnos la libertad de hacer lo que queramos. El escándalo de la gracia es que Dios incluso pospondrá (¡eso sí que es despojarse o vaciarse uno mismo!) utilizar esos callejones sin salida equivocados para que obren en nuestro favor. Este es el giro supremo del amor: cada uno de nosotros es su propia belleza, una belleza creada libremente y esculpida por la gracia, lo que poetas y dramaturgos denominan con frecuencia *belleza trágica.*

No te sientas mal por esto. Mira a la cruz.

¿Acaso no es eso una belleza trágica? ¿Acaso no es eso lo que somos?

Que hayamos acudido a Dios mediante la tragedia y no mediante hacer cosas correctas, sino invariablemente por hacer cosas equivocadas, es un regalo. Hemos aprendido mucho más de nuestros errores de lo que hemos aprendido nunca de nuestros éxitos.

En el trabajo del rito de paso de los hombres que he realizado, les digo a los hombres la noche anterior a la iniciación que el éxito no tiene nada, absolutamente nada que enseñarnos espiritualmente después de los treinta años de edad. Tan solo nos hace sentir bien. Eso es todo. Todo lo que uno aprende a mi edad, setenta y tantos años ahora, es mediante fracaso, humillación y sufrimiento; cosas que se desmoronan. La disolución es lo único que permite al alma ir a un lugar más profundo.

Por lo tanto, ¿por qué me atrevo a decir que esto es cierto, y no temer a que vayan a tildarme de humanista secular barato? ¿Cómo sé que este carácter de santidad, quijotesco y sinuoso, no es solamente mi idealismo?

Precisamente debido a este código de la Trinidad. Revela un patrón de libertad perfecta en la relación mediante la cual cada persona permite al otro ser él mismo, y al mismo tiempo permanece en entrega perfecta hacia el otro, sin retener de la otre-dad.

La erudita y maestra franciscana contemporánea, Ilia Delio, pregunta si podemos redefinir toda nuestra comprensión de Dios, la libertad y la relación según líneas Trinitarias evolucionarias:

> ¿Podemos entender la Trinidad como un proceso emergente infinito? A este respecto, el cambio no es contrario a Dios; más bien, el cambio es integral a Dios porque Dios es amor y el amor constantemente trasciende a sí mismo hacia una unión mayor... La vida dinámica de la Trinidad como novedad constante en amor significa que cada relación divina es un nuevo comienzo porque cada persona divina es un horizonte de amor trascendente. Ser es trascendencia en amor, y el estar enamorado de Dios es eternamente libre.[67]

Aquí encontramos el patrón que nos permite crear comunidad auténtica y unidad auténtica, celebrando la libertad auténtica. Sé que a los estadounidenses nos encanta la palabra *libertad*, pero no creo que la entendamos en su pleno sentido espiritual, el cual pide mucho más de nosotros que, por ejemplo, proteger de terroristas las fronteras. La verdadera libertad espiritual solamente la obtiene, hasta donde yo puedo ver, alguien que duerme y descansa dentro de la libertad perfecta de Dios. La diversidad se crea y se mantiene en el amor Trinitario. La libertad se crea y se mantiene en el amor Trinitario. La unión no es destruida por la diversidad ni por la libertad.

EL MUNDO EN UNA PALABRA

Una persona trinitaria que está en formación es alguien que está siendo liberada de las cadenas del narcisismo. Un compañero en la *danza divina* es alguien que está de acuerdo en mantenerse en la relación mutua de que Dios *es*, la relación a la que Dios ya nos ha atraído gratuitamente.

---

67. Ilia Delio, *The Emergent Christ* (Maryknoll, NY: Orbis Books, 2011), pp. 4-5.

Como lo expresa el cisterciense laico y maestro, Carl McColman:

> Dios está en nosotros, porque estamos en Cristo. Como miembros del cuerpo místico, los cristianos realmente participamos de la naturaleza divina de la Trinidad. No solo *observamos* la danza, sino que *danzamos* en la danza. Unimos nuestras manos con Cristo, y el Espíritu fluye por medio de nosotros y entre nosotros, y nuestros pies se mueven siempre en el amoroso abrazo del Padre. En que somos miembros del cuerpo místico de Cristo, vemos el gozoso amor del Padre con los ojos del Hijo. Y con cada respiración, respiramos el Espíritu Santo.[68]

Pero tomar de la mano, abrazar y respirar con, ¡no son con frecuencia atractivos de inmediato para nosotros! Vulnerabilidad, soltar, apertura total, rendición... son cosas que no vienen fácilmente en las aguas culturales en las que nadamos. La cultura está construida sobre un movimiento hacia el imperio, hacia el engrandecimiento del grupo, hacia ser el número uno, y esto crea el conflicto interior que la Escritura ya describe como el conflicto entre el mundo y el Espíritu.

Y por favor, entiende que en el Nuevo Testamento la palabra *mundo*, tan utilizada, no se refiere a la creación. La mejor interpretación sería el "sistema". Este sistema es el modo en que estructuramos la realidad, y casi siempre estará diametralmente opuesto al misterio de la Trinidad. Podemos ver por qué lo máximo que Jesús esperaba, y por qué decimos que no podemos entender a Jesús sin la Trinidad, es que su grupo se convirtiera en una *"manada pequeña"*.[69] Actualmente lo denominamos "masa crítica". El Evangelio lo llama *"los doce"*.[70] Jesús lo llama *"leudado"*[71] y *"levadura"*.[72] Parece que Él tiene la paciencia y la humildad para confiar en un proceso lento de leudado. Esto es bastante distinto a cualquier idea de imperio o "cristiandad", la cual siempre se apoya en el uso del poder.

No hay evidencia de que Jesús esperara que este pequeño movimiento se quedara a cargo del mundo, es decir, el "sistema", sino que en cambio

---

68. Carl McColman, *The Big Book of Christian Mysticism: The Essential Guide to Contemplative Spirituality* (Charlottesville, VA: Hampton Roads Publishing Company, 2010), pp. 165–166. Énfasis en el original.
69. Ver Lucas 12:32.
70. Ver, por ejemplo, Marcos 9:35.
71. Ver, por ejemplo, Mateo 13:33.
72. Ver, por ejemplo, Mateo 13:33.

hubiera suficientes personas viviendo en este tipo de mutualidad para ser la levadura en la masa, evitando que toda esta creación cayera en el engaño y la autodestrucción. Por favor, no llegues en seguida a la conclusión, sin embargo, de que Dios no ama (ni le gustan) todos aquellos que están "en" y son "del" sistema. Ellos tan solo sufren por lealtades divididas. Dicho esto, pueden ser buenos dispositivos de seguimiento, a veces mucho mejores que aquellos de nosotros que fingimos estar fuera o por encima del sistema.

Y si eres verdaderamente "salvo", es decir, viviendo amado y viviendo liberado, ¿sabes lo que hace eso evidente? Es precisamente tu capacidad de ver esa luminosa presencia en todo lugar. Si no puedes ver eso, entonces no eres muy salvo, según mi opinión. Tu modo de ver y permitir no encaja con los de Dios. No me importa a cuántos servicios acudas. No me importa en cuántos ministerios sirvas. No me importa cuántos mandamientos has obedecido. No has sido iluminado, transformado, salvado (escoge la palabra religiosa que te dé seguridad); aún no confías en el Misterio.

Pero hay buenas noticias: ¡puedes renunciar a toda condenación por la Cuaresma y dejar tus antagonismos en el sepulcro vacío! Cuanta más luz y bondad puedas ver, más trinitario eres. Cuando puedas ver como ven Jesús y mi padre San Francisco, verás luz divina en todos, *especialmente* en aquellos que son diferentes, que son "el otro", que son pecadores, heridos, leprosos y cojos; en aquellos, como parece indicar la Escritura, donde Dios se muestra mejor.

La Madre Teresa resumió esto de modo hermoso, de manera eucarística y kenótica:

> Nosotras [las Misioneras de la Caridad] somos llamadas a ser contemplativas en el corazón del mundo:
>
> Buscando el rostro de Dios en todo, en todos, en todo lugar, todo el tiempo, y ver su mano en cada suceso.
>
> Viendo y adorando la presencia de Jesús, especialmente en el humilde aspecto del pan, y en el inquietante disfraz del pobre.[73]

---

73. Madre Teresa, *In the Heart of the World: Thoughts, Stories, and Prayers* (Novato, CA: New World Library, 2010), p. 33.

El grado hasta el cual puedas ver la imagen divina donde preferirías no verla, me dice cuán plena está ahora la imagen divina operativa en tu interior.

Tu vida ya no te pertenece. En cambio, eres un espejo que refleja en dos direcciones.

REMODELAR NUESTRA IMAGEN

Por favor, no comiences con cierta idea de un ser abstracto y entonces digas: *Bien, descubrimos por medio de Jesús que ese ser es amoroso.*

No, la revelación Trinitaria dice *comenzar con lo amoroso, ¡y esta es la nueva definición de ser!* Ahora existe una *fidelidad oculta* en el corazón del universo. Ahora, todo está posicionado para transformar todo nuestro plomo en oro; la dirección final de la historia está inevitablemente dirigida hacia la resurrección cuando Alfa se convierta en Omega,[74] como lo expresarían Bonaventura y Teilhard de Chardin. De esto hablo mucho en mis anteriores libros, *Immortal Diamond* [Diamante Inmortal] y *Eager to Love* [Deseoso de Amar], si quieres desarrollar más este punto.[75]

Pero cambiemos de figuras; sé que utilizar figuras geométricas a veces nos ayuda a pensar de modo distinto. Aquellos de nosotros que crecimos con la idea pre-trinitaria de Dios probablemente veíamos la realidad, de modo consciente o inconsciente, como un universo con forma de pirámide, con Dios en el vértice del triángulo superior, y todo lo demás por debajo. La mayor parte del arte cristiano, y el diseño y la arquitectura de las iglesias reflejan esta cosmovisión piramidal, la cual muestra cuán poca influencia ha tenido la Trinidad en nuestra historia.

No estoy diciendo que la pirámide sea totalmente equivocada. Sin duda, queremos preservar un sentimiento de grandeza trascendente en Dios. Sé que Dios está muy por encima de mí, o Dios no sería ningún tipo de Dios al que yo pudiera respetar. Pero si esta idea de la Trinidad es la figura de Dios, y la Encarnación es verdad, entonces una figura geométrica más sincera y verdaderamente útil sería (como hemos visto) un círculo o incluso una espiral, y no una pirámide. Deja que la danza circular remodele tu

---

74. Ver Apocalipsis 1:8; 21:6; 22:13.
75. *Immortal Diamond* (San Francisco: Jossey-Bass, 2013); *Eager to Love* (Cincinnati, OH: Franciscan Media, 2014).

imaginación cristiana. ¡Ya no más "un anciano con barba blanca sentado en un trono", por favor!

Este flujo Trinitario es como la subida y bajada de las mareas en una playa. Toda realidad ahora puede ser representada como un *Rebosar Infinito que empodera y genera un Repliegue Eterno*. Este flujo eterno se hace eco en la historia mediante el Cristo Encarnado y el Espíritu Morador en el interior. Y como dicen con otros términos el maestro Eckhart y otros místicos, el replegarse siempre se corresponde con el rebosar.

(Me encanta la palabra alemana para Trinidad, *Dreifaltigheit*, que significa literalmente "los tres repliegues").

¡Las buenas nuevas fundamentales son que la creación y la humanidad han sido atraídas hacia este flujo! No somos forasteros o espectadores[76], sino parte inherente de la *danza divina*.

Algunos místicos que estuvieron en viajes reales de oración llevaron este mensaje hacia su conclusión coherente: ¡la creación es así "la cuarta persona de la Bendita Trinidad"! Una vez más, la danza divina no es un círculo cerrado; ¡todos estamos invitados!

Como lo expresa el erudito independiente, maestro y diseñador de anzuelos de pesca, C. Baxter Kruger:

> La asombrosa verdad es que este Dios trino, en amor sorprendente y magnífico, decidió abrir el círculo y compartir con otros la vida Trinitaria. Esta es la única razón, eterna y permanente, para la creación del mundo y de la vida humana. No hay otro Dios, ninguna otra voluntad de Dios, no hay segundo plan ni plan oculto para los seres humanos. Antes de la creación del mundo, el Padre, el Hijo y el Espíritu pusieron su amor sobre nosotros, y planearon llevarnos a compartir, conocer y experimentar la vida Trinitaria. Hacia este fin el cosmos fue llamado a existir, y fue formada la raza humana, y a Adán y Eva se les dio un lugar en la venida de Jesucristo, el Hijo del Padre, y en Él y por medio de Él se logró el sueño de nuestra adopción.[77]

---

76. Ver Juan 14:1-3.
77. C. Baxter Kruger, *The Shack Revisited* (New York: FaithWords, 2012), p. 62.

Esto incluso encaja en el principio metafísico "dinámico" de que "el entre-lazado de los tres [siempre] produce un cuarto" en otro nivel.[78]

De seguro, esto puede sonar a herejía, especialmente para un corazón tenso que quiere ir solo. Pero este es el *cuarto lugar* pintado y reservado como un espejo en el ícono del siglo XV de la Trinidad de Andrei Rublev.

Para aquellos que conocen este secreto abierto, su naturaleza humana tiene una dirección y dignidad definitivas... una Fuente y una confianza en sí mismos que no pueden obtener de ninguna otra manera. Sabes que tu valía no se trata de que tú personalmente o individualmente hagas lo correcto por ti mismo; en cambio, tu humanidad es tan solo cuestión de permitir y amar el flujo divino, el cual los cristianos denominan normalmente el Espíritu Santo.

La vida se convierte en un asunto de presentarse y decir sí.

Francamente, una espiritualidad Trinitaria es una idea de la salvación mucho más colectiva, histórica y social, la cual fue siempre mucho más apreciada en la Iglesia de Oriente que en Occidente. Más adelante hablaremos más sobre la "herejía" del individualismo occidental.

Cuando Dios nos incluyó en el flujo divino, tanto exteriormente como interiormente, lo único que en realidad podemos hacer es no entrar, negarnos a participar.[79] Y tristemente, esa posibilidad debe ser lógicamente preservada, o si no, el libre albedrío no significa nada. Y el amor solamente puede desarrollarse y extenderse dentro de la libertad perfecta.[80]

ENLACES ATÓMICOS

Como he expresado, esta danza divina adopta una fuerza centrípeta, halando hacia dentro la energía, pero después se convierte en fuerza

78. Bourgeault, *Law of Three*, p. 89.
79. Una realidad que se explora seriamente y a la vez juguetonamente en la obra de Spencer Burke y Barry Taylor, *A Heretic's Guide to Eternity* (San Francisco: Jossey-Bass, 2006).
80. Ver Hans Urs Von Balthasar, *Dare We Hope "That All Men Be Saved"?* (San Francisco: Ignatius Press, 1988) y David Burnfield, *Patristic Universalism*, 2nd ed. publicado privadamente; impreso por CreateSpace, Charleston, SC, 2016). Estos son solo dos de los muchos libros que están demostrando que la supuesta herejía llamada despreciativamente "universalismo" por muchos cristianos era una creencia bastante común en la iglesia primitiva de Oriente e incluso en las Escrituras.

centrífuga, moviendo hacia fuera la energía; y ese es nuestro universo: todo, sin excepciones.

Todo surgió de esta *danza divina,* y nuestra nueva apreciación de la Trinidad nos da un nuevo conocimiento básico para el entendimiento entre religiones. Nos da una nueva base maravillosa para apreciar cómo este misterio está arraigado como el código: no solo en nuestras construcciones religiosas, sino en todo lo que existe.

Si hay solamente un Dios, y si hay un solo patrón en este Dios, entonces lo maravilloso es que podemos esperar encontrar ese patrón en todas partes. Creo que una de las razones por la que muchos teólogos están interesados en la Trinidad ahora es que estamos descubriendo que la física cuántica, la biología y la cosmología están finalmente en un nivel de desarrollo que nuestra comprensión de todo, desde átomos hasta galaxias y organismos, está afirmando, confirmando, y permitiéndonos usar el viejo lenguaje Trinitario, y ahora con un nivel de apreciación totalmente nuevo.

Un nivel totalmente nuevo que dice: *"¡Dios mío! ¡Podría ser cierto!".*

Imagina lo siguiente: las intuiciones más profundas de nuestros poetas y místicos y de las Sagradas Escrituras se están alineando con descubrimientos en las vanguardias de la ciencia y el descubrimiento empírico. Cuando los mundos interior y exterior convergen así, algo hermoso está en marcha: la inversión de la pelea de amantes de siglos de duración entre ciencia y espiritualidad, entre mente y corazón.

Lo que físicos y contemplativos por igual están confirmando es que la naturaleza fundamental de la realidad es relacional; todo está en relación con todo lo demás. Como un misterio cristiano central, hemos estado diciendo eso desde el principio mientras seguíamos sin entender en absoluto su significado.

Aunque, como cristianos confesionales, ninguno de nosotros habría negado el misterio Trinitario, en esencia lo hicimos. Como describimos anteriormente, para todos los propósitos prácticos, aquellos que fuimos educados como cristianos nos criamos con un Dios monárquico, un faraón sentado en lo alto de una gran pirámide, ¿cierto?

Nos criamos como monárquicos... mientras la revolución de la Trinidad permanecía humildemente oculta a plena vista.

"Ah, sí, sé que Dios es tres personas, pero ¿qué significa eso realmente?

Redujimos la función y el flujo divino a un gran problema matemático. Lo que los místicos me ayudaron a entender se volvió clave para mí: soltar el comenzar con el uno y después, mediante algún imposible juego de manos, algún *legerdemain*, intentar hacer que Dios sea Tres.

No. Comenzar con el Tres, y saber que esta es la única naturaleza del Uno.

Comenzar con el misterio de la relación y de relacionarse; ¡ahí es donde está el poder! Es exactamente lo que los científicos atómicos y los astrofísicos nos están diciendo en la actualidad.

CREADOR Y DESTRUCTOR DE MUNDOS

A menos de treinta minutos de donde vivo en Albuquerque está el Museo Atómico Nacional. De las cuatro bombas atómicas que fueron creadas en Los Álamos, lanzamos una al sur de Albuquerque el día 16 de julio de 1945. Lanzamos una segunda sobre Hiroshima, y una tercera sobre Nagasaki. La carcasa de la cuarta sigue estando aquí en la ciudad. Eso hace que todo este misterio esté muy cerca de mí, literalmente.

¿No es revelador, y más que interesante, que el elemento básico de todo nuestro universo sea lo que llamamos el *átomo*? Y el átomo se comprende de manera más sencilla como la estructura de tres partículas que orbitan: protón, electrón y neutrón, en constante relación unas con otras.

Otra ironía es que Robert Oppenheimer, el "padre de la bomba atómica", puso el nombre de *Trinidad* a la etapa final, y el lugar de su detonación en Nuevo México. Él dijo más adelante que aunque esta clara elección del nombre no la hizo de forma completamente consciente, probablemente fue inspirado por el poema metafísico "Soneto Sacro XIV" de John Donne.

La meditación de Donne aquí invoca cierto tipo de trinidad, pero ¿es la Trinidad que hemos estado explorando? No estoy seguro de que la respuesta esté completamente clara. Este es un poema que en algunas partes me resulta hermoso y a la vez inquietante:

> Oh, Dios, golpea el corazón, que hasta ahora
> solo llamas, alientas y corriges;

me has de abatir para que pueda alzarme,
me has de romper, quemar y hacer de nuevo.

Yo, cual villa usurpada, a otro debida,
trato de hacerte entrar, pero es en vano.
La razón, tu virrey, me ampararía,
pero está presa, y es infiel o débil.

Te amo mucho y querría que me amaras,
pero me he prometido a tu enemigo;
divórciame, desata o corta el nudo;
aprisióname, tómame, pues nunca
seré libre si tú no me cautivas,
ni, salvo que me raptes, jamás casto.[81]

¡Qué imágenes tan contrastadas!

Como observó un museo dedicado a la ciencia y a las artes en su reflexión sobre el sitio en pruebas de la *Trinidad*:

> "El Soneto sacro XIV" [comienza] "Oh Dios, golpea el corazón…". En este soneto, el orador se dirige a Dios directamente y surgen fuertes emociones paradójicas, todo ello en el contexto de una gran metáfora belicosa. A lo largo de la poesía encontramos imágenes violentas ("golpea el corazón", "abatir, romper, quemar…") unidas a ruegos para ser sanado y renovado ("tómame", "hacer de nuevo"), evocando un sentimiento de lucha, una guerra interior.[82]

Cuando Oppenheimer estaba creando su bomba en Los Álamos, estábamos en guerra, como sucede con frecuencia. Y parece que él mismo estaba encerrado en una batalla interior, esperando que un instrumento de muerte pudiera de alguna manera producir vida; que un ejército, preparado para *usurpar ciudades* e imponer la ley marcial sobre ciudadanos estadounidenses, si fuera necesario, pudiera traer paz tanto dentro como fuera, mediante sus capacidades de aniquilación.[83]

---

81. Ver http://www.poetryfoundation.org/poems-and-poets/poems/detail/44106.
82. El Exploratorium en San Francisco. Ver su reflexión "Oppenheimer, the Poems, and Trinity", exploratorium.edu/doctoratomic/2_1R.swf.
83. Ver Alex Wellerstein, "The First Light of Trinity", *New Yorker* (16 de julio de 2015), newyorker.com/tech/elements/the-first-light-of-the-trinity-atomic-test.

Quizá la contradicción más audaz de todas es el abrazo de Oppenheimer de cierto tipo de *sombra de trinidad* como el nombre mismo de su sitio en pruebas. No puedo evitar recordar los lugares oscuros donde el cristianismo, bajo la influencia del imperio, ha perdido su rumbo. Cuando no hemos ignorado por completo la Trinidad, en cambio hemos degradado nuestra declaración de este Tres en Uno como una caricatura de mando y control: distinto a la Trinidad bíblica o a la Trinidad mística, *esta* es una delegación jerárquica donde un padre gobernante decidido demanda que un hijo convenientemente enviado utilice un poder inmenso (o fuerza) para golpear y *quebrantar* a la humanidad.

Trágicamente, esta es la visión de Dios que sale vencedora con demasiada frecuencia. Y desde relaciones abusivas hasta la creación de asombrosas armas de destrucción masiva, esta visión tiene consecuencias.

Oppenheimer no estaba ajeno a esas consecuencias. Parece que él temía que al romper el átomo, se produjera una *ruina* o *inversión* de la trinidad, desestabilizando el átomo tripartito e interrumpiendo el código fuente de la realidad. No es extraño que al ser testigo de su primera y horrible detonación, él invocara inmediatamente a la deidad hindú Visnú, citando del *Bhagavad Gita*: "Ahora me convierto en muerte, el destructor de mundos".[84]

Nuestra imaginación, aplicada a mundos "en lo alto" y "en lo bajo" puede utilizarse para una vida y muerte tan potentes.[85] Este es parte del misterio de la libertad que Dios nos otorga. Este misterio en particular de poder explosivo, como me han dicho científicos atómicos, no se encuentra en los protones, y tampoco se encuentra en los electrones o los neutrones.

Lo creamos o no, el poder explosivo se encuentra en *la relación* entre ellos. Se denomina poder nuclear, y puede cambiarlo todo.

¿Pone esto la Trinidad en perspectiva para ti? No estamos hablando de abracadabra al intentar describir el misterio trino, aunque puedes ser perdonado si piensas que suena a eso, especialmente en mis apretadas formulaciones. Teólogos y contemplativos que describen la danza Tres en Uno no son distintos a los físicos que describen el misterio de la energía atómica:

---

84. Para escuchar un ambiente musical persistente de la afirmación real de Oppenheimer, busca "The Radiance" de *A Thousand Suns*, de Linkin Park, su álbum de 2010 meditando en los temores nucleares que desataron Oppenheimer y sus colaboradores.
85. Ver Proverbios 18:21.

ellos dicen que no es solamente tan extraño como parece, sino que es incluso más extraño de lo que normalmente podemos comprender.[86]

La Tradición Perenne ha dicho con frecuencia: "Como arriba, así también abajo" (la Tradición Perenne *reúne* características comunes en los linajes de sabiduría del mundo). "Dios está en el cielo" tiene un impacto directo en las cosas "aquí abajo en la tierra". Vemos ecos de este lenguaje recíproco incluso en el Padre Nuestro: "*Venga tu reino, hágase tu voluntad en la tierra como en el cielo*".[87]

Si actualizamos este lenguaje para la era cuántica, pasando de la "gran cadena del ser" hasta la "holarquía alojada del ser", como lo expresa el filósofo Ken Wilber,[88] podemos hablar correctamente de *Como es adentro, así es afuera*. Si toda la realidad es un holon y tiene un carácter fractal, como nos dicen también los físicos, entonces cada parte contiene y refleja el todo. Si el cosmos tal como lo conocemos se origina por un "big bang", por un "Así sea", eso significa que *un punto explota* con vida, y da nacimiento a *las muchas vidas*.

¿Cuándo estas *muchas* dejan de ser *una*?

¿Cuándo esta *una no* contuvo nunca las *muchas*?

¡Nunca! Esto es lo que el patrón relacional del universo nos enseña, desde la Deidad hasta la geoquímica, y todo lo que hay en medio.

La forma del cosmos, desde el quásar hasta el quark, es trina.

¿Cómo practicamos esta presencia: de realidad? Científicos y místicos por igual nos dirán: ¡Está presente! ¡Experimenta! Mantén la curiosidad. Esto es una clase básica de Contemplación. Suelta lo que tú "crees" que es tu centro de inteligencia, porque lo que crees que es tu inteligencia no

---

86. La frase "El universo no es solamente tan extraño como parece, sino que es incluso más extraño de lo que normalmente podemos comprender" se atribuye generalmente al físico teórico alemán Werner Heisenberg. De modo similar, el fisiólogo, biométrico y genetista británico J. B. S. Haldane dijo: "Ahora bien, mi propia sospecha es que el universo no es solamente más extraño de lo que suponemos, sino más extraño de lo que podemos suponer". Ver J. B. S. Haldane, "Possible Worlds", *Possible Worlds and Other Papers*, 1927.

87. Mateo 6:10.

88. Ver Ken Wilber, "From the Great Chain of Being to Postmodernism in Three Easy Steps" (2006), pp. 2, 4, www.kenwilber.com/Writings/PDF/FromGC2PM_ GENERAL_2005_NN. pdf.

puede comprender el átomo, no puede comprender las galaxias, y no puede comprender lo que hace nacer y anima toda la existencia.

Esta verdad trascendental puede ser *captada* ocasionalmente, pero no se *enseña* tan fácilmente.

Estamos en el medio de un misterio asombroso: ¡la vida misma! Y la única respuesta apropiada ante este misterio es la humildad. Si estamos decididos a que es ahí donde queremos ir, al misterio, a no contener a Dios y la realidad, sino permitir que Dios y la realidad nos contengan, entonces creo que la religión está finalmente en su lugar adecuado y apropiado.

ARISTÓTELES Y BOECIO: EL PRECIO DE UN SUSTANTIVO INVASOR

Cuando construimos sobre la creencia de Aristóteles de que la sustancia es una categoría más elevada y preferida que la relación (para decirlo de otro modo, los sustantivos son mejores que los verbos), heredamos una idea absolutamente no trinitaria de la persona humana que era autónoma, estática y sin una capacidad metafísica de unión con nuestro propio ser, y mucho menos con la naturaleza divina de Dios.[89] En esta versión metafísicamente frustrada de la realidad, ¡*no* fuimos creados "a imagen y semejanza de Dios", después de todo!

Hemos pasado dos mil años de espiritualidad ineficaz intentando sobreponernos a esta incompatibilidad fundamental entre divinidad y humanidad, tal como se refleja en todo, desde densos volúmenes sistemáticos hasta tratados de "evangelismo" torpemente intrusivos que proponen golfos infranqueables, siendo su medio *y* su mensaje la antítesis de la relación.

Aunque Jesús intervino y nos dio la verdad teológicamente, no la hemos arraigado teológicamente. No teníamos una filosofía subyacente (y por tanto antropología) para respaldar la pertenencia relacional y la participación mutua como algo más que un flojo sentimiento o una esperanza piadosa.

Boecio (480-524), cuya obra *La Consolación de la Filosofía* tuvo gran influencia a lo largo de todo el periodo medieval, actuó como cierto tipo de puente entre la cultura occidental clásica y el cristianismo. Él definió al

---

89. Contrastar esto con 2 Pedro 1:4: *"Dios nos ha entregado sus preciosas y magníficas promesas para que ustedes, luego de escapar de la corrupción que hay en el mundo debido a los malos deseos, lleguen a tener parte en la naturaleza divina".*

ser humano como "una sustancia individual de naturaleza racional", y en algunos aspectos esta definición ha persistido hasta la fecha. No hay ninguna evidencia de que Boecio estuviera influenciado por la doctrina de la Trinidad, como parece.

Lo que ganó así en toda nuestra antropología occidental fue la *individualidad* humana y la *racionalidad* humana, en lugar de *la relación fundamental* y la honra de la naturaleza *intuitiva* de la persona humana, lo cual es un hábitat natural saludable de la religión. Una teología Trinitaria nos habría dicho que la persona humana es una *relación subsistente* en su núcleo, generando, de hecho, relaciones de amor incondicional con la misma posición que las personas de la Trinidad. Esta es precisamente la mejor descripción de lo que queremos decir cuando citamos Génesis para afirmar que "somos creados a imagen y semejanza de Dios". Pero no construimos sobre este terreno Trinitario.

Los efectos colaterales de privilegiar la "sustancia" por encima de la relación son difíciles de sobrestimar. Toda la tradición subsiguiente lo tuvo muy difícil para proporcionar algún fundamento sólido e inherente al significado de unión divina, santidad, salvación, o incluso la Encarnación. Este es un precio muy elevado que pagar; la consecuencia es una teología cristiana aniquilada, una carcasa vaciada y conocida por poco más que una cosmovisión floja y cargada de sentimentalismo.

ESCOTO Y MERTON: TIEMPO PARA RECONSTRUIR

A fin de ser vitales, necesitamos ser capaces de demostrar un núcleo metafísico para la espiritualidad y la santidad cristiana, y no meramente uno que sea psicológico, conductual o moral. Una metafísica Trinitaria proporciona ese núcleo vibrante e inherente. La Trinidad es y debe ser nuestra *identidad estable y arraigada* que no viene y va, sube o baja. Esta es la roca de la salvación.

Y desde luego, es muy interesante que esta raíz estable sea reflejada con bastante perfección en las tres partículas de todo átomo que orbitan y dan vueltas alrededor las unas de las otras: el elemento físico básico del universo. ¿Qué sucede si esos átomos son desestabilizados intencionadamente? Precisamente una bomba de muerte y destrucción.

En muchas permutaciones que nos han conducido hasta el individualismo moderno, la mayoría de los cristianos han seguido reteniendo una comprensión más "pagana" de la persona humana, casi revirtiendo por completo el original uso Trinitario de la palabra *persona*, como alguien que es una *resonancia dinámica*, hasta llegar a un yo autónomo que, al final, no es parecido a nada.

¿Cómo se vería reconstruir una metafísica Trinitaria, y recrear una persona plena y verdaderamente humana?

Comenzaría reconociendo que cada persona es creada por Dios como única e insustituible, a la que Dios ha transferido y comunicado la imagen divina de Dios en la relación, y quien puede, a su vez, comunicar y reflejar esa imagen a otros seres humanos creados. Cada uno de nosotros. Merton descubrió este terreno sólido en una filosofía y teología trinitarias y "personalistas" en la obra de un filósofo y teólogo franciscano del siglo XIII, Juan Duns Escoto. Un estudio de Escoto permitió a Merton llegar a las alturas de la conciencia contemplativa. La mayoría no llega a disfrutar de este núcleo; la salvación y la santidad se convierten tan solo en una esperanza, un deseo, en el mejor de los casos una afirmación verbal de que "yo y el Padre uno somos". Pero con demasiada frecuencia, en la religión y la espiritualidad contemporáneas por igual, no tenemos ninguna base en un pensamiento coherente y práctico para creer realmente eso.

Por lo tanto, la inmensa mayoría de cristianos no han sido capaces de vencer la brecha entre la Persona divina y la persona humana. En gran parte se convirtió en cuestión de intentar vencerla mediante una idea mágica de los sacramentos, si eras católico, o una idea transaccional de "fuerte creencia" o conducta moral si eras protestante. Pero en cualquiera de los casos no había ninguna capacidad inherente de unión divina que se pudiera evocar, y sobre la cual construir en nuestra propia alma. Así, era regularmente un núcleo muy *inestable* para la mayoría de cristianos, con frecuencia degenerado hasta ser convertido en cierto tipo de fantasía, si somos sinceros.

LA LIBERTAD PERFECTA DE DIOS

Este sólido núcleo de un alma, creada enteramente para la relación, es plenamente conocido y plenamente amado solamente en Dios; e incluso *como Dios*, por atrevido que esto parezca.

Para expresarlo de modo concreto, *somos incluidos en el conocimiento de sí mismo y el amor a sí mismo de Dios desde el mismo principio.* Leamos esta antigua y estimulante carta apostólica (ligeramente parafraseada), como si fuera la primera vez, para saber que esto no es solamente idea mía:

> Alabado sea Dios, Padre de nuestro Señor Jesucristo, que nos ha bendecido en las regiones celestiales con toda bendición espiritual en Cristo. Dios nos escogió en él antes de la creación del mundo, para que seamos santos y sin mancha delante de él en amor.
>
> Dios nos predestinó para ser adoptados como hijos santos por medio de Jesucristo, según el buen propósito de su voluntad divina, para alabanza de su gloriosa gracia, que Dios nos concedió en su Amado.
>
> En él tenemos la redención mediante su sangre, el perdón de nuestros pecados, conforme a las riquezas de la gracia que Dios nos dio en abundancia.
>
> Con toda sabiduría y entendimiento, Dios nos hizo conocer el misterio de la voluntad divina, conforme al buen propósito que de antemano estableció en Cristo, para llevarlo a cabo cuando se cumpliera el tiempo: reunir en Cristo todas las cosas, tanto las del cielo como las de la tierra.
>
> En Cristo también hemos obtenido una herencia, pues fuimos predestinados según el plan de aquel que hace todas las cosas conforme al designio del consejo divino y de su voluntad, a fin de que nosotros, que ya hemos puesto nuestra esperanza en Cristo, pudiéramos vivir para alabanza de su gloria.
>
> En él también ustedes, cuando oyeron el mensaje de la verdad, el evangelio que les trajo la salvación, y creyeron en él, fueron marcados con el sello que es el Espíritu Santo prometido. Éste garantiza nuestra herencia hasta que llegue la redención final del pueblo adquirido por Dios, para alabanza de la gloria divina.[90]

El ser persona no es una idea estática, sino una idea totalmente dinámica y relacional (*per sonare*) que es compartida entre las personas divinas y

---

90. Efesios 1:3-14, basado en la *Nueva Versión Internacional.*

todas las personas humanas, *por razón y otorgamiento de su creación*. No por razón de cualquier unión posterior, comprensión, sacramentos o afirmaciones, aunque estos son necesarios, y con frecuencia nos ayudan profundamente a regresar a nuestra identidad original en Dios.

¡Toda persona humana implica un proceso de *llegar a ser* en amor!

Pecado es toda negación a moverse en la dirección de nuestra identidad más profunda como amor.

Cualquier definición de la persona como sustancia, en lugar de relación, tiende a dejar fuera el movimiento, el crecimiento y el reflejo mutuo que nos hacen avanzar en la existencia.

La identidad personal está así siempre oculta en una oscuridad prometedora, una revelación opaca que nosotros mismos podemos lentamente permitir, en la que podemos confiar y dar. Este es el núcleo de la fe.

Basándonos en la idea de Escoto de la libertad perfecta de Dios, Dios inicialmente conoce y ama a todas las posibles "criaturas" (*creabilia*) en Dios mismo, que nosotros los cristianos llamaríamos el Hijo, el Cristo, el *Logos*: el Patrón que lo sostiene todo en potencial y en esencia.

Pero entonces, mediante un acto voluntario, ¡Dios *decide* que algunos de ellos pasen a la existencia como *esta* (persona)!

Dios elige libremente cuál de las posibilidades llega a existir, según Escoto; este es el acto de amor más perfecto y libre de Dios, sin ninguna compulsión o problema de pecado que resolver.

Por lo tanto, al igual que la Trinidad, nosotros no somos una *sustancia*, sino una *relación*.

Siempre en el proceso de ser amados y de transmitir amor.

Dios nos conoce y nos ama antes de que Dios nos desee, y la voluntad de Dios en cuanto a nosotros es otro acto de la Trinidad de una relación subsiguiente única con nosotros. Llegamos a ser mediante el amor, porque el amor solamente puede existir dentro de la libertad. Este primer acto de amor totalmente libre y perfecto es que Dios nos escoge misericordiosamente para existir.

CONTINUACIÓN CREATIVA

Daniel Walsh, que fue el principal maestro de filosofía de Merton, dice que no está seguro de si la persona humana puede ser denominada legítimamente una *creación*, porque somos un continuo, una emanación, una relación subsistente con lo que llamamos Trinidad.[91] Estamos en continuidad con Dios de alguna manera, y no somos una creación separada. Somos *"escogidos en [Cristo] antes de la fundación del mundo"*, como lo expresa Efesios.[92]

El cristianismo maduro es, por lo tanto, la invitación a participar en la vida personal de Dios, una dinámica de amor generado y continuado para siempre en el espacio y el tiempo mediante las criaturas de Dios.

Por lo tanto, el conocimiento de sí mismo de Dios incluye conocimiento de nosotros, y el amor de sí mismo de Dios incluye amor de nosotros.

Son el mismo conocimiento, el mismo amor, y la misma libertad.

Sí, en cierto sentido llegamos a ser un "otro" que puede verse como un objeto separado de Dios, pero desde la perspectiva de Dios somos siempre conocidos y amados *de sujeto a sujeto*, al igual que las personas de la Trinidad se conocen y se aman el uno al otro. Dios y la persona humana deben conocerse (y pueden conocerse) el uno al otro de centro a centro, de sujeto a sujeto, y nunca de sujeto a objeto.

Quizá sea esta la manera más clara de describir la aceptación incondicional de Dios hacia nosotros, el perdón de nuestros errores, y la misericordia hacia nosotros en toda circunstancia.

Nunca somos un objeto para Dios. Dios no puede hacer otra cosa sino amar la imagen de Dios en nosotros.

Por lo tanto, una teología y filosofía plenamente cristiana de la persona humana debe decir que el ser persona humana se origina en el Logos divino, el Cristo eterno, como imitaciones y reflejos de la relación de Dios con Dios mismo. ¡Nosotros somos constituidos por la misma relación que existe entre el Padre, el Hijo y el Espíritu Santo!

---

91. Daniel Walsh, notas no publicadas de su enseñanza en el monasterio de Getsemaní. Walsh enseñó regularmente en el monasterio desde finales de los años cincuenta hasta principios de los sesenta.
92. Ver Efesios 1:4.

"El fin para el cual la persona humana es creada es manifestar la verdad de Cristo en el amor que Dios tiene por sí mismo en su Trinidad divina", dice Daniel Walsh en sus clases a los monjes. Esta es la teología del ser persona sobre la cual Thomas Merton construye su monumental cosmovisión, y sobre la cual también podemos hacerlo nosotros.

El ser persona divina y el ser persona humana son conceptos recíprocos que se reflejan mutuamente. La naturaleza de Dios como relación crea la nuestra, y la nuestra es constituida por el mismo vínculo, el cual es apertura y capacidad de amar infinitas.

Debemos saber que somos, de hecho, objetivamente dignos de amor para ser realmente capaces de amarnos a nosotros mismos. Eso es lo que la Persona Divina asegura y garantiza. Tu falso yo no está preparado para el amor incondicional. Para el amor y el respeto, sí. Pero no para el amor incondicional; solo para el amor condicional.

Esto se convierte en el fundamento de Merton para lo que él denomina el Yo Verdadero, que es siempre, objetivamente y para siempre, completamente digno de amor, aunque efímero. Creo que estas habían de ser las buenas nuevas fundamentales del evangelio, la roca de la salvación: una base para el ser persona humana que no vacila y no puede fallar. Jesús está anunciando con sus palabras y mostrando con su Mesa y enseñando igualmente que las personas humanas son creadas dentro del amor sustancial e infinito de la Trinidad. Nosotros no podemos "llegar" a tal lugar, sino tan solo descansar y regocijarnos en tal lugar.

PARADIGMAS PERDIDOS

De modo que Dios no es en primer lugar un "ser" que decide altivamente amar a las personas buenas y castigar a las personas malas; en cambio, el Amor Absoluto sigue revelado como el nombre y la forma del Ser mismo. El amor constituye la naturaleza misma de ser, contrario a un ser aparentemente demandante y caprichoso que en ocasiones decide amar o no amar, lo cual da a la psiquis humana un fundamento muy frágil e inestable.

La Trinidad es el cambio supremo de paradigma, y había de llegar instalado ya en la revelación cristiana. Repito que debería haberlo cambiado todo, pero no fue así. La doctrina de la Trinidad quedó en gran parte archivada como una abstracción embarazosa, incluso por la mayoría de predicadores,

maestros y teólogos. Dios quedó reducido, y todos salimos perdiendo. Solamente Jesús se vio obligado a llevar todo el drama de la liberación, lo cual
parece que pudo hacer; pero siempre hubo un fundamento, marco, dinámica y energía mucho mayores que faltaban en la ecuación de la salvación.

De este modo experimentó Julián de Norwich esta realidad, desde la Inglaterra de los siglos XIV y XV:

> La Trinidad llenó de repente mi corazón con el mayor de los
> gozos. Y entendí que en el cielo será así para siempre para quie-
> nes vayan allí. Porque la Trinidad es Dios, Dios es la Trinidad;
> la Trinidad es nuestro hacedor y protector, la Trinidad es nues-
> tro amado amigo para siempre, nuestro gozo y deleite eternos,
> por medio de nuestro Señor Jesucristo. Y esto fue mostrado en
> la primera revelación, y en todas ellas; porque me parece que
> donde se habla de Jesús, ha de entenderse la Santa Trinidad.[93]

No podemos separar a Jesús de la Trinidad. Sin embargo, la persona pro-
medio que se sienta en los bancos de la iglesia nunca tuvo la oportunidad
de disfrutar de la economía de la gracia mucho más amplia. Nadamos en
un pequeño charco llamado escasez, que es ahora evidente en la mayoría de
nuestra política y economía tan egoístas y acaparadoras.

Incluso nuestros viejos catecismos decían que las "virtudes teológicas" de
la fe, la esperanza y el amor, que se decía que eran la naturaleza misma del
Ser divino, se nos ofrecían como "una participación en la vida misma de
Dios". En la iglesia medieval se argumentaba que no eran, en primer lugar,
dones a individuos, sino dones a la sociedad, la historia y la humanidad
como un todo.[94]

Esto está prefigurado en dos grandes pensadores en la iglesia: Agustín y
Aquino, quienes argumentaron que la virtud de la esperanza se aplica en
primer lugar al colectivo, antes que al individuo.

Sin embargo, tratamos de generar esperanza en el individuo aislado, a la
vez que lo dejamos a la deriva en un cosmos, sociedad y humanidad que se
dirigían hacia la desesperanza y el castigo.

---

93. Julián de Norwich, *Revelations of Divine Love*, trans. Elizabeth Spearing (New York: Penguin
Classics, 1998), p. 46.
94. Ver Von Balthasar, *Dare We Hope?*

Es muy difícil para los individuos disfrutar de fe, esperanza y amor, o incluso *predicar* fe, esperanza y amor, que es el único que perdura,[95] a menos que la sociedad misma disfrute primero de fe, esperanza y amor de algún modo colectivo. Esto forma gran parte de nuestro problema actual; no hemos dado al mundo ningún mensaje de esperanza cósmica, sino solo mensajes amenazadores de Apocalipsis y Armagedón.

Dios como Trinidad da esperanza a la sociedad en general, porque está basada en la naturaleza de la existencia misma y no en las conductas cambiantes de los individuos, que son siempre inestables. Sigue conmigo en este punto, y creo que este problema y su respuesta serán obvios.

Sin embargo, primero acudamos al ejemplo de los niños para evaluar esta virtud individual de la esperanza, ya que tenemos que comenzar con nuestra propia humanidad. Expertos en mercadeo dicen que los niños (y los perros) son incluso más eficaces que el sexo en la publicidad. ¿Por qué? Porque los niños y los perros siguen estando llenos de una esperanza y expectativa naturales que se mostrarán en su sonrisa. Tienden a establecer contacto visual directo, mirándote fijamente, y alejándose con una sonrisa (a menos, desde luego, que hayan recibido abusos).

Esto es puro ser.

Esto es un flujo desinhibido.

Ciertamente, por eso Jesús nos dijo que seamos como niños. No hay nada que detenga el flujo puro en un niño o un perro, y por eso cualquiera de nosotros que tenga un gramo de eros, de humanidad o de amor en su interior está indefenso contra una presencia tan desguarnecida.

Solamente con un gran esfuerzo podemos resistirnos a dar un beso a un bebé con sus grandes ojos abiertos, o a acariciar a un perro sincero. Queremos acercarlos a nosotros con amor porque ellos son, por un momento, y perdóname, ¡*"Dios"*!

¿O acaso es al contrario? ¿Acaso eres *tú* quien te has convertido en "Dios" al estar delante de un flujo tan irresistible?

Ambas proposiciones son ciertas, desde luego. Vemos este flujo en la atracción de toda la belleza, en toda la admiración, en todo el éxtasis, en

---

95. Ver 1 Corintios 13:13.

toda la solidaridad con cualquier sufrimiento. Cualquiera que permita plenamente el flujo verá la imagen divina incluso en lugares que se han vuelto feos o arruinados. Esta es la mirada universal de la Trinidad.

"Y el que permanece en amor, permanece en Dios, y Dios en él".[96]

Si yo hubiera dicho eso independientemente de San Juan, muchos me habrían catalogado de ser un don nadie de la Nueva Era desde California, pero sencillamente comparto la profunda espiritualidad Trinitaria de Juan, en todas sus implicaciones. Esto es tradicionalismo verdadero.

Lo que la Trinidad está diciendo, hermanas y hermanos, es que Dios, como lo expresé anteriormente, es realmente relacional, lo cual muchos budistas son más libres para decirlo que nosotros. ¡Qué ironía! Sin embargo, sabemos que la verdad es una, de modo que eso no debería sorprendernos ni defraudarnos. A nosotros deberían habernos enseñado mediante la Trinidad que Dios no era *un* ser, y sin duda tampoco un algo aislado, lo cual, desde luego, da a entender que todas las criaturas procedentes de tal Fuente son también relacionales.

Esto arroja luz sobre nuestra fascinación por la sexualidad, por todas las cosas bellas, por la naturaleza, los animales, la música y las artes; por naturaleza somos atraídos a cosas hermosas que están fuera y por encima de nosotros mismos, y queremos correr hacia ellas y unirnos con ellas casi de cualquier manera, y algunas maneras funcionan y otras francamente no (lo cual podríamos denominar conducta adictiva o "pecado").

De aquí en adelante, puedes conocer y amar a Dios al menos en tres niveles distintivamente maravillosos: el nivel transpersonal ("Padre"), el nivel personal ("Jesús"), y el nivel impersonal ("Espíritu Santo"). Si estás interesado, esto se corresponde con bastante perfección con lo que Ken Wilber y otros denominan "el Uno Dos Tres de Dios".[97]

Cuando vemos la realidad desde dentro de la Trinidad, podemos conocer y conoceremos el amor, y serviremos a Dios en todo lo que hagamos. Las metáforas, los rituales y las doctrinas de otras religiones ya no constituyen una amenaza para nosotros, sino que son con frecuencia muy útiles. *Dios como Trinidad hace que el pensamiento religioso competitivo sea en gran parte una pérdida de tiempo*. Pero solamente los místicos parecen saber que

---

96. 1 Juan 4:16.
97. Ver Ken Wilber, *The One Two Three of God* (Boulder, Colorado: Sounds True, 2006).

el único lenguaje posible mediante el cual podemos hablar sobre Dios es metafórico.

UNIÓN DISTINTIVA

Por lo tanto, hablemos más sobre el Tres.

Existe un balance perfecto en la Trinidad que protege la identidad personal y la unidad total al mismo tiempo. Se nos dice que Padre, Hijo y Espíritu Santo (para usar otra vez los nombres clásicos) tienen cada uno de ellos su unicidad, y sin embargo crean una unidad cada vez más profunda y sólida al rendirla amorosamente los unos a los otros (el paralelismo con el encuentro sexual auténtico es asombroso).

Y permíteme decir claramente: no desperdicies demasiado tiempo intentando argumentar sobre el género de los Tres; los nombres masculinos atribuidos a dos de ellos y la común atribución femenina al Espíritu Santo son en gran parte arbitrarios: en el Misterio subyacente. En lo que estaban de acuerdo de manera abrumadora los primeros teólogos es que lo que importaba era *la relación entre ellos* (siendo un término técnico "las relaciones subsistentes"), y no los nombres individuales o los géneros de los Tres. En la Escritura, se hace referencia al Creador como una roca[98] y como una madre de un niño de pecho;[99] se hace referencia a Jesús como sabiduría[100] y como una gallina;[101] el Espíritu Santo se representa como un aliento,[102] *ruach* en hebreo, que tiene género femenino,[103] y también se le llama *Consolador* o *Paracletos* en griego,[104] lo cual está totalmente por encima del género.[105] Consideremos todas estas imágenes, y también otras como fuego llameante[106] ¡y aparentemente incluso como "perro"![107]

---

98. Ver, por ejemplo, Deuteronomio 32:4; Salmos 18:2.

99. Ver, por ejemplo, Isaías 49:14-15.

100. Ver 1 Corintios 1:30.

101. Ver, por ejemplo, Mateo 23:37.

102. Ver, por ejemplo, Juan 20:22.

103. Ver, por ejemplo, Salmos 104:29-30.

104. Ver Juan 14:26. Otras traducciones utilizan "Ayudador", "Consejero" y "Abogado".

105. Para una mirada general, aunque no exhaustiva, de imágenes femeninas para Dios (Creador, Redentor y Espíritu) en la Biblia, ver mikemorrell.org/2012/05/biblical-proofs-for-the-feminine-face-of-God-in-scripture. Y para una exploración excelente de las imágenes no humanas para Dios en la Escritura, ver Lauren Winner's *Wearing God: Clothing, Laughter, Fire, and Other Overlooked Ways of Meeting God* (San Francisco: HarperOne, 2015).

106. Ver Isaías 4:5.

107. Ver B. Doyle, "God as a Dog: Metaphorical Allusions in Psalm 59", en *Metaphor in the Hebrew Bible*, ed. P. Van Hecke (Leuven, Belgium: Leuven University Press, 2005), pp. 41–54.

Esto es exactamente lo que esperaríamos encontrar en relación con un Dios en quien se dice que varón y hembra reflejan algo genuino de la imagen y la semejanza divina. Claramente, nuestro Dios trino es un derroche de expresión que trasciende e incluye cualquier etiqueta posible.

Lo importante es que los Tres son formados e identificados por el flujo desbordante y desinhibido. El flujo forma y protege a los Tres, y los Tres distribuyen el flujo. Es precisamente esta misma dinámica para una sociedad saludable, ¿no es cierto?

Pero tendemos a quedarnos en los extremos. En gran parte de Occidente en la actualidad, hay un intenso individualismo (en sus formas tanto progresista *como* conservadora), haciendo del bien común un ideal perdido o imposible; o las personas viven en colectivos sin sentido, en el tribalismo y el pensamiento de grupo, donde demasiadas personas carecen de una autonomía sana o de individualización personal (de nuevo en sus formatos progresista y conservador, lo cual nos muestra que esta manera común de ver nos ofrece dos criterios falsos para la verdad).

Entonces, ¿cómo podemos *preservar valores profundos y verdaderos a lo largo del espectro?* Esta es invariablemente la pregunta. Sinceramente, sin tratar de ser esotérico, la Trinidad nos da un paradigma, un modelo y una invitación bastante ideales. Un camino a lo largo de esas líneas podría aplicarse a muchos asuntos problemáticos y políticos.[108] Volvamos a intentarlo.

La palabra *persona* como la utilizamos en la actualidad, refiriéndonos a un individuo humano separado, en realidad no se encuentra en la Biblia hebrea; pero la idea de "faz" o rostro sí lo está. Los autores hebreos querían comunicar el efecto de "interfaz" con su YHWH Dios, quien buscaba comunicarse íntimamente con ellos: "Dios alce sobre ti su rostro, y ponga en ti paz".[109] Este mismo uso se encuentra en varios de los salmos,[110] donde se traduce con frecuencia como presencia, con el significado más preciso de *presencia comunicada*: una transferencia del ser persona del uno al otro.

---

108. Dave Andrews, maestro australiano, teólogo, activista y organizador comunitario, ha escrito un valioso recurso de formación comunitaria basándose en una profunda comprensión de la relación Trinitaria. Es difícil encontrarlo en Norteamérica, pero puedes consultar su Compassionate Community Work Course en www.daveandrews.com.au/ccwc.html.
109. Ver Números 6:25-26.
110. Ver Salmos 42:2; 89:15-16; 95:2.

En las traducciones griegas de la Biblia que tenemos, el sustantivo que se utilizó para "rostro" fue *prosopon*, que se refiere literalmente a las máscaras que llevaban los actores griegos sobre el escenario. Esto parecía servir como una identidad aumentada y también un megáfono. Maestros como Tertuliano y los Padres Capadocios utilizaron un lenguaje similar, en la palabra latina *persona*, preservando la plena libertad e identidad de lo que finalmente se denominó las tres "personas" de la Trinidad, quienes están, sin embargo, en una comunión perfecta y total.

Cada miembro de la Trinidad era considerado una *persona*, o "rostro" de Dios. Cada persona de la Trinidad comunicaba plenamente su rostro y su bondad al otro, a la vez que mantenía su propia *identidad facial* dentro de sí misma. Cada persona de la Trinidad "resonaba" (*per sonare*) a la otra.

Irónicamente, *persona* es ahora nuestra palabra para denominar al ser humano autónomo, pero originalmente significaba casi exactamente lo opuesto. Cada uno de los Tres sabía que era un *reflejo* de los otros dos. La identidad se mantenía y también se compartía plenamente, lo cual sinceramente es lo que hace posible cualquier amor maduro. Todos los buenos psicólogos estarían de acuerdo.

Cada uno de nosotros es un reflejo de algo mucho más e incluso de Otro, y eso se convierte en nuestro *yo*. Sin embargo, somos una máscara en el escenario, un rostro, que recibimos y también revelamos nuestro ADN compartido, nuestros ancestros, y nuestra cultura del pasado. Esto ha formado nuestra comprensión de lo que ahora llamamos una "persona". De nuevo, irónicamente, lo que antes daba a entender que toda identidad era compartida, ahora significa exactamente lo contrario: ahora se denomina "persona" a un individuo separado, ¡y normalmente no honramos el hecho de que todos seamos "reflejos"! Esta simple distorsión ha hecho que el primer principio moral católico del "bien común" sea casi un ideal imposible.

Piensa en tu propia experiencia: ¿a cuántas personas conoces, incluyéndote tú mismo, que estén realmente en esta *danza divina* con un grado apropiado y equilibrado de amor a sí mismo y abnegación? Es la definición misma de la madurez psicológica. Y ciertamente es una danza, donde todos damos muchos pasos en falso.

Hasta donde un grado apropiado de amor a uno mismo sea recibido, mantenido, disfrutado, se confíe en él y se participe en él, será el mismo grado hasta el cual pueda darse al resto del mundo. Puedes y debes *"amar a tu prójimo como a ti mismo"*, para tu propia integridad y la de ellos.

La Regla de Oro es también el estándar de oro para todo crecimiento y desarrollo. Lo aprendimos de la Trinidad.

Esta es la danza interminable: el movimiento hacia dentro y hacia fuera, de recibir y dar.

Y recuerda que si no fluye de ti, probablemente sea porque no estás permitiendo que fluya hacia ti. Y el amor puede fluir hacia ti en cada momento: mediante la imagen en una flor, en un grano de arena, en el hilo de una nube, en cualquier persona a quien permitas que te deleite. Por eso comienzas a encontrarte sonriendo ante cosas, sin ninguna razón aparente.

CAJAS TIDE EN KMART

Una vez estaba yo en el pasillo de detergentes en mi tienda local Kmart en Albuquerque. Ya sé que esta historia tiene un comienzo prometedor, ¿verdad? ¡Sigue leyendo!

Yo era la única persona que había en ese pasillo, afortunadamente, y me encontré allí de pie, sonriendo a las cajas de detergente Tide.

No estoy seguro de cuánto tiempo estuve haciendo eso, pero fueron sin duda varios minutos, me temo. Finalmente, me recuperé y miré a ambos lados, agradecido de que nadie estuviera observando porque yo estaba un poco avergonzado de mi sonrisa tonta. Personas así que sonríen sin causa son por lo general personas inestables, ¿no es cierto? Yo sabía que, normalmente, las *cajas de Tide* no son grandes causas de alegría en sí mismas.

¿O acaso sí lo son? ¿Debería contratarme la empresa *Procter and Gamble?*

El gozo espiritual no tiene nada que ver con que algo "vaya bien". Tiene todo que ver con que cosas *sucedan,* y *sigan sucediendo* en tu interior. Es una viveza inherente, interior. El gozo es casi por completo un trabajo interior. El gozo no está determinado por el objeto del que se disfruta, tanto como por el ojo preparado de quien disfruta.

Y cuando el flujo fluye, no importa lo que estés haciendo. No tienes que ser un sacerdote en el altar o un predicador en un púlpito, tenlo por seguro.

(Puedo oír el alivio palpable desde allá hasta acá, de este teclado. Eres bienvenido.).

Puedes ser un ama de casa en un supermercado o un obrero de la construcción en una obra; eso no importa. *Todo* es inherentemente sagrado y profundamente satisfactorio. Como lo expresó la poetisa del siglo XIX Elizabeth Barret Browning: "La tierra rebosa de cielo, y cada arbusto común arde con Dios".[111]

Todo es sano y santo al mirarlo, porque estás en el interior del Único Flujo de Amor sin el retroceso negativo de *la duda*.[112]

Esto es todo lo que hay en realidad. Llamémoslo Conciencia, llamémoslo Dios, llamémoslo Amor; este es el Terreno de todo Ser del que provienen todas las cosas, y especialmente todas las cosas buenas.[113]

Es un permiso; es una mirada profunda; es un disfrute. Es la Fuerza Creadora del universo. El río ya está fluyendo, y tú estás en él, lo disfrutes o no.

Por lo tanto, ¿cuál es tu "flujo" en este momento?

¿Estás acaparando o fluyendo?

¿Estás defendiéndote o extendiéndote?

¿Es energía negativa o energía vital lo que controla este día?

¿Estás a la defensiva, o puedes ser vulnerable antes del momento siguiente?

Esas son dos direcciones y energías totalmente diferentes, y debes aprender a saber la diferencia en tu interior; de otro modo, no sabrás por qué orar, lo que realmente necesitas, y quién eres realmente en cualquier momento.[114]

---

111. De *Aurora Leigh*; léelo en su totalidad en http://www.bartleby.com/236/86.html.
112. Notemos las palabras de Jesús a Tomás el dudoso en Juan 20:24-29.
113. Ver Santiago 1:17.
114. Reflexiona en Santiago 1:19-24. Esta carta más antigua del Nuevo Testamento parece casi budista a veces en su énfasis en la praxis por encima de la teoría. (Lamentablemente, a Lutero no le gustaba nada Santiago.)

Toda tu materia prima para ver correctamente está en tu interior; porque en el Espíritu Santo tienes a tu "Abogado" y "Abogado Defensor" interior.[115] El Espíritu es tu marcador de posición implantado, quien te enseña a orar, a esperar y a amar. Como dice Pablo tan sinceramente: *"qué hemos de pedir como conviene, no lo sabemos"*.[116]

Tienes que soltar cualquier cosa que tengas dentro y que esté diciendo no al flujo, que lo esté juzgando de imposible, o cualquier vergüenza que esté evitando que el Espíritu te guíe, porque ¿sabes qué? Incluso tus pecados se convierten con frecuencia en tus mejores maestros. El Gran Flujo hace uso de todo, absolutamente todo. Incluso tus errores pueden ser utilizados a tu favor, si así lo permites. Así de bueno es Dios.

AMAR A TODAS LAS PERSONAS EQUIVOCADAS

"Solamente *nosotros* tenemos al Espíritu".

Eso era lo que me enseñaban en mi iglesia cuando era pequeño; y entonces descubrí que todas las religiones dicen lo mismo. ¿No es interesante?

Hay una frase para esto; se denomina *narcisismo de grupo*. No tiene nada que ver con el amor a Dios, ni es una búsqueda de verdad o de amor. Es intentar tener el control, y *todo* grupo en sus etapas menos maduras de desarrollo, ¡intentará meter a Dios en el bolsillo de las chaquetas de sus miembros únicamente!

¿Por qué digo algo tan inequívoco? Porque te reto a que encuentres una religión mundial que no haga eso. Pero no es necesario que miremos más lejos de nuestro propio Antiguo Testamento. Aquí tenemos algunas mentalidades religiosas prevalecientes de esos tiempos que fueron transmitidas hasta el mundo del primer siglo de Jesús, y cómo Jesús responde a ellas.

"Dios ignora a los samaritanos".

Los samaritanos, que vivían cerca del pueblo judío, eran considerados una raza mezclada con religión "mezclada", y por lo tanto, no había que relacionarse con ellos, como explica de manera bastante natural el Evangelio de Juan: *"judíos y samaritanos no se tratan entre sí"* (Juan 4:9). Pero entonces Jesús relata una parábola elogiando la extraordinaria bondad de

115. Ver Juan 14.
116. Ver Romanos 8:26.

un samaritano (ver Lucas 10:25-37); en otra ocasión, cuanto Él pasa por Samaria, sorprende a una mujer samaritana, y también a sus propios discípulos, hablando con ella directamente, manteniendo una conversación sobre profundos temas espirituales (ver Juan 4:4-42). Jesús también muestra el favor de Dios hacia los samaritanos de otras maneras (ver, por ejemplo, Lucas 9:52-56; 17:11-19).

"Dios no sabe ni siquiera que existen los sirofenicios".

Los sirofenicios, que vivían al norte de Israel, eran considerados forasteros y paganos; pero una mujer sirofenicia, desesperada por que su hija fuera sanada, apela a Jesús, quien la elogia por su gran fe y sana a su hija (ver Marcos 7:24-30; Mateo 15:22-28).

"Nosotros somos el pueblo escogido, para exclusión de todos los demás pueblos".

A la vez que afirma la relación única que Dios tiene con Israel, Jesús demuestra la gracia de Dios y la inclusión de personas de todos los trasfondos, algo que sus discípulos y las multitudes no esperaban. Cuando los discípulos de Jesús finalmente llegaron a entender su propósito, ellos hicieron lo mismo. Vieron que todos los pueblos, ya fueran judíos, prosélitos judíos u otros "gentiles" o "extranjeros", podían entrar en la danza circular de la Trinidad y experimentar el Espíritu derramado sobre ellos (ver, por ejemplo, Hechos 2:1-11; 10:1-49).

¡Jesús lo complica todo! ¿Qué hace Él? Regularmente hace que el forastero sea el héroe de sus parábolas, y el receptor de la gracia multiforme de Dios. No reconocer y aprender de esto es ignorancia culpable en este punto.

En líneas generales, no lo entendimos. El catolicismo replicó el ritual y los errores legalistas del judaísmo casi hasta el más fino detalle, y el protestantismo nos ha imitado bastante bien, mientras intentaron cubrir su rastro sencillamente siendo legalistas en asuntos muy distintos. Pero es el mismo juego del ego.

Y alguien podría argumentar fácilmente que nuestro compañero abrahámico, el Islam, ha seguido los mismos pasos al reflejar la conducta de nuestros miembros exclusivos más atroces. Porque es ahí donde se encuentra siempre la religión inmadura; no es en primer lugar una búsqueda del Misterio Santo y de cómo amar. La mayoría de las religiones tempranas son una búsqueda del yo egoísta, una búsqueda del terreno elevado moral, y ciertamente de ser mejores que esas *otras* personas de allí.

Acudiendo de nuevo a Karl Rahner, él sugirió que durante cincuenta años todos deberíamos básicamente dejar de utilizar la palabra *Dios*. Porque, dice él, ¡normalmente no tenemos ni idea de lo que estamos hablando! Esto se vuelve bastante evidente cuando vemos lo que hemos hecho con Jesús mismo, quien fue entregado como la manifestación plenamente *visible y obvia*, y aun así nosotros lo utilizamos para nuestras pequeñas guerras culturales. Lo seguimos encerrando dentro de nuestra psiquis más pequeña y fuera del silencio protector de la Trinidad. Fingimos que lo entendíamos perfectamente siempre que podíamos interpretarlo para nuestras propias guerras, prejuicios y dominios. Pobre Jesús.

Por lo tanto, seamos humildes y llamemos a Dios "el Misterio Santo" durante cincuenta años, para cauterizar la herida que hemos infligido a nuestra cultura y a nosotros mismos. Y quizá, como sugería Rahner, después de medio siglo podamos aclarar el lenguaje y que sea un poco más humilde, defiriendo a este Misterio Santo en reconocimiento agradecido porque nosotros no estamos a cargo de mucho, y entendemos muy poco.

SOLO EL VACÍO ESTÁ PREPARADO PARA LA PLENITUD

Para hacer real el subtítulo de arriba, voy a citar de uno de los primeros himnos de la iglesia:

> *Quien, siendo por naturaleza Dios,*
> *no consideró el ser igual a Dios*
> *como algo a qué aferrarse.*[117]

¿Podría esta primera estrofa del gran himno filipense, en su totalidad, aplicarse no solo a Jesús, sino también quizá a toda la Trinidad? Yo así lo creo.

Los Tres viven como un vaciarse a sí mismos eterno y generoso, siendo *kenosis* la palabra griega para expresarlo.

Si te estás protegiendo a ti mismo, si estás asegurando tu propia imagen e identidad, entonces aún te estás aferrando, y tu ego permanece lleno de sí mismo. Lo contrario de *kenosis*.

---

117. Filipenses 2:6.

Lo intrigante sobre la mutualidad de la Trinidad es que los nombres (los roles, las energías) son realmente intercambiables.

No queremos encasillar al Padre como el único infinito, al Hijo como el único inminente, ¡o al Espíritu como al único íntimo! Todo es dado absolutamente al otro, pero por causa de nuestra mente, es útil identificar a tres personas.

Cuando esas tres cualidades divinas comienzan a atraerte, y cuando estás cómodo con Infinidad, Inminencia e Intimidad, las Tres, creo que finalmente estás viviendo dentro de una espiritualidad plenamente Trinitaria.

Esta es la obra de Dios en ti mientras vivas, toda la vida.

Espero que esto no te sorprenda ni te decepcione, pero con frecuencia he notado esas cualidades divinas en personas que son marginadas, oprimidas, "pobres" o "mentalmente impedidas", más que en muchas otras.

Ellas tienen que confiar en el amor. Ellas necesitan comunión. Ellas saben que solamente las personas vulnerables las entienden. Se benefician de la mutualidad. Están siempre en relación. Encuentran maneras sencillas de servir a su comunidad, de servir a los enfermos, de servir a quienes son más pobres que ellas mismas. Saben que *solo un Dios que sufre puede salvarlas.*

Puedes tomar ese patrón como la señal infalible de que uno vive en Dios. Las personas llenas del flujo se alejarán siempre de cualquier necesidad de proteger su propio poder, y serán atraídas a los indefensos, a los márgenes, al fondo, a lo llano y lo sencillo. Tienen todo el poder que necesitan y siempre rebosa, y como el agua, busca las hendiduras más bajas para llenarlas.

EL ESPACIO INTERMEDIO

A veces, las personas intentan definir en exceso la Trinidad. "*Esta* es la obra del Padre", dicen con confianza. "*Este* es el papel del Hijo. Y *así* es el Espíritu". Al intentar analizar y diagramar las personas de la Trinidad, se pierde algo vital: el espacio entre ellas.

La vida interior de la Deidad: este es un misterio que estira el lenguaje hasta su punto de ruptura. Puede ser interesante pensar en las funciones o papeles específicos de cada persona, pero francamente, no creo que ese sea el punto importante. Incluso los tres nombres son en general "marcadores de posición", y pueden intercambiarse en cada uno de ellos mil nombres hermosos para Dios, como yo hago con nombres para el Espíritu Santo en el apéndice de este libro, y como hemos hecho siempre con Cristo y Jesús.

Lo importante es entender la *energía* y la *calidad* de la relación entre los Tres; ese es el misterio esencial que nos transforma.

Finalmente, es algo que puedes experimentar solamente descansando dentro de las relaciones (¿oración?), como cuando los discípulos preguntaron a Jesús dónde vivía, y Él les hizo esta invitación íntima: "*Vengan a ver*".[118] La hospitalidad divina en acción.

Durante años, la metáfora que he utilizado para ello es algo con lo que la mayoría de padres y madres pueden identificarse. Cuando sus pequeños se están preparando para irse a la cama, pueden hacer para ellos la cama y el moisés que quieran, pero ¿van a quedarse allí? ¡No! Con cada excusa que se les ocurra, van a meterse en la cama entre ustedes dos, ¿no es cierto?

Y estoy seguro de que a los padres les encanta. Quizá no *cada* noche, pero al menos algunas veces, ¡antes de que empiecen a clavarte sus talones en el cuello!

¿Por qué a los niños les gusta meterse así en la cama de sus padres?

¡Porque es ahí donde está toda la energía!

¡Ahí están toda la seguridad y la ternura que ellos quieren!

Entre ustedes dos.

Ellos tienen lo mejor de los dos; literalmente descansan en el espacio, en la relación, entre los dos. ¿Qué niño no querría acurrucarse en la cama durmiendo entre mamá y papá?

¡Debe ser el nirvana! ¡Debe ser el cielo! Debe ser seguridad total; ellos pueden sencillamente estirar su brazo durante la noche y sentir a ambos a cada lado. Mientras que cada uno representa cierto tipo de energía que de otro modo podría estar atrincherada en sí misma, la introducción de un tercero, el niño, añade a la mezcla algo verdaderamente innovador. Algunos estudiantes espirituales lo denominan "la ley del tres", y dicen que es así como tiene lugar *todo* cambio verdadero.

---

118. Juan 1:39.

CÓMO LA LEY DEL TRES LO CAMBIA TODO

Piénsalo: es época de elecciones, y te sientes apasionado por tu candidato político favorito. Tú representas "la primera fuerza" en la ley del Tres: estás en la esquina de tu candidato. Tu compañero de trabajo, o quizá tu padre, respalda al *otro* candidato del *otro* partido político con igual pasión. Él representa "la segunda fuerza".

El modo en que vivimos gran parte de nuestras vidas se detiene ahí. Alguien toma la posición A, y otra persona se opone en la posición B; existen en rivalidad y antagonismo, en un mundo sin fin. Esta es precisamente la conducta que esperaríamos en un sistema binario: un lugar de "dualidad" en oposición. En el mejor de los casos, cuando terminen de gritarse el uno al otro, podríamos intentar hacer concesiones y formar cierto tipo de postura de "síntesis" después de nuestra dialéctica. Es así como veía el mundo el filósofo Hegel: uno de dualismos en duelo.

Pero la ley del Tres plantea la pregunta que nosotros hemos hecho: ¿Y si no vivimos en un universo *binario*, sino en un universo *ternario*?

Si la condición de tres capta la esencia del cosmos más que la condición dual, eso significa que podemos mantener con sinceridad nuestras perspectivas de primera fuerza o segunda fuerza, mientras esperamos a que alguna *tercera* fuerza llegue y nos sorprenda, y nos saque de nuestros pequeños moldes. Notemos que esto no es simplemente una mera síntesis de la oposición de tus compañeros de trabajo y de ti, sino algo genuinamente *innovador* que llega a la escena: una posición C.

Podría ser un candidato a tercera parte viable que capte la imaginación; podría ser una derrota en uno de *tus* partidos políticos. Podría ser algo en el exterior que sea "malo", como una tormenta o un desastre natural, lo cual une a tu comunidad de una manera sin precedente. Podría ser una solución totalmente "no política" que se presente con tal urgencia y vitalidad que todo el mundo se olvide, aunque solo sea durante una temporada, de aquello por lo que discutían.

La forma exacta que adopte la tercera fuerza está fuera del asunto, y tampoco es que esa primera y segunda fuerza se encuentren de repente invalidadas ante un debut más novedoso, más brillante. En cambio, es que esta tercera fuerza redime *cada* posición y da a *todos* un valioso papel qué desempeñar en la creación de algo genuinamente nuevo: una cuarta posibilidad que se convierte en el *nuevo* campo de nuestro surgimiento colectivo.

Como en una ocasión propuse en un libro entero a cualquiera con oídos para oír: *todo pertenece.*

Esto es lo que podemos esperar no solo creer como una idea, sino experimentar en la práctica. Si abrazamos la vida de la Trinidad en funcionamiento en toda la creación, nos sentamos invitados a la hermosa mesa redonda de Rublev:

La magia de tres nos saca de nuestros puntos muertos dualistas, y siempre nos invita a que entremos en un cuarto mundo.[119]

¿ES LA TRINIDAD UN CHICO O UNA CHICA?

"Padre" e "Hijo" son obviamente sustantivos muy masculinos para miembros de la Trinidad, e incluso "Espíritu Santo" se considera con frecuencia en términos masculinos. A medida que los últimos doscientos años han conducido a una recuperación de la dignidad plena y la valía de las mujeres, tanto en la cultura en general como en la iglesia, muchos se preguntan por qué nuestro lenguaje sobre Dios tiene tanta carga masculina.

A continuación tenemos cómo he intentado resolver eso en mi propia vida interior devocional: he aceptado que miles de años de inercia agraria, paleolítica, del Creciente Fértil, patriarcal y finalmente imperial influenció la aparición de nombres principalmente masculinos para Dios.[120]

Pero ¿sabes lo que yo creo? Creo que los espacios entre los miembros de la Trinidad son inconfundiblemente femeninos. Las formas o manifestaciones

---

119. Cynthia Bourgeault, mi amiga, colega y co-maestra en Living School, ha escrito un libro excelente que explora estos temas, titulado *The Holy Trinity and the Law of Three: Discovering the Radical Truth at the Heart of Christianity* (Boston: Shambhala, 2013), el cual he citado anteriormente. Este libro, una exploración de la doctrina de la Trinidad unida a las enseñanzas de un enigmático maestro turco-ruso de principios del siglo XX, G. I. Gurdjieff, es tan único por derecho propio que mi breve ejemplo de la Ley del Tres bastará aquí. Dicho eso, te recomiendo encarecidamente que consultes su libro en su totalidad si te sientes llamado a explorar más a fondo las implicaciones trinitarias de la Ley del Tres. Y si estás interesado en las ofertas de nuestra Living School, visita https://cac.org/living-school.
120. Para leer un relato fascinante sobre cómo el desarrollo del lenguaje por las prácticas agrícolas influenció los nombres que damos a Dios, ver Leonard Shlain's *The Alphabet Versus the Goddess: The Conflict Between Word and Image* (New York: Penguin Books, 1999).

me sorprenden como la dimensión masculina, y lo inconsciente que está entre medio, que es difuso, intuitivo, misterioso y maravilloso, eso es femenino. Y *es ahí* donde está el poder esencial: el espacio entre las personas más que las personas individualmente.

Dicho eso, creo que en años recientes hemos hecho algo muy bueno al dar a la naturaleza femenina de Dios su lugar en nuestros estudios bíblicos, nuestra teología y nuestra adoración. Nuestro testimonio de lo divino femenino en la adoración es particularmente importante, de modo que las personas no se vayan con una imagen de Dios como irreduciblemente masculino.[121]

Pero precisamente lo que hace para mí este misterio de la Trinidad es darme una manera de ser leal a esos dos testimonios de lo femenino en Dios. Está bien si tú quieres mantener a las personas de Dios en su lenguaje tradicional masculino; no tienes que hacerlo, pero funciona mientras comiences a desempacar, proclamar, enseñar y entender los espacios intermedios, las relaciones, el movimiento de la danza misma entre las tres personas, lo cual para mí es la subyacente dimensión femenina de Dios.

Es *aquí* donde parece producirse lo generativo, donde parece producirse la *veriditas*, o vida nueva, de Hildegard. Como sugiere el principio científico de la "Navaja" de William Ockham (una de nuestras luminarias franciscanas menos conocidas), la respuesta más verdadera normalmente será a la vez sencilla y elegante; yo encuentro simplicidad y elegancia en esta explicación. De modo que adóptala en tu oración; camina dentro de esta polaridad masculina/femenina y danza, y comprueba si no eres renovado. La historia hasta ahora en muy pocas ocasiones ha encontrado el adorable balance.

EL PODER DE LOS CÍRCULOS CONCÉNTRICOS

¿Y si realmente nos dejáramos caer en este flujo y permitiéramos que fuera nuestro principal maestro? Incluso nuestra idea de sociedad, política y autoridad cambiaría profundamente, porque la mayor parte de ella sigue siendo vertical y de fuera hacia dentro.

No es ninguna sorpresa que la idea política occidental del derecho divino de los reyes se mantuviera durante tantos siglos. Seguimos observando que

---

121. Para una lista de más de cien imágenes femeninas de Dios en la Escritura con referencias, ver http://mikemorrell.org/2012/05/biblical-proofs-for-the-feminine-face-of-God-in-scripture.

la mayoría de personas sienten una profunda fascinación por otras personas a las que consideran "importantes" o "poderosas", ya sean deportistas, políticos, líderes espirituales o celebridades. Es como si ellos tuvieran *maná*, un poder o energía únicos que discurren desde "allá fuera" o "allá arriba", en lugar de hacerlo desde *aquí dentro*. La mayoría de personas viven en una fascinación y profunda codependencia de su propia forma de culto de la carga. El poder está siempre allá fuera y allá arriba. No creo que operásemos de esta manera extracorporal si estuviéramos en una conexión vial con la Trinidad y la morada del Espíritu.

La teología Trinitaria dice que el verdadero poder es circular o espiral, y no tanto jerárquico.

Está aquí; está en nuestro interior. Es compartido y compartible; ya es completamente para ti (¡ver Romanos 5:5 y toda esa sección!). El Espíritu de Dios es plantado en tu interior ¡y opera *como* tú! No sigas mirando a lo alto de la pirámide; deja de idolatrar al supuesto "1 por ciento". No hay nada que valga la pena ahí arriba que no esté también aquí abajo. Lo peor de todo es que ha dado al 99 por ciento del mundo un trágico e innecesario complejo de inferioridad.

La Trinidad dice que el poder de Dios no es dominación, amenaza o coerción, sino es de una naturaleza totalmente diferente, una a la que ni siquiera los seguidores de Jesús se han ajustado aún. Si el Padre no domina al Hijo, y el Hijo no domina al Espíritu Santo, y el Espíritu no domina al Padre o al Hijo, entonces *no hay ninguna dominación en Dios. Todo el poder divino es poder compartido, lo cual debería haber cambiado por completo las relaciones y la política cristianas.*

No hay ninguna búsqueda de *poder sobre* otro en la Trinidad, sino solamente *poder con*: una entrega, compartir, soltar, y así una infinidad de confianza y mutualidad. Eso tiene la capacidad de cambiar todas las relaciones; en el matrimonio, en la cultura, e incluso en las relaciones internacionales. YHWH ya intentó enseñar a Israel ese tipo de servicio en los cuatro "cantos del siervo", a fin de formarlos para ser "luz para todas las naciones",[122] pero su historia anunció lo que el cristianismo repitió: ambos preferimos reyes e imperios en lugar de cualquier servidumbre doliente.

---

122. Ver Isaías 42:1–9; 49:1–13; 50:4–9; 52:13–53:12.

El poder, según el Jesús de la Trinidad, no es algo a lo que "aferrarse".[123] Yo, Richard, no necesito aferrarme a mi título, mi uniforme, mi autoría, o a cualquier otro cepo que utilice para hacerme sentir a mí mismo poderoso e importante. Al despertar dentro de la danza Trinitaria entiendo que todo eso tiene muy poca importancia, y con frecuencia es pretensión y *show* que me alejan de mi Ser Verdadero. Sencillamente se interpone en el camino de la honestidad, la vulnerabilidad y la comunidad. Todos ya tenemos nuestro poder (*dinamis*) en nuestro interior y entre nosotros; de hecho, ¡Jesús nos asegura que estamos revestidos de él![124]

A mí me parece que las únicas personas que pueden manejar el poder son quienes no lo necesitan tanto, aquellos que igualmente pueden soltarlo y compartirlo. De hecho, diría que en este momento difícil de la historia, las únicas personas que pueden manejar el poder son quienes han viajado por la *impotencia*. La mayoría de los demás parecen abusar de él, según la sabiduría recibida de los ritos de iniciación masculinos practicados universalmente.[125]

Los varones "no iniciados" que adquieren poder con demasiada facilidad lo usan invariablemente para sus propios propósitos de avance, y raras veces para el bien común. Esto ya casi no necesita probarse; solamente el amor puede manejar bien el poder. La Trinidad, que es la Fuente primera y final, comienza la creación liberando lo que empodera a todo lo demás: *"Sea la luz"*.[126]

La luz no es realmente *lo que* vemos; es *aquello por lo cual vemos* todo. Dios es el Gran Empoderador, tomando las formas de gracia inherente y evolución constante. La Trinidad es tan humilde que no parece importarle quién se lleve el mérito. Al igual que no vemos la luz, no vemos a Dios; pero Dios nos permite ver todo lo demás mediante ojos realmente buenos.

Este poder tampoco es solitario, sino compartido: refleja la Trinidad. Como lo afirma el teólogo croata Miroslav Volf:

> Porque el Dios cristiano no es un Dios solitario, sino más
> bien una comunión de tres personas, la fe conduce a los seres

---

123. Ver el gran himno *kenótico* de Filipenses 2:6-7.
124. Ver Lucas 24:49.
125. Ver Richard Rohr, *Adam's Return* (Chestnut Ridge, NY: Crossroad Publishing Company, 2004).
126. Génesis 1:3.

humanos a la comunión divina. Sin embargo, no se puede tener una comunión independiente con el Dios trino (un "cuarteto", por así decirlo) porque el Dios cristiano no es una deidad privada. La comunión con este Dios es al mismo tiempo comunión con aquellos otros que se han entregado en fe al mismo Dios. De ahí que uno y el mismo acto de fe sitúa a la persona en una nueva relación tanto con Dios como con todos los demás que permanecen en comunión con Dios.[127]

Tienes que saber, sin embargo, que la iniciación compartida no es el lenguaje de la América empresarial o de la mayoría de culturas. No es el lenguaje del 1 por ciento, quienes con tanta frecuencia nos "forman" en cuanto a cómo ser, y lo que deberíamos querer. Nos tienen que enseñar en este momento esta sabiduría más profunda, o la civilización continuará en su rápida espiral descendente. Rendirse, ceder, confiar y dar son cosas que nunca van a apelar al ego. Sin embargo, ignoramos esa sabiduría integrada por nuestra cuenta y riesgo.

La vida de fe no es en absoluto "creer que son verdad las cosas imposibles"; en realidad, es un camino mucho más vigilante de aprender cómo descansar en un Amor Supremo y cómo descansar en una Fuente Infinita. A nivel muy práctico, entonces podremos confiar en que estamos siendo *sostenidos y guiados*.

De hecho, después de un tiempo puedes confiar en que casi todo es cierto tipo de guía, absolutamente todo.

Es realmente tu capacidad de confiar en que hay una guía a tu disposición ¡lo que permite que eso aparezca como guía! Una lógica circular asombrosa, lo sé, pero no la descartes hasta que la hayas probado sinceramente. Confío en que llegarás a ver que es cierto en la economía divina de las cosas.

Quiero advertirte, sin embargo, que cuando tu mente calculadora se sitúe en su lugar, te oirás a ti mismo evaluando esos profundos momentos de juicio: *Ah, eso es solo coincidencia. Eso es meramente un accidente. Tan solo sucedió.* O: *¡Vaya! ¿Por qué sucedió eso?* O incluso: *Me gustaría poder cambiarlo.* Dentro de la vida Trinitaria comenzarás a disfrutar de lo que algunos

---

127. Miroslav Volf, *After Our Likeness: The Church as the Image of the Trinity* (Grand Rapids, MI: Eerdmans Publishing Co., 1997), p. 173.

físicos denominan ahora "intricación cuántica", y lo que otros denominan sincronía, coincidencia o accidente.

Cuando dudas incluso de la posibilidad de tales cosas, ¡acabas de detener el flujo! Pero si te mantienes en este camino de permitir y confiar, el Espíritu en ti te permitirá rendirte con confianza: *Hay una razón para esto. Estoy viviendo tal como discurre el Río, transportado por la sorpresa de su/mi desarrollo. Estoy siendo guiado. Muy bien. ¡Está bien!*

Por favor, no me escuches como si estuviera adoptando un enfoque fatalista, como si tú no pudieras trabajar para cambiar o mejorar tu situación. De hecho, sucede lo contrario: puedes hacerlo. Pero *sí estoy* diciendo que lo primero que llegue a tu corazón y tu alma debe ser *un sí y no un no, confianza en lugar de resistencia.* Y cuando puedas dirigir con tus síes, y permitirte a ti mismo ver a Dios en todos los momentos, reconocerás que tal energía nunca se desperdicia, sino que *siempre* genera vida y luz. Los santos lo denominaban a menudo confianza en la Providencia Divina.

RICHARD DE SAN VÍCTOR Y EL GOZO SUPREMO

Descubrí que nuestro San Bonaventura franciscano (1221-1274), que escribió mucho sobre la Trinidad, estaba muy influenciado por una figura menos conocida llamada Richard de San Víctor (d. 1173). San Víctor era un monasterio muy influyente en París en el periodo medieval temprano; había tantos líderes y visionarios que provenían de ese monasterio, que colectivamente los denominaban "los Victorinos". Muchos colegas no dejaban de decirme: *"Richard, ¡lee a Richard!"*. Así que finalmente lo hice, ¡y me alegro mucho de haberlo hecho! A continuación tenemos un breve resumen de lo que él desarrolla en más de dos capítulos con mucha más belleza:

> Para que Dios sea bueno, Dios puede ser uno. Para que Dios sea amoroso, Dios tiene que ser dos; porque el amor es siempre una relación, ¿cierto? Pero para que Dios "comparta gozo excelente" y "deleite" (y es aquí donde está su verdadero avance), Dios tiene que ser tres, porque la felicidad suprema es cuando dos personas comparten su deleite común en un tercero: juntos.[128]

---

128. Ver *Richard of St. Victor: The Book of the Patriarchs, The Mystical Ark, Book Three of the Trinity* (Classics of Western Spirituality) (Mahwah, NJ: Paulist Press, 1979), pp. 387–389.

Lo único que tienes que hacer es ver a una pareja en el nacimiento de su bebé, y sabes que eso es totalmente cierto.

Cuando leí por primera vez a Richard de San Víctor, recordé lo que yo solía decir a personas cuando comencé a ser más conocido por mi trabajo en enseñanza, charlas, escritura y en retiro. Había muchas personas que querían acercarse a mí de repente, que querían ser mis mejores amigos, y cosas similares. ¿Cómo tenía que escoger entre todos esos nuevos amigos en potencia?

Entendí que las personas a las que amaba realmente con gran abandono y libertad no eran las personas que tan solo me amaban a mí, sino personas que amaban lo que yo amaba. Personas que se interesaban por la comunidad, el evangelio, los pobres, la justicia, la honestidad... era ahí donde el fluir era fácil, natural y vivificante. Pero parecía que muchas otras personas me amaban por los motivos equivocados, necesitaban amor más de lo que daban amor, eran codependientes más de lo que ofrecían una relación creativa.

Dos personas que se emocionan por lo mismo son el comienzo de casi todo lo nuevo, creativo y arriesgado en nuestro mundo. Sin duda, Jesús se refería a eso en su definición primera y más básica de la iglesia como *"dos o tres reunidos"*.[129]

Por lo tanto, como hemos dicho, nos movemos desde un mapa binario de realidad hacia un mapa *terciario*: realidad que refleja un patrón de ley y un patrón de tres.[130]

Creo que cada uno de nosotros tiene cierta resistencia a un mapa ternario porque toda nuestra vida ha sido formada por contrarios binarios. Pensamos de ese modo. En mi libro *The Naked Now* [El Ahora al Desnudo], lo denomino "mente dualista". La mayoría de personas batallan de un lado a otro entre binarios de los cuales escoger; tan solo veamos nuestros partidos políticos. Quien eleva más la voz parece ganar, pero entonces siempre nos vamos insatisfechos, sintiéndonos engañados. Y así ha sido.

En el Centro para la Acción y la Contemplación, intentamos practicar lo que yo llamo enfoques de Tercer Camino en conflictos, resolución de problemas y creatividad. Casi hay que dejar que "el dos" te falle. Casi hay

---

129. Ver Mateo 18:20 (RVR1960, NVI).
130. Ver Bourgeault, *The Holy Trinity and the Law of Three*.

que dejar que muera. Casi tienes que estar dispuesto a ser defraudado con ambos.

Pero lo que hace la mayoría de personas, creo que para reforzar su ego y su necesidad de tener la razón, es adoptar una firme postura en uno de los extremos y hacer un dios de su ideología, religión o verdad parcial. ¡Pero eso conlleva un alto costo! Es una gran derrota para la inteligencia, para la sabiduría, para la profundidad, para la verdad.

Adoptar *bandos* ruidosamente en un sistema binario no tiene nada que ver con la verdad. El evangelio mismo no es ni liberal ni conservador, sino que critica severamente a ambos bandos de esta falsa elección. Las buenas nuevas de Jesús nunca llenarán estadios, porque las masas dualistas nunca pueden aceptar colectivamente una "tercera vía" iluminada, la cual, contemplativamente hablando, se tiene la sensación de que no es casi nada, porque en esta posición somos ciertamente como Jesús: no tenemos *"dónde recostar la cabeza"*.[131]

Al igual que el misterio del Padre.

Al igual que la crucifixión del Hijo.

Al igual que el anonimato del Espíritu.

Comúnmente, hay dos tipos de seres humanos: hay personas que quieren certeza y hay personas que quieren comprensión; ¡y no pueden entenderse el uno al otro! De verdad.

Quienes demandan certeza de la vida insistirán en ello incluso si no encaja en los hechos. La lógica no tiene nada que ver con ello. La verdad no tiene nada que ver con ello. "No me molestes con la verdad; ¡ya he llegado a mi propia conclusión!". Si necesitas certeza, llegarás a tu conclusión. Te rodearás a ti mismo con tu conclusión.

El mismo significado de la fe destaca en marcado contraste con esa mentalidad. ¿Sabes por qué creo que Jesús (o cualquiera de los Tres) es en realidad peligroso si se saca de la Trinidad? Porque nosotros entonces definimos mal la fe como un concepto muy estático, en lugar de ser un concepto dinámico y que fluye.

---

131. Ver Lucas 9:58.

Hemos convertido la fe en un derecho a la certeza cuando, de hecho, este misterio Trinitario está susurrando precisamente lo contrario: tenemos que vivir con una humildad exquisita y terrible ante la realidad.

En este espacio, Dios nos da un espíritu de cuestionamiento, un deseo de entender; me parece que solamente esta búsqueda continuada de comprensión es la que creará personas compasivas, y personas sabias.

Si crees que tienes derecho a la certeza, entonces muéstrame en qué lugar te prometió o te ofreció eso el evangelio. El Nuevo Testamento mismo está escrito en un idioma que Jesús nunca habló. Si Dios quisiera que tuviéramos evidencia, prueba racional y claridad perfecta, la encarnación de Jesús habría sido demorada hasta la invención de las grabadoras de audio y las cámaras de video.

La certeza racional es exactamente lo que las Escrituras *no* nos ofrecen. Nos ofrecen algo mucho mejor y un modo totalmente distinto de conocer: una relación íntima, un viaje oscuro, un camino en el que debemos descubrir por nosotros mismos esa gracia, amor, misericordia y perdón que son absolutamente necesarios para la sobrevivencia: en un mundo siempre y para siempre incierto. ¡Solo necesitas claridad y terreno suficientes para saber cómo vivir sin certeza! Sí, realmente somos salvos por *fe*. Las personas que viven de este modo nunca dejan de crecer, no son fácilmente derrotadas, y sinceramente es divertido vivir con ellas.

Dave Andrews, maestro australiano, teólogo, activista y organizador comunitario, da un matiz contemporáneo y comunal a la reveladora máxima de Richard de San Víctor:

> Es necesaria *una* persona para ser un individuo. Son necesarias *dos* personas para formar una pareja. Y son necesarias al menos *tres* personas para formar una comunidad. Me gusta utilizar la palabra "trío", derivada de la palabra francesa "trei" que significa "tres", como una palabra sencilla, breve y memorable para "los tres"... que crea una explosión exponencial en potencial, no solo en la cantidad, sino también en la calidad de las relaciones. Un trío crea la posibilidad de que las personas vayan más allá del interés personal. Dicen que es el comienzo de un sentimiento de causa común, un propósito colectivo, que está por encima de lo que sirve a intereses individuales. Un trío crea la *estabilidad* y la *seguridad* que son esenciales para la comunidad...

Porque la realidad final del universo, representada en la Trinidad, es una comunidad de personas en relación las unas con las otras, sabemos que el trío es la única manera en que es posible que las personas se relacionen unas con otras con la *individualidad* de una, la *reciprocidad* de dos, y la *estabilidad, subjetividad* y *objetividad* de tres".[132]

LA PARADOJA DE LA INQUIETUD Y EL CONTENTAMIENTO

La vida cristiana auténtica y el vivir dentro del flujo de la Trinidad son lo mismo; y este flujo siempre estará caracterizado por dos cosas aparentemente contradictorias. En primer lugar, estarás constantemente anhelando más, del modo en que los Tres desean de manera interminable entregarse y fluir hacia fuera. Es cierto modo de descontento santo, una insatisfacción santa, y un deseo santo de más vida, amor y generatividad.

Sin embargo, eso *no* se produce por un sentimiento de vacío o escasez, sino precisamente porque hemos llegado a un *profundo contentamiento* y *abundancia*. Siempre hay más que yo pueda hacer, más que pueda incluir y experimentar; hay más personas a las que puedo servir. Hay más que Dios quiere darme, y más que Dios quiere pedirme. Cualquiera de esas cosas aparecerá en diferentes momentos en la vida de un cristiano maduro. Nunca "he llegado ya y lo tengo todo". Una persona engreída no está dentro del flujo Trinitario. ¿Cómo pueden coexistir de un modo tan hermoso la plenitud y anhelar más? Yo no tengo respuesta para eso, pero sé que es cierto.

En la vida de la Trinidad, siempre podemos descansar en el interior de cierto tipo de profundo contentamiento: todo es fundamentalmente bueno y está bien. Este momento es tan perfecto como puede serlo, y no necesito exponer mis preferencias momento a momento, hacer mis juicios o demandas, o escribir mi comentario sobre todo. La mente que juzga me mantiene separado y dividido desde la unión. Sin duda, Pablo se refiere a esto cuando dice de Cristo que "[sus] *promesas son en él sí*".[133] Esta es la paz que el mundo no puede dar ni puede quitar.[134]

---

132. Dave Andrews, *A Divine Society: The Trinity, Community, and Society* (Eugene, OR: Wipf and Stock Publishers, 2012), pp. 18–19. Énfasis en el original. Publicado anteriormente en 2008 por Frank Communications de Queensland, Australia.
133. 2 Corintios 1:20.
134. Ver Juan 14:27; 16:33.

Si una persona no descansa fundamentalmente en el día de Reposo Eterno, aún no está viviendo en el interior del flujo Trinitario.

Hay buenas noticias aquí: todos los obstáculos emocionales, tentaciones y disrupciones mentales son la *capacidad negativa* para esta paz; nos invitan a volver a escoger y, cada vez, aumentamos nuestra libertad. Confía en mis palabras.

Una vida Trinitaria puede, por lo tanto, albergar un hermoso tipo de tensión creativa en este mundo: sin temor a ser dependiente, y a la vez sin temor a ser autosuficiente; capaz de ser yo y capaz de ser el otro, todo ello modelado en la lección permanente de la Trinidad. Regresando a nuestro filósofo-teólogo franciscano del siglo XIII, John Duns Escoto, él llamó a esto *la armonía de la bondad*: el verdadero amor por el yo siempre se desborda en amor por el otro; es uno y el mismo flujo. Y tu libertad de extender amor a otros siempre te da un sentimiento de dignidad y poder de tu propio yo. Es una paradoja.

De hecho, no puedes tener uno sin el otro. Intentar amar a los demás sin una reverencia fundacional por ti mismo termina siendo una necesidad, manipulación y deseo insostenible, que se expresa en interminables batallas de codependencia. Intentar amarte a ti mismo y no amar a los demás es lo que queremos decir con narcisismo; y es más peligroso cuando adopta la forma de narcisismo religioso, el cual utiliza incluso a Dios para su propio engrandecimiento.[135]

No se pueden conocer cosas si antes no les otorgamos un respeto fundamental, si no las amamos antes de apoderarnos de ellas con la mente. De esto nos advierte Génesis desde el principio, en el arquetipo del Edén:[136] comerás vorazmente de ese árbol prohibido del conocimiento antes de saber respetar y honrar lo que estás comiendo, lo cual crea personas orgullosas y que se creen merecedoras. Toda la vida se convierte en un artículo para nuestro consumo.

Pablo resume bien este patrón: *"El conocimiento envanece, mientras que el amor edifica. El que cree que sabe algo, todavía no sabe como debiera saber".*[137] El conocimiento piadoso es un tipo de conocimiento humilde y no avaricioso; se convierte en un hermoso proceso de comunión en lugar de ser

---

135. Ver 1 Juan 2:9-11.
136. Ver Génesis 2:17.
137. 1 Corintios 8:1-2.

munición y poder. ¡Es básicamente *reverencia*! Conocer sin amar es francamente peligroso para el alma y para la sociedad. Criticaremos casi todo lo
que encontremos, e incluso tendremos la arrogancia de llamar "pensamiento" a este modo de cinismo reflexivo (mientras que es realmente la reacción
narcisista del ego al momento). Situaremos las cosas con demasiada rapidez como inferiores o superiores, "conmigo" o "contra mí", y la mayoría de las
veces estaremos equivocados.

Comer del árbol que promete darnos conocimiento divino del bien y el
mal es el árbol de la muerte.[138] Todo conocimiento humano es "imperfecto"
y "[visto] *por espejo, oscuramente*",[139] y necesariamente debe ser mantenido
con humildad y paciencia.

Sin embargo, Dios se toma la libertad y el inmenso riesgo de permitirnos
comer *"de todo árbol del huerto"*.[140] Incluso se nos permite: *"tome también del
árbol de la vida, y coma, y viva para siempre"*.[141] Los únicos a quienes "no se
debe permitir comer" de este árbol son precisamente aquellos que piensan
con arrogancia que son *"como uno de nosotros, sabiendo el bien y el mal"*.[142]
Esta es la arrogancia humana básica. ¡Una perspectiva asombrosa! El texto
de Génesis parece saber que tal conocimiento humano arrogante nunca
conducirá a la vida para los seres humanos, sino solamente a la muerte. (No
permitas que nadie te diga que los relatos de la creación en Génesis no son
profundamente inspirados. Notemos que YHWH vuelve a utilizar la forma plural al referirse a Dios mismo (*"uno de* nosotros"), lo cual es bastante
sorprendente en una religión monoteísta.

Vivimos en un mundo donde se permite que el mero conocimiento de
hechos predomine y tenga voz. Tenemos muchas personas expertas con
doctorados, y tecnócratas con inmensas cantidades de información. Pero
tenemos esa pequeña capacidad de utilizar ese superávit de conocimiento
para el bien del mundo, o en realidad para cualquier cosa excepto la superioridad privada. Probablemente esas no sean malas personas en absoluto, pero quizá carezcan de la conciencia de que todo ser, modelado según
la Trinidad, es "bueno, verdadero y hermoso" (en la filosofía escolástica se

138. Ver Génesis 2:17.
139. 1 Corintios 13:12.
140. Génesis 2:16.
141. Génesis 3:22.
142. Génesis 3:22.

denominan "las tres cualidades trascendentales del ser") y, por lo tanto, siempre digno de amor en algún nivel.

Esta era la doctrina de John Duns Escoto de *"la univocidad del ser"*, la cual se convirtió en la continuada opinión franciscana.[143] Podemos hablar de todos los niveles del ser con "una voz": desde plantas, animales, seres humanos y hasta Dios. Espero que reconozcas cuán grande avance es eso para todos los poetas, místicos y videntes: todo es totalmente digno de amor incluso antes de ser plenamente conocible. (La opinión "dominica" contraria enseñaba que las cosas deben conocerse como verdaderas antes de poder ser amadas.)

CONOCIMIENTO BASADO EN EL CUERPO

Somos llamados a personificar el amor de Dios en nuestras vidas. No solo a hablar de ello, pensar en ello u orar con respecto a ello. Debemos vivirlo en nuestras entrañas, nuestros músculos, nuestro corazón, nuestros ojos, nuestros oídos y nuestra lengua. Manifestamos ese amor cuando compartimos el ritmo común de la vida con otros que igualmente buscan crecer en amor y compasión. Ese amor se expresa de modo natural comunalmente, incluso en Dios: los cristianos reconocen en Dios a una trinidad de personas, tradicionalmente llamadas Padre, Hijo y Espíritu Santo; su amor entregado los unos por los otros es lo que, en palabras de Dante, "mueve el sol y otras estrellas".[144]

El "principio sacramental" básico es el siguiente: podemos conocer las cosas espirituales mediante el mundo físico y las acciones corporales.

Recuerdo en mi clase de teología sacramental en el seminario en la década de 1960, al viejo Padre Lucas enseñándonos a bautizar. Él era un tipo bastante rígido, y nos estaba dando todas las cosas que podíamos hacer de modo correcto e incorrecto al bautizar, y sin embargo lo único en que insistió finalmente fue en esto: *el agua tenía que fluir*. Si el agua no fluía, si no había aparentemente "agua viva", las personas no estaban oficialmente bautizadas. Los argumentos comunes eran por las palabras correctas, pero sin saberlo, creo que el viejo Padre Lucas tan rígido tenía razón.

---

143. Ver Rohr, *Eager to Love*, capítulo 13, "John Duns Scotus: Anything but a Dunce".
144. Carl McColman, *Befriending Silence: Discovering the Gifts of Cistercian Spirituality* (Notre Dame, IN: Ave Maria Press, 2015), pp. 83–84.

El bautismo es un símbolo arriesgado, basado en el cuerpo, de ser ahogado o enterrado[145] en el flujo del agua, y es más revelador que la fórmula oficial en casi todas las iglesias fuera insistentemente Trinitaria. No se bautizaba en el nombre de Jesús, sino precisamente *"en el nombre del Padre, y del Hijo, y del Espíritu Santo"*, basándose en Mateo 28:19. Desde luego, todas las vidas están *objetivamente* en el flujo, para comenzar, pero el bautismo era idealmente el rito de paso coincidiendo con tu *comprensión subjetiva* y los comienzos de la apreciación positiva de lo mismo. Como en la mayoría de momentos sacramentales, raras veces encajan con el momento exacto de la transformación misma, pero al menos declaran que tal momento es importante y posible.

Y después tenemos este maravilloso lenguaje corporal (cierto tipo de "yoga") practicado por las iglesias más antiguas que llamamos "la señal de la cruz". Hablaremos más de ello en la sección "Experimentando la Trinidad: Siete Prácticas" más adelante en el libro, pero quiero darte una probada de esta práctica en este momento. Muchos de nosotros hemos estado haciendo esto desde que éramos niños pequeños, mientras que otras tradiciones cristianas nunca lo han hecho, creyendo que es superfluo en el mejor de los casos, y supersticioso en el peor. Si nunca antes has hecho la señal de la cruz, espero que consideres su valor; y si estás familiarizado (o quizá demasiado familiarizado) con la práctica, espero que puedas hacerlo ahora de manera consciente y confiada.

En primer lugar, el ritual en sí dice que podemos conocer algo en nuestro cuerpo, que hay que recordar a nuestro cuerpo en "nombre" de quién vive, se mueve y es.[146] Algunos lo denominan "conocimiento kinestético" o incluso memoria muscular. En los siglos y las culturas anteriores a que la mayoría de personas supieran leer o escribir, esto era sin duda el modo en que la mayoría de ellas *conocían* la realidad a nivel celular y corporal.

Pero veamos cómo es el movimiento, comenzando con la cabeza, que considero que es un lugar afortunado donde comenzar, pero notemos también que nos vamos alejando de ella. *El nombre del Padre* es el lugar de comienzo.

Después llevamos la mano a nuestro vientre, cruzando por el corazón y el pecho... *y del Hijo* engloba la creación: el mundo físico, el mundo material aparentemente "inferior".

---

145. Ver, por ejemplo, Romanos 6:3-5; Colosenses 2:12-13.
146. Ver Hechos 17:28.

Y después cruzamos esta línea con el mundo entero de variedad y diferenciación de hombro a hombro, con... *y del Espíritu Santo.*

El significado de este gesto personificado es en realidad bastante claro y preciso. Ahora existo bajo y dentro de un nombre nuevo, no mi nombre de Richard, sino mi identidad Trinitaria. ¡Ciertamente estoy marcado y firmado!

Nos mantenemos en el interior de esta integración. En realidad es una oración maravillosa. Repito que si no provienes de una tradición que hace esta señal, prueba a hacerla. Si estás acostumbrado a hacerla sin pensar y de modo superficial, intenta dejar a un lado la rutina, y haz cada paso del camino respirando, como acabo de compartir. La teología Trinitaria tiene un gran poder para hacer que salgas de tu cabeza y entres en el flujo, y eso se experimenta mejor en nuestro cuerpo y corazón.

Voy a darte otra ilustración. En el año 2000, cerca de mis últimos días de mi Cuaresma en el monasterio, y después de casi cuarenta días de soledad, el flujo interior, la felicidad y la viveza se hicieron muy abundantes y reales para mí. Tenía la sensación de estar perpetuamente sano y aumentado. Recordé un poema no tan conocido del sacerdote y poeta del siglo XIX, Gerard Manley Hopkins. En "El Eco de Oro" él escribe:

> Entrégala, ahora, mucho antes de la muerte,
> Devuelve la belleza, la belleza, la belleza, de vuelta a Dios, la
> belleza misma y el dador de belleza.[147]

Y en otro lugar:

> Esto, toda esta belleza en flor,
> Esto, toda esta frescura,
> Dale a Dios mientras valga la pena consumir.[148]

Yo sabía que Hopkins estaba nombrando casi perfectamente mi propia experiencia, como debería esperarse si ambos estuviéramos habitados por el mismo flujo maravilloso. Y cada mañana y tarde que quedaban, daba un largo paseo por una empinada colina y regresaba, pero ahora caminando para atrás y así podía contemplar con delicia el amplio valle desértico que tenía delante, los diversos cactus cubiertos con flores de la primavera.

147. http://www.bartleby.com/122/36.html.
148. http://www.bartleby.com/122/24.html.

Aprendí a contener la respiración en las palabras del poema: *"belleza"* en la exhalación y *"devuelve"* en la inhalación, deteniéndome ocasionalmente para recitar esos versos en su totalidad. No fui a la comunión eucarística durante la mayor parte de esa Cuaresma; en cambio, aprendí a vivir en comunión la mayoría de horas del día, lo cual creo que es la meta de cualquier sacramento o práctica verdaderos.

Esto no conlleva pensar mucho. No conlleva mucha teología. No conlleva mucha educación formal. Ni siquiera conlleva mucha moralidad.

Tan solo tienes que caminar, y respirar, y recibir y dar, y (*voilá*), estás en el fluir. Y no puede hacerse tan solo por pensar en ello.

Es como si tuvieras el secreto del universo, y sin embargo no puedes demostrárselo a nadie, al igual que probablemente yo no te estoy "demostrando" nada a ti en este momento. Aun así, entrar en este flujo es suficiente para satisfacerte para siempre. Es suficiente para hacer que estés contento con el resto de tu vida. Es suficiente para saber que *realmente estás bien* y *el mundo también está bien*. Eso es lo que significa ser capturado por el flujo Trino.

Juan de la Cruz habla de ser *despertado* por el mismo deleite, *atrapado* en el mismo gran ser, y *respirando* el mismo aire que Jesús.[149]

Podemos disfrutar de lo mismo que Jesús disfrutó. ¿Por qué no?

LOS MUCHOS PERTENECEN EN EL UNO

¿Recuerdas ese enigma filosófico antiguo del que hablamos anteriormente, "el uno y los muchos"?

La mayoría de nosotros no sabemos cómo ser diversos, y a la vez uno. En la religión malsana, hemos sentido esta necesidad patológica de hacer que todo el mundo sea igual; la iglesia se ha vuelto cada vez más una institución que excluye, en lugar de ser ese gran banquete al que Jesús invita constantemente a "pecadores", desechados, marginados e irresponsables.

---

149. Ver San Juan de la Cruz, "The Living Flame of Love", estrofa 4, en *The Collected Works of St. John of the Cross*, trans. Kieran Kavanaugh, O.C.D. y Otilio Rodriguez, O.C.D. (Washington, DC: ICS [Institute of Carmelite Studies] Publications, 1973), p. 579. Traducción de *Obras de San Juan de la Cruz*. Reimpreso; publicado anteriormente en 1964 por Doubleday.

Jesús dice, en efecto: "Salgan a las carreteras y los caminos; traigan a todo el mundo, a buenos y malos igualmente".

Léelo. Mateo 22. Yo no me inventé eso, ¿cierto? ¡Lo dice Jesús![150]

Pero eso no nos gusta, ¿verdad?

No queremos que "esas personas" estén aquí con nosotros. Envíen quizá algo de dinero o algunos misioneros "allí" donde ellos están, pero por favor, no los traigan aquí, ¡con *nosotros*!

Sin embargo, nuestra cultura estrecha ha definido a las "malas personas" como esas *otras*, porque el ego se siente mucho más cómodo con la uniformidad. Las personas que no se parecen a mí ni hablan como yo no amenazan mis fronteras.

¡Qué contraste con el Dios Trinitario que libera totalmente todas las afirmaciones sobre tales fronteras por causa del otro! Cada miembro acepta que es plenamente aceptado por el otro.

Esto bien podría ser la esencia del viaje espiritual para todos nosotros: aceptar que somos aceptados, e ir y hacer lo mismo. Pero no podemos hacerlo porque vivimos desde la acusación a uno mismo, la autoflagelación, en muchos casos. Estamos muy convencidos de que no somos el cuerpo de Cristo, de que somos indignos, de que estamos desconectados; hemos sido anestesiados a las buenas nuevas de que la cuestión de la unión ha sido resuelta de una vez para siempre.

No puedes crear tu unión con Dios, ya te ha sido dada objetivamente. La única diferencia entre personas está en quienes conscientemente acuden a esta unión, y quienes no lo hacen.

Voy a repetirlo: la diferencia no está entre quienes están unidos a Dios y quienes no lo están. Después de todo, como preguntaba el salmista:

> ¿A dónde podría alejarme de tu Espíritu?
> ¿A dónde podría huir de tu presencia?
> Si subiera al cielo,
> allí estás tú;
> si tendiera mi lecho en el fondo del abismo,

---

150. Ver también, por ejemplo, Mateo 9:9-13; Lucas 14:15-24.

también estás allí.[151]

Todos estamos unidos a Dios, pero solo algunos de nosotros lo sabemos. La mayoría lo niega y duda de ello.

Es, francamente, demasiado bueno para ser verdad. Por eso lo llamamos buenas nuevas. Pero no puede ser *tan* bueno, ¿cierto? Sí, de ahí obtiene su nombre y su reputación como *buenas nuevas*.

Esta es otra perspectiva sobre por qué nos resistimos tanto: aceptar que somos aceptados se experimenta irónicamente en un primer momento (y créeme en lo que digo) ¡como una pérdida de poder!

El ego quiere hacerse a sí mismo, no que lo haga otro, y de ahí todo nuestro problema con la gracia. Si la gracia es verdad, querido lector, y si todos somos salvos por la misericordia de Dios, entonces ¿por qué intentamos crear constantemente ciertos puntos de límite?

Proyectamos sobre Dios nuestro modo de amar. Nuestro amor está determinado por la supuesta dignidad de una persona dada: *ella es hermosa; él es amable.* Yo, en mi magnanimidad, decidiré amarte porque tú eres hermoso o amable.

Claro está que eso tiene poco que ver con el amor, pero *se siente* como amor, y quizá sea el primer paso hacia él. No podemos imaginar un amor que no sea evocado por la dignidad del objeto, y por eso intentamos limpiarnos, para hacernos todo lo atractivos y dignos posible.

¿Nos atrevemos a lanzar por la ventana nuestras normas de belleza religiosa, y en cambio aceptar con valentía la realidad?

Dios no te ama porque seas bueno. Dios te ama porque Dios es bueno.

Debería dejar de escribir en este momento. No hay nada más que decir, y necesitarás el resto de tu vida para interiorizar eso.

Nuestro yo egoísta no sabe cómo aceptar esta realidad; se siente como una pérdida de poder porque, vaya, ¡no hay nada que yo pueda hacer ahora para levantarme y situarme a mí mismo un paso por delante del resto de los demás!

---

151. Salmos 139:7-8.

En ese punto es el ego el que habla. Quiere demostrar que se merece esta gracia; el único problema es que, como dice Pablo en Efesios 2:4-10, la gracia entonces ya no es gracia. Has disuelto toda la química de la mutualidad conocida como gracia en la que Dios siempre, siempre, toma la iniciativa.

Incluso cuando te encuentras en un momento deseando orar, es porque de algún modo Dios, en ese centro magnético, te abrazó, y Dios ya ha revelado una oración en tu interior; y tú dices: "¡Ah! Creo que quiero orar". Incluso en ese momento tienes que dar gracias a Dios. El Espíritu en nuestro interior es como un dispositivo de seguimiento que no deja de enviar la señal para continuar redirigiéndonos hacia el disfrute de nuestra unión eterna.

Siempre que quieres amar a alguien, o perdonar a alguien, es tu dispositivo de seguimiento en funcionamiento, llamándote a ese lugar de comunión. Se ha dicho que el universo no es solo más extraño de lo que creemos, sino también más extraño de lo que somos capaces de pensar.[152] Nuestra lógica tiene que derrumbarse no solo antes de que podamos comprender la naturaleza del universo, sino también el misterio de la Trinidad.

Ser parte de esta danza cósmica solo puede conocerse por experiencia. Por eso enseño la oración y contemplación centradas, y realmente todos los rituales y prácticas religiosas inteligentes: para conducirte a un lugar de desnudez y vulnerabilidad donde la identidad de tu ego se desvanezca, donde tus explicaciones no signifiquen nada, donde tu superioridad no importe.

Tienes que sentarte en tu "estado de ser" al desnudo.

Si Dios quiere llegar a ti, y la experiencia de la Trinidad quiere avivarse en tu interior, estos momentos transicionales son cuando Dios tiene la mejor oportunidad de hacerlo.

ACCESO AL CAMPO DE FUERZA DIVINO

Cuando "sintonizamos nuestros corazones"[153] con una percepción mayor, comenzaremos a experimentar a Dios casi como un campo de fuerza, por tomar prestada una metáfora de la física (gravitacional, electromagnética,

---

152. Haldane, "Possible Worlds".
153. En palabras del himno clásico "Ven, Fuente de toda bendición", de Robert Robinson, 1758.

la luz misma; ¡todas funcionan!). Y todos *estamos ya* dentro de este campo de fuerza, lo sepamos o no, junto con hindúes, y budistas, y toda raza y nacionalidad. Dios no se detiene o comienza en la frontera entre México y Estados Unidos, en la frontera entre Israel y Palestina, en la frontera entre Corea del Norte y Corea del Sur, o en ninguna de tales líneas en la arena. Esos "campos de fuerza" hechos por el hombre palidecen con enérgica fuerza ante el campo de fuerza divino, el cual lo abarca todo.

Cuando vemos a personas protegiendo sus pequeñas tribus e identidades construidas por ellas mismas como si fueran perdurables o inherentemente significativas, sabemos que aún no han experimentado la realidad sustancial. Cuando permites que el fluir de la realidad sustancial fluya por tu vida, eres una persona *católica* en el sentido más verdadero de la palabra, una persona *universal* que vive por encima de esas diminutas fronteras que a los seres humanos les encanta crear. Pablo lo expresa de modo creativo: *"Nuestra ciudadanía está en los cielos"*.[154]

A medida que envejezco, la fe para mí se ha convertido en una disposición diaria a permitir y confiar en el campo de fuerza, sabiendo que es bueno, que está totalmente de mi parte, y que ya estoy en su interior. ¿Cómo si no puedo estar realmente en paz? Nunca he pensado en una alternativa duradera. Solamente en una confianza básica y en permitir, puedo dejar de fijar cosas en mi mente, ¡incluso creando problemas mentales para así tener algo en lo que trabajar! La mente humana vive en el interior de esa rueda de hámster. El maestro de principios del siglo XX, P. D. Ouspensky, nos invitó a "dividir en [nosotros mismos] lo mecánico de lo consciente, ver lo poco que hay de lo consciente, las pocas veces que funciona, y lo fuerte que es lo mecánico: actitudes mecánicas, intenciones mecánicas, pensamientos mecánicos, deseos mecánicos". La mayoría de nuestros dones más profundos y nuestras heridas más profundas residen en nuestro subconsciente; solamente formas de oración que nos tocan ahí nos hacen mucho bien.

Un modo Trinitario de entrar en esta invitación sería renovar tu mente mediante la conciencia observante de "el Ayudador" (Espíritu) para ver qué está en piloto automático en ti, ¡confiando en que el Padre te dé la conciencia superior inherente en la mente de Cristo![155] Intentemos entender esto.

---

154. Filipenses 3:20.
155. Ver, por ejemplo, Romanos 12:2; Juan 16:3; Filipenses 2:5.

Hay muchas maneras de describir esta realidad subyacente de despertar, soltar y entrar en el flujo. Hay muchos buenos maestros emergentes en la actualidad que utilizan un vocabulario distinto, pero cada uno de ellos nos enseña cómo descansar en este tranquilo refugio que observa el comentario mental llegar rápidamente, y también lo suelta.[156]

Imagina esta posición como "el propiciatorio" situado por encima del arca del pacto: la presencia transportable que viajaba con el pueblo de Dios, un horizonte abierto que tenía que ser guardado y protegido por dos querubines de oro.[157] Tal *guarda de la presencia* es exactamente el modo en que llegamos a ser conscientes de que existe el campo de fuerza. Debemos guardar y proteger nuestro espacio interior. Es aquí precisamente donde YHWH le dice a Israel: *"Yo me reuniré allí contigo"*.[158] Pero a la mayoría no les han enseñado la práctica o la paciencia para hacer guardia sobre este espacio aparentemente vacío donde habita tu Presencia interior, tu Conocedor Interior. Debes aprender a confiar en este Conocedor. El Espíritu es quien conoce y ama en ti, contigo y para ti.[159] Esto está en el corazón de una epistemología contemplativa y verdaderamente cristiana. Sin embargo, con frecuencia parece que pocos conocen sobre este don ya dado, e incluso menos en el ministerio formal.

A la mayoría de cristianos no se les ha enseñado la contemplación. *Contemplación* es aprender a *habitar en y con* la Presencia plantada en nuestro interior, que es, desde luego, el Espíritu Santo,[160] simbolizado casi perfectamente por el arca del pacto. Si mantienes la "guardia", como los dos querubines, sobre el espacio peligroso y abierto de tus sentimientos y pensamientos efímeros,[161] ciertamente estarás sentado en el propiciatorio, donde habita Dios en el Espíritu. Los restos y desechos en tu corriente de conciencia tendrán entonces poco poder para atraparte o encarcelarte.

---

156. Varios maestros contemporáneos que enseñan bien esto, aunque con varios nombres y enfoques precisos, serían John Main, Thomas Keating, Pema Chodron, Michael Singer, Eckhart Tolle, Michael Brown en su libro *The Presence Process*, y Martin Laird. Cada uno de ellos puede cambiar tu vida, mediante prácticas en las que sabes las cosas por ti mismo, y no por enseñarte cualquier doctrina en la que estar de acuerdo o en desacuerdo.
157. Ver Éxodo 25:10-22.
158. Éxodo 25:22.
159. Ver Romanos 8:26-27.
160. Ver, por ejemplo, Romanos 8:16.
161. Ver Filipenses 4:6-7.

La única diferencia que importa entre las personas es la diferencia entre quienes permiten que este espacio se llene de fluir, y quienes no lo permiten o permitirán. Como María, el modelo para los contemplativos, "hágase conmigo",[162] y nosotros tan solo podemos permitirlo.

Siempre.

Guarda la pista de aterrizaje de tu propia conciencia con tus dos propios querubines de oro, que con frecuencia serán los dos lados de casi cualquier argumento. En lugar de escoger bandos, protege el espacio abierto entre ellos, y la Presencia siempre se mostrará. Y sin duda serán "los mejores ángeles de tu naturaleza" que invocó Abraham Lincoln durante la Guerra Civil estadounidense. Ellos permitirán la emergencia de lo que algunos denominan respuestas de "tercera fuerza", más amplias y profundas que los dos bandos comunes de la mayoría de argumentos.

Ya sea como paloma, fuego, agua o fuerte viento, la Tercera Fuerza del Espíritu Santo se mostrará.

Tú mismo eres un arca del pacto itinerante; tú sostienes y guardas el espacio donde se muestra la Presencia. Pero la Presencia, el Campo de Fuerza, ya está contenido en tu interior.[163] Solo necesita que se le permita y se le aprecie.

SIEMPRE CREANDO ALTERIDAD

La obra del Espíritu, si observamos, es siempre crear y después permitir plenamente alteridad; crear muchas formas y diversidad interminable parece ser el plan.

Crear diferencias, y después preservarlas en el ser.

Claramente, a Dios le gusta la variedad. Justo cuando pensamos que no podemos imaginar otra forma, tipo o manera de ser en este mundo, observamos el canal televisivo de la naturaleza, ¡o incluso salimos fuera! y hay algo en el mar, el aire o la tierra que nunca podríamos haber pensado o imaginado.

---

162. Ver Lucas 1:38.
163. Ver Juan 14:17 y, en realidad, en todo el contexto.

Y entonces, después de que Dios crea esta miríada de formas, ¿sabes lo que hace Dios?

Dios va y habita dentro de ellas, exponiendo el ser interior de Dios en cada maravilloso acto de creación: fluyendo aquí, amando aquí y disfrutando aquí. Llamamos *Espíritu Santo* a esta acción creativa, de flujo y que habita, quien es precisamente la presencia de Dios en todas las cosas; este es el patrón primero y siempre continuado que los cristianos llaman la "Encarnación" ("hacerse carne"). Según nuestra ciencia actual, parece haber comenzado alrededor de trece mil a catorce mil millones de años, ¡y sigue expandiéndose hacia fuera! Ahora lo llamamos el momento "Sea la luz" o "el Big Bang". Ellos hablan de lo mismo, uno con vocabulario religioso que se filtra en la ciencia, y el otro con una metáfora contemporánea que se filtra en la religión.

Por lo tanto, la Encarnación no se trata solo de Jesús, y después se extendió de algún modo hasta tú y yo creados a imagen divina. Génesis habla incluso de la creación como "todo el ejército de ellos",[164] con Dios llevando los animales a Adán para que les pusiera nombre a cada uno y, así, dignidad.[165] Sorprendentemente, esto incluso precede a la creación de Eva,[166] lo cual yo interpreto como "los muchos antes de cualquier pareja". Recordemos que Adán es principalmente el arquetipo y sustituto de toda la raza humana mucho más que cualquier símbolo de masculinidad, o incluso un varón histórico. La división (*sectare* = sex) de géneros está precedida por una unidad primera, y la Escritura no enseña que la mujer se derive del hombre, aunque sé que el texto parece decir eso.

Lo importante, que hasta ahora no se observa mucho, es que *"la creación misma será liberada [...] a la libertad gloriosa de los hijos de Dios"*[167] y *"gime a una, y a una está con dolores de parto"*.[168]

"Nacido de nuevo"... ¡y *de nuevo*! se aplica antes que nada a toda la creación mucho antes de que se aplique a los individuos. Esto tiene implicaciones profundas y abundantes, desde luego, y no es la menor que los judeocristianos deberían haber sido los primeros en estar en la fila para reconocer y honrar la evolución. El hecho de que muchos cristianos batallaron con la

---

164. Ver Génesis 2:1.
165. Ver Génesis 2:19.
166. Ver Génesis 2:22.
167. Romanos 8:21.
168. Romanos 8:22.

idea de la evolución muestra lo pequeña y profundamente extrínseca que es en realidad nuestra idea del Espíritu Santo. Dios sigue estando "ahí fuera" para la mayoría de nosotros.[169]

La ironía es que *"toda bestia y ave de los cielos y [...] todo ganado del campo"*[170] no se resisten, niegan o detienen el fluir como lo hacen los seres humanos. Ellos no parecen decir: "Ah, soy un perro; me gustaría ser un gato". Tampoco *"hierba que dé semilla; árbol de fruto"*[171] parecen quejarse de su destino. Ellos aceptan con agrado la sequía, el agua y el fuego, y el reciclaje interminable de formas en el que está inmerso el universo entero. Todos aceptan el flujo con la gracia natural e inherente que los seres humanos desechan como mero "instinto".

A todas las criaturas parece gustarles ser lo que son y aceptar lo que no son. Pero los seres humanos somos otra historia, ¿no es cierto? No nos gusta ser lo que somos; y peor aún, siempre queremos ser otra persona. Somos miméticos y envidiosos. Hemos intercambiado nuestros instintos por aspiraciones, deseando ser más delgados, o más altos, o más guapos, o cualquier otra cosa, *algo distinto* a esta pequeña encarnación que somos durante un maravilloso momento en el tiempo. ¡Nos resulta difícil encontrar gracia en "solo esto"!

Lo único que yo puedo devolver a Dios, y lo único que Dios quiere, es lo que Dios me ha dado a mí primero: este pequeño momento de encarnación, mi pequeño "yo soy" que se hace eco del gran y eterno YO SOY con una conciencia agradecida.

Si Dios es el gran YO SOY, entonces tendríamos que decir que el mal/Satanás es el "yo no soy" que acusa siempre a otros (Satanás = el acusador), niega a los seres humanos su sustancia (el "padre de mentiras"), y hace de la negación, la oposición, y la creación de separación su tarea principal.[172]

Recuerda que la neurociencia nos dice ahora que el temor, la negatividad y el odio se quedan pegados a los nervios como si fueran Velcro, mientras

---

169. Si la idea de que un cristiano fuerte y pleno acepte y aprecie la evolución te intriga, o incluso te pone nervioso, te recomiendo encarecidamente que consultes la obra de Ilia Delio, especialmente *The Emergent Christ* (Maryknoll, NY: Orbis Books, 2011) y *The Unbearable Wholeness of Being: God, Evolution, and the Power of Love* (Maryknoll, NY: Orbis Books, 2013).
170. Génesis 2:20.
171. Génesis 1:11.
172. Ver, por ejemplo, Apocalipsis 12:10; Juan 8:44.

que la positividad, la gratitud y el agradecimiento resbalan como el Teflón de esos mismos nervios; a menos que los saboreemos, o los escojamos, ¡durante un mínimo de quince segundos conscientes! ¡Solamente entonces dejan huella![173] Por favor, reflexiona en eso. El sabor positivo, amoroso y no discutidor del momento se denomina contemplación.

El teólogo brasileño de la liberación, Leonardo Boff, nos hace una invitación a volver a unirnos a la gran danza; no solo de la Trinidad, sino también de la creación:

> La creación existe a fin de dar la bienvenida a la Trinidad a sí misma. La Trinidad quiere dar la bienvenida a la creación dentro de sí... [Entendiendo su divinidad], hombres y mujeres revelarán el rostro maternal y paternal de Dios en la comunión, incluyendo ahora la Trinidad con la creación y la creación con la Trinidad.

> Es la fiesta de los redimidos; es la danza celestial de quienes son hechos libres. Es la vida compartida de los hijos e hijas en el hogar y la tierra natal de la Trinidad como Padre, Hijo y Espíritu Santo...

> *Todo este universo, estas estrellas encima de nuestras cabezas, estos bosques, estos pájaros, estos insectos, estos ríos y estas piedras, todo, todo es... preservado, transfigurado y hecho templo de la Bendita Trinidad. Y nosotros... vivimos en una casa grandiosa, como en una única familia, minerales, vegetales, animales y seres humanos con el Padre, el Hijo y el Espíritu Santo. Amén.*[174]

Por lo tanto, únanse a mí, hermanas y hermanos, ahora y durante el resto de su vida, en permitir este flujo de vida positivo, marcando y bendiciendo su cuerpo de manera lenta y consciente, con lo que ya está sucediendo en su interior:

"En el nombre del Padre, y del Hijo, y del Espíritu Santo".

Amén.

---

173. Ver Rick Hanson, *Hardwiring Happiness: The New Brain Science of Contentment, Calm, and Confidence* (New York: Harmony Crown Publishing Group [Penguin Random House], 2013).
174. Leonardo Boff, *Holy Trinity, Perfect Community*, trans. Phillip Berryman (Maryknoll, NY: Orbis Books, 2000), pp. 109–110. Cursivas en el original.

DESPUÉS

Antes de avanzar en nuestra exploración de la Trinidad, intenta estar *aquí*; lo cual, como sabes, es el lugar más difícil donde estar.

¿Puedes estar presente en esta pequeña parte del *ahora*?

Ten curiosidad: comprueba si puedes estar presente de manera positiva, sabiendo que, al leer estas palabras, probablemente estés cargando los acontecimientos del día, los recuerdos del día, las heridas del día, y las decepciones del día.

Podemos soltar esas cosas en este momento, si decidimos hacerlo, porque vamos a pasar a un tipo de conocimiento diferente, uno para el que la mente común con sus afanes comunes no está a la altura.

No tengas temor a este silencio.

No tengas temor a lo que primero se siente como aburrimiento o nada.

No tengas temor a este silencio, que es donde Dios parece estar.

No tengas temor a esta soledad ahora y todo lo que podría ofrecer.

De este silencio, y este lugar con esperanza más espacioso, deja que resuene en ti esta oración:

> Dios por nosotros, te llamamos Padre.
> Dios con nosotros, te llamamos Jesús.
> Dios en nosotros, te llamamos Espíritu Santo.
> Tú eres el misterio eterno que permite, desarrolla y da vida a todas las cosas,
> Incluso a nosotros e incluso a mí.
>
> Todo nombre se queda corto de tu bondad y tu grandeza.
> Solo podemos ver quién eres en lo que es.
> Pedimos esa vista perfecta:
> Como era en el principio, es ahora, y siempre será.
> Amén. (Que así sea).[175]

---

175. Richard Rohr, "Oración a la Trinidad", 2005.

PARTE II

¿POR QUÉ LA TRINIDAD?
¿POR QUÉ AHORA?

TRES RAZONES PARA LA RECUPERACIÓN

Hay tres razones que hacen que redescubrir y volver a apreciar la Trinidad sea muy importante y oportuno en este momento de la historia, pero son bastante distintas a los argumentos del siglo IV que hicieron de las relaciones de la Trinidad tema de peleas en cantinas. (¿Puedes imaginar que eso sucediera ahora? Ah, *has* visitado las secciones de "Comentarios" de la mayoría de sitios web, ¡no importa!).

1. *La humildad de la trascendencia.* El proceso de individualización humana ha llegado a un sentimiento muy refinado de interioridad, experiencia interior, sofisticación psicológica e interrelación con lo que la religión auténtica está diciendo realmente. Hasta ahora, la mayoría de los argumentos han sido sobre puntos accidentales y externos, lo cual es lo que criticó Carl Jung en el cristianismo estéril que se le presentó, y que la experiencia repitió en muchos otros. La Trinidad nos ofrece una fenomenología mucho más profunda de nuestra experiencia interior de Trascendencia, en un plano muy diferente al de la mente argumentativa de los últimos quinientos años. La Trinidad cambiará tu vida de oración, ¡y de hecho puede que te introduzca a ella!

2. *Un vocabulario teológico más amplio.* La globalización del conocimiento, nuestra mayor relación con otras religiones del mundo (especialmente el otro hemisferio del cerebro representado por el cristianismo de Oriente y las religiones orientales en general), junto con nuestra nueva relación con la

ciencia, demandan todas ellas que ampliemos nuestro vocabulario teológico. Irónicamente, esto nos está conduciendo de regreso a nuestra tradición más antigua de la Trinidad; esto nos permite tomarnos bastante en serio cada uno de estos nuevos contactos a la vez que nos da un modo totalmente ortodoxo de permanecer en la conversación plenamente humana.

3. *Una más amplia comprensión de Jesús y "el Cristo"*. Esencialmente al extraer a Jesús de la Trinidad, e intentar entender a Jesús fuera del Cristo cósmico, hemos creado una cristología muy terrenal y basada en la expiación, que se desmoronará por completo si y cuando, por ejemplo, descubrimos que hay vida en otros planetas. Hemos intentado amar a Jesús sin amar (o incluso conocer) al Cristo, y eso ha creado una forma de religión malsanamente tribal y competitiva en lugar de la de Pablo: *"sino que Cristo es todo y está en todos"*.[176] "El Cristo" es una declaración cósmica y metafísica antes de ser religiosa. Jesús es una declaración personal e histórica. La mayoría de cristianos tienen lo segundo, pero sin lo primero, lo cual ha hecho que tanto Jesús como el cristianismo sean demasiado pequeños.

¿QUÉ NOS IMPIDE UNA EXPERIENCIA ESPIRITUAL GENUINA?

Al comenzar a explorar nuestro primer punto, *Trascendencia*, esta es la premisa en la que voy a pedirte que confíes:

Una experiencia que deja huella en tu memoria, o que te cambia a cualquier nivel, no se basa tanto en *lo que* experimentaste (su contenido) como en el *cómo: ¿en qué nivel de significado* la asimilaste?

Tres personas pueden estar expuestas a los mismos estímulos y alejarse con tres "experiencias" diferentes. Cuando asimilas acontecimientos, momentos, relaciones e ideas de manera vulnerable y en desarrollo, permitiendo que incluso el Más Allá se muestre si quiere hacerlo, tu probabilidad de experimentar el Más Allá aumenta de manera exponencial. Incluso la física cuántica y la biología insisten ahora en que el observador cambia necesariamente el contenido y los resultados de un experimento. Nuestra mente racional jura que esto no es cierto, pero parece que lo es, en un nivel que no estamos entrenados para ver. La contemplación es tu entrenamiento para ver la integración en todas las cosas, que se pasa por alto.

---

176. Colosenses 3:11.

Jesús afirma el mismo principio (¡al contrario!) cuando termina una de sus historias con esta asombrosa réplica al rico que quiere que Lázaro regrese de la muerte con una advertencia para los vivos: el padre Abraham dice: *"tampoco se convencerán aunque alguien se levante de entre los muertos"*.[177] Si no estás abierto al Más Allá de las cosas, no te permitirás a ti mismo experimentar un evento milagroso que esté sucediendo delante de tus propios ojos. Las personas que no creen en milagros nunca experimentan milagros.

(Sin embargo, no llegues a la conclusión de que las personas que gritan "¡milagro!" están siempre señalando al Más Allá; con demasiada frecuencia se están señalando en gran medida a sí mismas, lo cual también podría ser correcto.)

Arraiguemos esta perspectiva, sin embargo, en lo que dijimos anteriormente: nuestras exploraciones no pueden entenderse con la mente normal. Más bien, se perciben mejor con lo que denominamos la mente contemplativa, que es un sistema operativo alterno. *"Un abismo llama a otro abismo"*, como dice el salmista.[178]

Adrienne von Speyr, física y teóloga suiza y católica, tiene una manera hermosa de expresarlo:

> El Padre quiere que nuestra fe misma se vuelva trinitaria y viva mediante la manifestación del Hijo y el envío del Espíritu. Él no quiere que nuestra fe en la Trinidad de Dios siga siendo bidimensional y teórica, ni tampoco quiere que veamos a una Persona solamente cuando Él se presenta, y hasta el límite que lo haga, como si fuera un objeto contemplado desde la distancia. En cambio, deberíamos ser capaces de percibir a cada Persona revelándose a sí misma en su unidad con las otras y, por consiguiente, en su amplitud infinita y divina. Esta unidad... es la expresión del amor.[179]

En realidad, es solamente Dios en nosotros lo que entiende las cosas de Dios.[180] Debemos tomarnos esto muy en serio y saber cómo opera en

---

177. Lucas 16:31.
178. Salmos 42:7.
179. Adrienne von Speyr, *The Boundless God*, trans. Helena M. Tomko (San Francisco: Ignatius Press, 2011), Kindle e-book (ubicaciones 469–473), en el capítulo 5, "The Holy Spirit and How He Paves the Way to the Father".
180. Ver, por ejemplo, 1 Corintios 2:11-16.

nosotros, con nosotros, por nosotros y *como* nosotros. No tener acceso a nuestro propio sistema operativo ha hecho que el cristianismo se mantenga muy inmaduro y superficial, lleno de clichés de segunda mano, en lugar de ser una experiencia calmada, clara e inmediata de realidad. Nos ha dejado siendo discutidores en vez de agradecidos.

La mayoría de las cosas que llamamos experiencia son en realidad tan solo adiciones o estimulación que pasa. Para empeorar aún más las cosas, las encarcelamos dentro de las experiencias que ya tenemos, y por eso la mayoría de personas no crecen mucho. La mayoría de nosotros entonces recurrimos a uno de un puñado de esquemas y filtros para todas las experiencias; todo es metido dentro de aquello con lo que ya está de acuerdo mi pequeña mente. Esto no puede llevarnos muy lejos.

Trágicamente, nuestra configuración cultural por defecto es que nuestra vida interior refleja nuestra biología, deteniendo la mayoría del crecimiento después de los diecisiete o dieciocho años de edad, aunque me dicen que hay otro desarrollo cerebral a los veintitantos años.

Por lo tanto, cualquier cosa que esté en el ámbito del misterio, que resulta ser, desde luego, toda la religión madura incluida la idea de la Trinidad, se mantiene estática en forma de dogma o doctrina, muy abstracta, densamente metafísica y en gran parte irrelevante. Sin duda, no es transformador a menos que permitamos que algo cruce al otro lado para ser un desarrollo cerebral, y que cambie el paradigma. Pero me dicen que en un día muy bueno, la mayoría de los seres humanos están en el mejor de los casos dispuestos a poner en cuestión el 5 por ciento de sus opiniones escogidas. Espero que eso no sea cierto.

¿Te preguntas alguna vez por qué el ateísmo occidental va en aumento? ¿Por qué el Occidente cristiano produce, con mucha diferencia, el mayor número de ateos? Lo que yo creo, y he dedicado mi vida a revertirlo, es que no hemos trasladado la doctrina y el dogma al nivel de experiencia interior. Mientras la "enseñanza recibida" no se convierta en conocimiento experiencial, vamos a continuar creando una elevada cantidad de excreyentes desilusionados. En el otro lado, fabricaremos creyentes muy rígidos que simplemente se aferren a las doctrinas de maneras muy secas y muertas sin que haya nada sucediendo en el interior.

Y así tenemos dos grandes grupos en el paisaje actualmente: quienes desechan al bebé con el agua de la bañera (muchos liberales y académicos), y quienes parecen haberse ahogado en la bañera (muchos conservadores y fundamentalistas).

¿Y si permitimos que el agua en la bañera siga rebosando sobre ti y por medio de ti?

Es así, pero podemos ayudar considerablemente al proceso, al abrir de modo gradual los grifos del agua, tanto del agua fría como de la caliente.

DOS MANERAS DE AVANZAR

Podría estar simplificando en exceso, pero creo que básicamente hay dos caminos que permiten que las personas tengan una experiencia genuinamente nueva: el camino del asombro y el camino del sufrimiento.

Cuando te permites ser guiado a la sorpresa y la maravilla, cuando te encuentras en un momento de despertar y lo saboreas *conscientemente* (recuerda que la alegría y la felicidad necesitan un mínimo de quince segundos conscientes para dejar huella en tus neuronas), entonces puedes tener una experiencia genuinamente nueva; de otro modo, volverás a encajarlo todo en tu viejo paradigma, y no será realmente una *experiencia*. En el mejor de los casos será una diversión pasajera, una distracción momentánea de tu "control de crucero" común de pensamientos y sentimientos.

Eso es todo.

Asombro y *maravilla* son términos con frecuencia correlativos con misterio. Toda religión fundamentalista está terriblemente incómoda con el misterio; le gusta tener todo el control de los datos, y el misterio, por definición, nos deja fuera de control. Tales momentos de vulnerabilidad son precisamente el espacio donde Dios puede intervenir más fácilmente con una experiencia nueva; de hecho, dudo si Dios puede intervenir de alguna otra manera. Repito: en el mundo espiritual, nunca se puede decir con finalidad: "Yo lo sé" o "Lo tengo todo solucionado". Como escribí en la Parte I, cuando llegues al final de este pequeño volumen, sin duda no vas a poder decir eso sobre la Bendita Trinidad. Lo único que voy a esperar poder hacer es dar vueltas alrededor de este misterio, de tal modo que te invite a ti a danzar también.

El otro camino que nos programa para una experiencia genuinamente nueva, aunque a un alto costo y con el riesgo de cerrar el alma, es el *sufrimiento*.

Seguramente el riesgo debe valer la pena, ya que llega a todas las vidas necesariamente, parece, y con regularidad; *siempre y cuando* no invirtamos en demasiadas pólizas de seguro contra ello. De ahí las afirmaciones intencionadamente hiperbólicas que hizo Jesús sobre personas "ricas" que son incapaces de entender su mensaje.

El sufrimiento es lo único lo bastante fuerte para descomponer nuestros sistemas de control, nuestros mecanismos explicativos, nuestros paradigmas lógicos, nuestro deseo de estar a cargo, y nuestro sentimiento de control tan cuidadosamente mantenido. Parece que tanto Dios como el alma guiada saben confiar en el sufrimiento.

Dios normalmente tiene que llevarte hasta los límites de tus recursos privados. Algún acontecimiento, persona o situación moral debe forzarte a admitir: *Yo no puedo hacer esto en mi estado actual.* Este es nuestro sufrimiento.

O tu comprensión de "lo que todo significa" tiene que fallarte de manera muy personal: *No puedo encontrarle el sentido a esto. Hoy no puedo seguir adelante.*

Esto sucede con frecuencia cuando ha habido una muerte física, o la muerte de un matrimonio, de una reputación, o de una ocupación. Pero siempre te sientes temeroso y a la vez atrapado. "*¿Cómo?*", clamas con diez niveles de angustia e imposibilidad.

Un buen director espiritual podría decir para sí en silencio (no a quien sufre): ¡*Aleluya! Ahora vamos a comenzar el verdadero viaje espiritual.*

Hasta ese punto, es meramente un sistema de creencia mental, una ortodoxia que presume y significa muy poco, incluso para la persona misma. Ellos nunca han pensado en criticar esas débiles creencias porque son lo único que tienen, y algunos se aferrarán a ellas aún con más fuerza porque no tienen ninguna experiencia interior que arraigue sus creencias, lo cual es cierto con frecuencia de la mayoría de exageraciones y creencias rigurosamente afirmadas.

Tan solo pregunta a cualquiera que sientas que *sabe* verdaderamente, ¡y descubrirás que lo que más sabe es que no sabe nada! Esta es la señal reveladora de que alguien ha estado al menos en uno de los dos caminos: asombro o sufrimiento.

Cuando la religión regrese a este tipo de humildad, creo que veremos una gran disminución del ateísmo en Occidente, y un gran aumento en la religión feliz.

La nave espacial Explorer, que enviamos en 1977, hasta el año 2000 no comenzó a salir de nuestra heliosfera (el ámbito de nuestro sol) hacia el espacio masivo y aparentemente infinito. ¿Dónde estará su fin? ¿Hay un muro? ¿Quién construyó el muro? La nave espacial ha estado viajando más de un millón de kilómetros al día durante décadas. Ahora se está acercando al borde de nuestra heliosfera, y sin embargo pasarán cuarenta años antes de que vuelva a acercarse a otra galaxia.

¿Quién es este Dios? ¿Qué pretende este Dios? ¿Cómo puede alguna de mis palabras señalar hacia algo real o comprensible para la mente humana?

De nuevo, quienes miran a través de microscopios y quienes miran a través de telescopios ven este mismo patrón: si la realidad es algo, es absolutamente relacional. Es de algún modo orbital, en su mayor parte espacio vacío, e incluso gran parte de eso es materia oscura o agujeros negros, nada de ello sujeto totalmente a nuestro control. Entonces, místicos como Teilhard de Chardin llegan y enseñan que "la [misma] estructura física del universo es amor".[181] Toda esa órbita, explosión, extensión e incluso contracción es Amor infinito en movimiento.[182]

Todo lo que has visto con tus ojos es el vaciarse de Dios en multitudinarias formas físicas y visibles.

En otras palabras, lo Infinito se limita siempre a sí mismo a expresiones finitas, y esto incluso podría denominarse el "sufrimiento" de Dios. El Cristo aprendió este despojarse, o *kenosis*,[183] desde su vida eterna en

181. Ver Pierre Teilhard de Chardin, "Sketch of a Personal Universe", trans. J. M. Cohen, en *Human Energy* (New York: Harcourt Brace Jovanovich, 1962), p. 72, https://cac.org/the- shape-of-the-universe-is-love-2016-02-29/.

182. De nuevo, ¡probablemente deberíamos terminar aquí mismo este libro! ¿Qué más se puede decir?

183. Ver Filipenses 2:7.

la Trinidad. No es tan solo Jesús quien sufre, ¡sino la cruz es el símbolo visible de lo que sucede siempre en el interior de Dios!

Piensa en esto. Debería ser suficiente para hacer que cualquiera ame el mensaje cristiano.

Nadie querría excluirse de tal amor, ¿no es cierto?

Sin embargo, muchos de nuestros jóvenes, y muchos de nuestros ancianos también, no lo quieren. Están dejando en tropel los sistemas correctos de creencia de sus padres y de sus abuelos. Este es un éxodo en masa de la fe institucional que los demógrafos están denominando "el aumento de los Nada". Los Nada forman alrededor del 20 por ciento de todos los estadounidenses, y una tercera parte de los estadounidenses de menos de treinta años de edad.[184] Un estudio del Pew Research Center dice que "mientras que el 42% de los no afiliados [religiosos] se describen a sí mismos como ni religiosos ni una persona espiritual, el 18% dice ser una persona religiosa, y el 37% dice ser espiritual, pero no religioso".[185]

Al tener poca paciencia (o apreciación) por el misterio, al igual que tan poca humildad o amor básico por grupos distintos al propio (sin importar la creación no humana), quizá nuestra religión cristiana en su formulación presente *tiene* que morir para que nazca un camino espiritual verdaderamente cósmico y centrado en el amor. Sinceramente me pregunto si esto podría ser cierto.

EL SORPRENDENTE SUSTENTO DEL SUFRIMIENTO

Estamos empleando todo este libro en explorar el camino del amor y la maravilla; tomemos una sección más para sumergirnos por completo en el sufrimiento, ¿te parece? Sé que probablemente no sea tu tema favorito, ¡a menos que seas masoquista! pero creo que una comprensión del sufrimiento puede resultarte bastante valiosa al reflexionar en tu propio dolor. No prometo nada, pero bien podrías descubrir significado y redención en lo que has experimentado.

La espiritualidad Trinitaria nos conduce a un abrazo abierto del todo, sin excepciones. Este es el círculo de la libertad, sin ninguna duda, pero es

---

184. James Emery White, *The Rise of the Nones: Understanding and Reaching the Religiously Unaffiliated* (Baker, 2014), p. 21.
185. Ver http://www.pewforum.org/2012/10/09/nones-on-the-rise-religion/.

también un círculo de sufrimiento. El lado negativo no se atreve a ser eliminado.[186] Todo pertenece.

Como lo expresa una carta del primer siglo a amigos de Dios:

> *Alabado sea el Dios y Padre de nuestro Señor Jesucristo, Padre misericordioso y Dios de toda consolación, quien nos consuela en todas nuestras tribulaciones para que con el mismo consuelo que de Dios hemos recibido, también nosotros podamos consolar a todos los que sufren. Pues así como participamos abundantemente en los sufrimientos de Cristo, así también por medio de él tenemos abundante consuelo.*[187]

¿Puedes ver aquí la totalidad de la cosmovisión Trinitaria en movimiento? Esta carta fue escrita alrededor del año 58. La teología de la Trinidad no se había desarrollado aún; fueron necesarios tres siglos para que lo hiciéramos. Pero aquí, Pablo, un místico de primera línea, ya intuye todo el tema. Él ya se dirige a las tres personas de la Trinidad como Fuentes magnéticas que están dibujando y dando nombre a su experiencia.

En la escuela paulina, la carta a los Colosenses habla también de nuestra capacidad de aportar a este círculo de consolación eterna y sufrimiento eterno:

> *Ahora me alegro en medio de mis sufrimientos por ustedes, y voy completando en mí mismo lo que falta de las aflicciones de Cristo, en favor de su cuerpo, que es la iglesia.*[188]

¿De qué está hablando? Claramente, él está involucrado en un misterio participativo que lo atrae hacia dentro. Antes, cuando yo leía sobre las vidas de los místicos, pensaba que siempre oraban para sentir parte del sufrimiento de Jesús. Siempre eran representados sujetando o mirando un crucifijo. Francamente, ¡pensaba que la mayoría de ellos eran sadomasoquistas!

Pero estaba equivocado; entendía mal a esos místicos. Solamente les puede entender alguien que esté en la danza. Permíteme darte dos ejemplos.

---

186. Ver Rohr, *Eager to Love*, capítulo 7, "The Franciscan Genius: The Integration of the Negative".
187. 2 Corintios 1:3-5.
188. Colosenses 1:24.

El primero es Teresa de Ávila, la maestra carmelita española del siglo XVI que fue nombrada Doctora de la Iglesia por el papa Pablo VI en 1970, debido a su buena perspectiva y espíritu por la reforma. Ella dijo lo siguiente:

> Mi alma comenzó a avivarse, y me pareció conocer claramente en una visión intelectual que toda la Bendita Trinidad estaba presente... las tres Personas estaban representadas de modo distintivo en mi alma, y me hablaron, diciéndome que desde ese día yo vería una mejora en mí misma con respecto a tres cosas y que cada una de esas Personas me otorgaría un favor: uno, el favor de la caridad; otra, el favor de ser capaz de sufrir con alegría; y la tercera, el favor de experimentar esta caridad con una chispa en el alma... Parece que estas tres Personas, siendo un solo Dios, estaban tan inamovibles en mi alma que vi que si tal compañía divina continuaba, sería imposible no recobrar la compostura.[189]

Esta comunión, participación y solidaridad con el misterio se vuelven tan profundos que un segundo ejemplo, Etty Hillesum, escribió a este efecto cuando estaba en el campo de tránsito de Westerbork, antes de su último cautiverio fatal en Auschwitz: *De cierto modo quiero sufrir contigo, Dios. Todo este sufrimiento es en cierto modo tu sufrimiento, y yo quiero participar contigo en ello.*[190]

Todos nos encontramos quedándonos trágicamente cortos de vida abundante, a pesar de toda nuestra búsqueda de comodidad. Para nuestra decepción, descubrimos que no hay nada en eso. Todos descubrimos finalmente que nuestro corazón y nuestra alma no serán alimentados en el comedero del egoísmo.

Dios no es "había una vez"; Dios es "la historia interminable", ¡en la cual nosotros estamos en el guión![191]

---

189. Anne Hunt, *The Trinity: Insights from the Mystics* (Collegeville, MN: Liturgical Press, 2010), p. 136.
190. Para leer más sobre esta notable mujer, ver *Etty Hillesum: Essential Writings*, Modern Spiritual Masters (Maryknoll, NY: Orbis Books, 2009).
191. Ver Hebreos 12:2 (RVR1960) y, desde luego, *The Neverending Story* [La Historia Interminable] de Michael Ende (New York: Puffin Books, 1979).

Estas son noticias aterradoramente buenas, de lo cual podemos sacar conscientemente libertad y significado. Parece que realmente podemos cooperar con Dios, creando espacios de libertad en el corazón del mundo. Pablo habló incluso de ellos como "disponer todas las cosas" o co-creación.[192] Cuando estaba en Westerbork en medio de un sufrimiento tremendo, Etty Hillesum vivió una asombrosa existencia de paz, amor y comunión con Dios. Ella creó pequeños espacios de libertad para sí misma y para otros. Encontró el significado más profundo de la vida.

Esto es realidad plena, tan plena que puede incluir el lado negativo. Etty Hillesum operaba completamente en Dios, e incluso como Dios, en su sufrimiento. Ella estaba completa en el ciclo del misterio, atraída a una vida mayor que la de ella misma. Puede que no llegara a entender por qué pensaba o decía cosas tan ilógicas como: *De algún modo quiero sufrir contigo, Dios.* No es que busquemos de modo masoquista dolor o sufrimiento, pero cuando nos encontramos con sufrimiento, descubrimos que nuestra capacidad aumenta si nos mantenemos conectados con el flujo. Obviamente, incluso entonces tenemos que bloquear cierto grado de sufrimiento para nuestra salud personal. No podemos asimilarlo todo, pero parece que Dios sí puede hacerlo. Esa es la imagen de la cruz: Dios tomando sobre sí todo el dolor de la historia. Tú no tienes que tomar todo sobre ti, pero no lo bloquees por completo. Permite que el dolor produzca su regalo de la vulnerabilidad. Permite que parte de él te cambie. Permite que parte de él te llame a salir de tu zona de comodidad hacia ese lugar más grande donde todos somos uno. En cierto modo, *hay solamente un sufrimiento y una tristeza cósmica, y es el sufrimiento de Dios. Y todos tenemos una parte en él.*

Una zambullida tan empática en la solidaridad con Dios y la humanidad nunca puede proceder de la mera teoría teológica; ha sido considerada por muchos santos como una vocación, una invitación, e incluso un privilegio.

Me resulta aún más impresionante esta solidaridad cuando se oye mediante las voces de quienes al principio no la tomaron como vocación, y sin duda no desde un lugar de privilegio, quienes en cambio se encontraron en situaciones sociales en las que la cultura dominante los dejó sin poder, incluso oprimidos. Escuchemos esta expresión de la *Danza Divina* desde "el fondo":

---

192. Ver Romanos 8:28.

Como amada comunidad trina, Dios "danza" para hacer nacer comunidades rotas por el sufrimiento, el odio y la división. Dios empatiza con los oprimidos en experiencias "llenas de tristeza" y dirige el enojo de ellos de modo creativo y constructivo por causa de la justicia. En particular, el Espíritu que se movía en la creación desde el principio del mundo es "la relación de Dios que inspira vida" y creativa que hace "camino donde no hay camino posible". "Ella" es la acción relacional de Dios enviada "a crear belleza de la fealdad, a celebrar vida en medio del sufrimiento, y a caminar en amor en medio del odio". Como la revelación que da vida, el Espíritu busca proféticamente hacer realidad sociedades humanas a imagen de Dios.[193]

La Trinidad es el Dios todo en todo, y así, está en todo lugar sin excepción; si pudiera decirse que Dios tiene un lugar *favorito*, sin embargo, es siempre en solidaridad con el "otro": quienes están en los márgenes del poder. El teólogo de la liberación negra, James Cone, lo expresa de modo provocativo:

Dios es negro... Dios es madre... Dios es arroz... Dios es rojo.

La negrura de Dios implica que la esencia de la naturaleza de Dios ha de encontrarse en el concepto de liberación. Tomando en serio la perspectiva Trinitaria de la Deidad, la teología negra dice que como Creador, Dios se identificó con la oprimida Israel, participando en dar ser a su pueblo; como Redentor, Dios se convirtió en el Oprimido a fin de que todos puedan ser libres de opresión; como Espíritu Santo, Dios continúa la obra de liberación. El Espíritu Santo es el Espíritu del Creador y el Redentor obrando en las fuerzas de liberación en nuestra sociedad actualmente.[194]

---

193. Miguel H. Díaz, "The Life-giving Reality of God from Black, Latin American, and US Hispanic Theological Perspectives", en *The Cambridge Companion to the Trinity*, ed. Peter C. Phan (Cambridge: Cambridge University Press, 2011), p. 263. Díaz recibe del excelente libro de Karen Baker-Fletcher, *Dancing with God: The Trinity from a Womanist Perspective* (St. Louis, MO: Chalice Press, 2006).
194. James H. Cone, "God Is Black", en *Lift Every Voice: Constructing Christian Theologies from the Underside*, ed. Susan Brooks Thistlethwaite y Mary Potter Engel, rev. ed., 101–114 (Maryknoll, NY: Orbis Books, 2001), p. 103.

¿Nos atrevemos nosotros, especialmente quienes estamos ubicados en un lugar más privilegiado, a aceptar eso? Si somos Trinitarios, digo que debemos hacerlo; la humildad de Dios llama a ello. Qué libertad absoluta el unirnos al Amado donde Él esté, en especial en la comunidad amada, viviendo la buena pelea por mayor dignidad, armonía, creatividad y liberación. Sabemos que, durante toda su vida en la tierra, Jesús iba donde había dolor; sus aprendices solamente lo seguían.

EX-PIA-CIÓN

A veces invito controversia porque nosotros los franciscanos nunca explicamos la ex-pia-ción de Dios de la humanidad en términos de la actual y popular teoría de la expiación que algunos teólogos denominan "sustitución penal". Nunca lo hicimos, desde los debates del siglo XIII sobre el tema.

Por favor, entiende que no estoy cuestionando la obra redentora de Dios en Jesucristo y por medio de Él; tan solo cuestiono una interpretación particular de ella que prácticamente no se escuchaba en nuestro pasado, pero que parece haber cobrado fuerza a lo largo de los milenios.

Creo que la sustitución penal es una teoría muy arriesgada, principalmente por lo que implica sobre la falta de libertad del Padre para amar o para perdonar a su propia creación.

Ya es una caminata cuesta arriba conseguir que las personas confíen en el amor infinito de Dios, y esto no ayuda en nada. Lo sé por años de dirigir a almas. Cualquier explicación "transaccional" de la salvación evita que las personas pasen de la transformación tan necesaria hacia la confianza y el amor que todos necesitamos desesperadamente. *Los seres humanos cambiamos en el proceso de reflejar el amor, y no por pagar ningún precio o deuda.* ¡Este enfoque frío y transaccional es un corolario directo y desafortunado para sacar a Jesús de la fuente de plenitud de la Santa Trinidad!

La cruz es el ícono y la imagen de Dios, que nos muestra que Dios sabe lo que es ser rechazado; Dios está en solidaridad con nosotros en la experiencia del abandono; Dios no observa el sufrimiento desde una distancia segura. De algún modo, lo creamos o no, Dios está *en* el sufrimiento con nosotros.

Dios no es solamente más extraño de lo que pensábamos, ¡sino más extraño de lo que somos capaces de pensar! Pero intentamos empujar la salvación hacia cierto tipo de lógica *quid pro quo* (retributiva)y teoría de justicia, ¡y de justicia retributiva, por cierto! La justicia de Dios, revelada en los profetas, es siempre justicia *restaurativa*, pero esto requiere una conciencia transformada para entender. Leamos, por ejemplo, Ezequiel 16:53-55 donde, después de amonestar al pueblo de Israel, Ezequiel utiliza la palabra *"restauraré"* dos veces seguidas, y después otras dos veces. Dios "castiga " a Israel amándola aún más y en niveles aún más profundos, tal como hace Dios con cada alma humana. Este es el tema bíblico de la justicia restaurativa. Pero era demasiado contracultural para ser escuchado por encima del empecinamiento histórico continuo de la justicia retributiva.

La mente *quid pro quo*, retributiva, tiene que desmoronarse a fin de avanzar verdaderamente con Dios. Esta es la singular descripción de trabajo de la gracia y la misericordia inmerecida. Los místicos son personas que permiten este nuevo cálculo, pero es siempre un acto de rendición y entrega. Ezequiel dice que Israel se avergonzará, nunca más abrirá la boca, cuando Dios la perdone por todo lo que ha hecho.[195] La gracia y la misericordia son siempre una humillación para el ego. Debemos aceptar el conocimiento y el amor de Dios como la forma plena y final de bondad; pero también debemos saber que, para el ego, esto se siente primero como pérdida; y para la mente "que cuenta", se siente como misericordia inmerecida. Básicamente, tenemos que dejar de contar, de medir y de sopesar.

Permíteme parafrasear 1 Juan 4:10 de esta manera: en esto consiste el amor: no en limitar a Dios por nuestras ecuaciones humanas de amor, sino en permitir que el amor infinito de Dios redefina totalmente el nuestro.

Siempre que amamos, estamos participando de alguna manera en el mismo sufrimiento de Dios, el despojamiento necesario que debe preceder y hacer espacio para toda llenura. Sí, debemos ofrecer nuestras vidas oponiéndonos al sufrimiento humano y planetario, espero. Pero paradójicamente, aceptamos el sufrimiento como una forma vital de participación en el misterio del Encarnado y la sanidad del mundo.

Queremos eliminar el sufrimiento siempre que podamos, y queremos disminuir el dolor humano siempre que sea posible. Sin duda, no queremos imponerlo, aunque todos sabemos que sí aumentamos el sufrimiento en el mundo mediante nuestro pecado y nuestro aislamiento mutuo. Pero de algún modo, después de haber hecho todo lo posible por aliviar el

---

195. Ver Ezequiel 16:63.

sufrimiento según nuestros talentos y llamados, descubrimos que somos guiados a aceptar lo que es, a aceptar lo que queda; y con frecuencia es sufrimiento y dolor, ¿no es cierto?

Quizá esa sea la gran muerte, este tercer espacio donde yo me niego a desperdiciar el resto de mis años en lucha o huida; donde renuncio a buscar a alguien a quien odiar o culpar, ya sea yo mismo o cualquier otra persona. De algún modo voy a situarme en solidaridad con este dolor. No me permitiré a mí mismo participar en el abandono, la traición, el rechazo o la marginación de otras personas.

Por eso los santos, los creyentes Trinitarios, siempre nos encontramos acudiendo al límite, yendo al fondo, a quienes están excluidos en los márgenes. Jesús acude constantemente a los leprosos, y a quienes la sociedad cataloga de "pecadores". ¿Cómo podría Él haberlo dejado más claro? Cuando vemos eso, se vuelve mucho más difícil para nosotros caer en ese viejo y extendido temor de que Dios causa el sufrimiento, lo cual ha sido siempre una piedra de tropiezo intelectual.

En una cruz, encontramos a este hombre que ha entregado toda su vida para sanar el sufrimiento, convirtiéndose Él mismo en una víctima del sufrimiento. En lugar de ser un torturador, un asesino, un tirano o un opresor, Jesús comparte la victimización de la humanidad; y es aquí donde incluso Jesús experimenta su propia resurrección. Él no juega a la víctima ni crea víctimas. Esto extiende el tercer camino de sufrimiento redentor antes de la historia y la eternidad.

Jesús mismo muere, y es renacido en este lugar transformador. La palabra que más describe esta dinámica total de ser entregado y devolver con total vulnerabilidad en cada parte es, irónicamente, la palabra *perdón*.

¡No es extraño que dos terceras partes de la enseñanza de Jesús hablen de manera directa o indirecta sobre perdón!

Para perdonar, hay que ser capaz de ver a la otra persona, al menos momentáneamente, como una persona integral, como una imagen de lo Divino, que contiene santidad y horror al mismo tiempo. En otras palabras, no se puede eliminar lo negativo. Sabes que esa persona te ha herido; sabes que hizo algo equivocado.

Tienes que aprender a vivir bien con la paradoja, o no puedes perdonar. El problema de una parte tan grande de la religión convencional es esta actitud cultural de: "Bueno, perdonaré cuando se lo hayan ganado, cuando hayan demostrado que lo merecen".

Eso no es perdón; ¡eso es un trato!

Dios te ama precisamente en tu indignidad obstinada, cuando sigues siendo una mezcla de bien y mal, cuando estás gloriosamente en cambio. No eres una persona perfectamente amorosa, y Dios aún así te ama totalmente.

Cuando puedes participar en ese misterio de ser amado, incluso siendo la bolsa mezclada que eres, puedes entonces recibir el regalo del perdón. Y por lo que a mí respecta, ese es el único centro magnético que sabe cómo perdonar a otras personas, especialmente cuando las personas te han hecho daño de verdad, te han traicionado de verdad, te han abandonado de verdad, te han humillado de verdad. Y tarde o temprano, eso nos sucede a todos.

Por eso los franciscanos han rechazado toda la idea "forense" de la expiación; no solo hace violencia al carácter de Dios, sino que también está suavizada en exceso comparada con la desagradable realidad, es una abstracción contra la inmediatez. Se evita toda la experiencia demoledora de vivir siempre que intentamos hacer que el perdón sea un mero perdón legal, como las indulgencias católicas o la confesión, o como las teorías transaccionales protestantes de la salvación. Tal enfoque refleja una mentalidad que dice: "*Hagamos* algo. Evitemos todo esto de la vulnerabilidad relacional si podemos, ¿de acuerdo? Escapemos de la confianza y la rendición".

Este tipo de religión no es Trinitaria; no está participando en la *danza divina*, y no nos va a llevar a ninguna parte. Cuando puedo soportar bajo la catarata de la misericordia infinita y sé que soy amado precisamente en mi indignidad, entonces puedo fácilmente mostrarte misericordia a ti.

Comprueba cada día cómo te va con el perdón, ¿de acuerdo? Esa es una prueba tan buena como cualquiera que se me ocurra para ver si estás viviendo dentro del misterio incalculable de la generosidad divina.

¿Sabes lo que es incluso más difícil de perdonar? Con frecuencia son las cosas insignificantes, los resentimientos acumulados. Las pequeñas cosas que sabes sobre otra persona; el modo en que te ofendieron ayer. No es gran cosa, pero al ego le gusta aferrarse a esas cosas; se van acumulando en la psiquis como una lesión repetitiva por estrés. Creo que en muchos aspectos, es mucho más difícil soltar esas micro ofensas, precisamente porque son muy pequeñas. Y por eso las acumulamos inconscientemente, y nos obstruyen.

Pero Dios no es transaccional, y Dios no está necesitado. Puedes confiar en que Dios te trata como a ti te gustaría ser tratado, soltando tu insignificancia, tu necedad, tu crítica y tus obstrucciones al amor, mientras te sigue viendo completo.[196]

Dios no puede *no* ver a su Hijo Jesús en ti. Tú eres el cuerpo de Cristo. Eres hueso del hueso de Dios, y por eso Dios no puede dejar de amarte. Por eso ninguna cantidad de esfuerzo hará que Dios te ame más de lo que ya te ama en este momento. Y a pesar de tus mejores esfuerzos por ser terrible, no puedes hacer que Dios te ame menos de lo que ya te ama en este momento.

Estás en una posición de impotencia total, y tu ego lucha contra eso. Lo único que puedes hacer es rendirte, y entrar en esta danza de diálogo sin obstáculos, este círculo de alabanza, esta red de comunión que llamamos Bendita Trinidad.

Desde el principio de este intento de desenredar el misterio de la Trinidad, he quedado sorprendido por la capacidad de esta doctrina, que parecía tan oscura, enrarecida, distante e incluso insignificante, para transportarnos a un universo diferente.

Es un cristianismo con una forma distinta. Es una cosmología con una forma distinta, como debería ser si esta es la forma de todas las cosas, no solo de Dios, sino también de todo lo demás.

¿Y QUÉ SOBRE LA IRA DE DIOS?

Por lo tanto, ¿dónde está la ira en un Dios Trinitario? Probablemente creciste oyendo pasajes sobre la ira de Dios de las Escrituras hebreas (el Antiguo Testamento cristiano); e incluso Pablo se refiere a *"la ira de Dios"*.[197] Por lo tanto, dices correctamente: "Bueno, ¿por qué hay tales pasajes en la Santa Biblia?".

---

196. Ver 1 Corintios 13:5.
197. Ver, por ejemplo, Romanos 1:18 (RVR1960, NVI); Efesios 5:6 (RVR1960, NVI).

¿Por qué, ciertamente? En ciertas narrativas bíblicas, Dios parece estar molesto durante algunos días. Parece que Dios no nos ama. Y desde luego, eso es comprensiblemente nuestra lectura de nuestra propia experiencia, encontrando un lenguaje para lo que nuestro linaje finalmente denomina "noches oscuras del alma": esos periodos en los que no experimentamos la gracia, el amor y la entrega de la existencia. Proyectamos todo eso en Dios, ¿no es obvio?

Esto no significa, desde luego, que la entrega divina no esté objetivamente ahí. Lo que sucede es que no echamos mano de ella. Por la razón que sea, no tenemos acceso a ella, no la disfrutamos ni participamos en ella. La Escritura, como lo expresa con tanto arte Peter Enns, es *también* plenamente humana y plenamente divina.[198] La Escritura está siempre, siempre, escrita por seres humanos desde una perspectiva humana. La llamamos la "Palabra de Dios", pero la única Palabra de Dios endosada de modo inequívoco en las páginas de la Biblia es Jesús, el eterno Logos. Las palabras que están en nuestras páginas inspiradas son las palabras de hombres y mujeres.

En mi libro *Things Hidden: Scripture as Spirituality* [Cosas Ocultas: Escritura como Espiritualidad], describo la Biblia misma como una progresión gradual hacia adelante.[199] Vemos el arco de la narrativa moviéndose hacia una teología cada vez más desarrollada de la gracia, hasta que Jesús se convierte en la gracia personificada. Pero es un concepto para el que la psiquis nunca está totalmente preparada. Nos resistimos, y por eso verás en la mayoría del texto bíblico lo que el difunto antropólogo, Rene Girard, denomina un "texto en dolor", un texto que sufre. Y debemos ver que sigue siendo cierto en el Nuevo Testamento, donde incluso las afirmaciones de Juan sobre el amor incondicional de Dios siguen estando entremezcladas con muchas líneas que parecen dar a entender también un amor condicional: "*Si* obedecen mis mandamientos" se dice directamente o se da a entender muchas veces. Para crecer en los caminos del amor, creo que esto muestra una genialidad real. Psicológicamente, los seres humanos necesitamos en realidad cierto amor condicional para dirigirnos hacia el reconocimiento y la necesidad del amor incondicional. Esta es gran parte de mi presunción en mi libro *Falling Upward* [Caer Hacia Arriba].[200]

---

198. Ver Peter Enns, *Inspiration and Incarnation: Evangelicals and the Problem of the Old Testament*, 2nd ed. (Grand Rapids, MI: Baker Academic, 2015).

199. Richard Rohr, *Things Hidden: Scripture as Spirituality* (Cincinnati, Ohio: St. Anthony's Messenger Press/Franciscan Media, 2010).

200. Richard Rohr, *Falling Upward* (San Francisco: Jossey-Bass, 2011).

Obtenemos la promesa del amor gratuito (gracia) de vez en cuando, pero siempre es demasiado para que la mente y el corazón lo crean.

El texto bíblico refleja tanto el crecimiento como la resistencia del alma.

Cae en el misterio, y entonces dice: "Eso no puede ser cierto". La Escritura es una sinfonía polifónica, una conversación consigo misma, donde se tocan melodías y disonancia; tres pasos hacia delante, dos pasos hacia atrás. Los tres pasos gradualmente y finalmente ganan; vemos el ímpetu de nuestro Libro Santo y hacia dónde conduce la historia. Y el texto se mueve de modo inexorable hacia la inclusión, la misericordia, el amor incondicional y el perdón. Yo lo denomino la "hermenéutica de Jesús". ¡Sencillamente interpretemos la Escritura del modo que lo hizo Jesús! Él ignora, niega o se opone abiertamente a sus propias Escrituras siempre que son imperialistas, punitivas, exclusivas o tribales. Compruébalo por ti mismo.[201]

Por eso la Biblia es el mejor libro del mundo, y si somos sinceros, con frecuencia ha sido el *peor* libro del mundo, no debido a su contenido, sino debido a la madurez espiritual de quienes la leen. En manos de fundamentalistas sin amor, se le podría acreditar más rigidez, fanatismo, odio, guerra, maldad y matanza que casi a ningún otro libro en este planeta. Sabes que eso es cierto. Son solamente personas cómodas en el grupo dominante quienes no ven esto ahora.

Santo Tomás de Aquino me enseñó que la corrupción de lo mejor es lo peor. De modo que la Biblia es capaz de un gran bien, pero todos la

---

201. Aquí tenemos algunos ejemplos: primero, en Lucas 4:18-19, cuando Jesús lee del rollo de Isaías, comenzando con: *"El Espíritu del Señor omnipotente está sobre mí, por cuanto me ha ungido para anunciar buenas nuevas a los pobres..."* y terminando con *"a pregonar el año del favor del Señor"*, deja fuera *"y el día de la venganza de nuestro Dios"* como está en el pasaje original (ver Isaías 61:1-2). Entonces, en lugar de proclamar a los extranjeros como los enemigos y objetos de la venganza de Dios, Jesús lo cambia y elogia a los extranjeros fieles de Sarepta y Siria, a la vez que reprocha las actitudes de su propio pueblo "escogido" (ver Lucas 4:25-30). Para más ejemplos como este, ver Michael Hardin's *The Jesus Driven Life: Reconnecting Humanity with Jesus*, rev. and exp. edition (Lancaster, PA: JDL Press, 2013), particularmente el capítulo 2: "Cómo lee su Biblia Jesús". Para un relato poderoso y de semificción, ver la obra ganadora del premio Pulitzer de Jack Miles, *Christ: A Crisis in the Life of God* (New York: Knopf, 2001). Adicionalmente, en Mateo 5, en el conocido Sermón del Monte de Jesús, Él comienza una serie de enseñanzas con: *"Oyeron que fue dicho..."*, resumiendo una parte clave y aceptada de la Ley, y contrastándolo con: *"Pero yo les digo..."*, aportando su propio enfoque, con frecuencia subversivo. Para leer más sobre la visión extensamente distinta del mensaje más conocido de Jesús, ver mi propia obra *Jesus' Plan for a New World: The Sermon on the Mount* (Cincinnati, OH: St. Anthony Messenger Press, 1996). Para leer más ejemplos aún, ver Mateo 12:1-8 y Juan 5:1-23.

entendemos en nuestra propia etapa de desarrollo emocional y espiritual. Si aún eres un pensador en blanco y negro y rígido, que necesita certidumbre y control en cada paso, bueno, sentirás la Trinidad fuera de tu alcance. La gracia aparece donde la lógica se desmorona, de modo que no llegarás muy lejos. Sin importar qué pasaje te entreguen, lo interpretarás de manera egoísta, vengativa y controladora, porque ese es tu modo de actuar en la vida.

La Trinidad se vuelve real gradualmente para ti cuando tú mismo entras honestamente en los ciclos y el flujo de la vida y la muerte. Esto es lo que queremos decir con "somos salvos por la muerte y resurrección de Jesús". ¡Exactamente! Antes que nada, tenemos que crecer, lo cual es en gran parte aprender a vivir sobre el molino de agua de dar y recibir amor. De modo sencillo, cuando hayas encontrado el flujo *aquí*, lo verás *allí*. Lo denominamos el Principio de la Semejanza.

Las personas odiosas ven odio en todas partes, ¿has notado eso? Siempre están pensando que hay alguien que quiere fastidiarles, que alguien quiere hacerles daño. Crean problemas dondequiera que van. Los llamamos personas "de alto mantenimiento".

Por otro lado, ciertas personas se acercan a mí y dicen: "Ah, Richard, usted es muy amoroso". ¡Cómo desearía serlo! Yo amo de manera intermitente, es cierto, en mis mejores días; pero invariablemente, las personas que me dicen eso, ¡son ellas mismas personas muy amorosas! En ese momento de elogio, ellas lo están sacando de mí.

Hay personas que me acusan de todo tipo de cosas, tanto maravillosas como terribles. Por lo general tienen razón a medias, desde luego; pero invariablemente, están hablando de sí mismas y no pueden verlo. Este principio de la semejanza tiene manifestaciones positivas y negativas; lo que ves *allí* es lo que eres *aquí*. Siempre. Las personas desconfiadas no saben cómo confiar en sí mismas o en ninguna otra persona, y por eso lo reflejan en ti.

La Trinidad deshace de manera hermosa esta negatividad mediante un movimiento totalmente, totalmente, y no podemos enfatizar lo bastante el *totalmente, totalmente* positivo que nunca revierte su dirección.

Nuestro patrón mezclado hacia adelante y hacia atrás queda ilustrado en toda la Biblia, el cual a menudo revierte su dirección, y se deshace a sí mismo. Después de un tiempo, lo detectarás de modo natural; pero la Generosidad divina *no* es deshecha en la Trinidad, quien solamente da.

Dios *siempre* está dando, incluso en esos momentos en que experimentamos momentáneamente la inaccesibilidad del amor como si fuera ira divina. Cuando te encuentres sacando estas conclusiones, acércate a tu alma por un momento. Estás enojado contigo mismo en ese momento. Todos nosotros probablemente pasamos por eso al menos dos veces por día. Nos acusamos a nosotros mismos diciendo: *¿Por qué hice eso?* O culpamos a Dios. ¡De verdad!

¿Cómo puedes salir de este círculo vicioso? Hazte cargo de tus proyecciones: las que proyectas sobre otras personas, las que proyectas sobre tus propios motivos, y quizá especialmente las que proyectas sobre Dios. En realidad, Dios es el cebo divino que está más capacitado para sacarte de ese círculo de negatividad. Pero si le otorgas negatividad también a Dios, estás en verdadero peligro espiritualmente porque no tienes ningún modo de salir ahora, sin pasar por las primeras cuatro etapas de Kubler-Ross de la tristeza y la muerte: negación, ira, negociación y depresión, antes de poder llegar a la quinta etapa, que es aceptación divina.

Este patrón ahora evidente es la razón de que muchos de nuestros maestros espirituales contemporáneos digan que la mayoría de nuestros problemas son psicológicos en su manifestación, pero espirituales en su solución. La mayoría de cristianos de la Edad Media confiaban más fácilmente en la solución espiritual que nosotros, pero raras veces tenían el vocabulario para describir las manifestaciones psicológicas como lo hacemos nosotros hoy. Nosotros articulamos muy bien las dimensiones psicológicas, y de tantas maneras, que las personas contemporáneas están atrapadas en descripciones sofisticadas y útiles de las manifestaciones, pero no tienen a Alguien a quien rendirlas todas. No hay ninguna Estación Receptora, porque saltamos fuera del molino de agua divino, y nos retiramos de la danza.

Para resumir todo esto, no creo que haya ninguna ira en Dios; es teológicamente imposible cuando Dios es Trinidad.

AMPLIAR NUESTROS HORIZONTES

Nuestro segundo punto al explorar "¿Por qué la Trinidad? ¿Por qué ahora?" implica un movimiento hacia un vocabulario teológico más amplio. Si no te importa, voy a tomar algunas indicaciones sobre la Trinidad de fuera del cristianismo. En nuestro clima religioso tan polarizado, entiendo que a algunos cristianos se les haya enseñado durante generaciones a tener temor a cualquier cosa que no provenga "puramente" de "nuestras" fuentes. Es bastante irónico que nuestras propias Escrituras contengan amplios ejemplos de valoración apreciativa de elementos de creencias vecinas, ya sean astrólogos paganos de Oriente que adivinan de modo preciso el nacimiento del niño Cristo y lo adoran,[202] samaritanos sincretistas-heterodoxos que son los héroes de una parábola y un encuentro,[203] la filosofía griega que nos ofrece su concepto de logos,[204] ¡o citas aprobatorias de poesía neoplatónica señalando a la naturaleza todo en todo del único Dios verdadero![205]

Nosotros somos temerosos; Dios, aparentemente, no tiene ningún temor.

Si la verdad es la verdad... si Dios es uno... entonces hay una realidad y hay una verdad.[206] Uno pensaría que estaríamos contentos cuando otras religiones deducen aproximadamente lo mismo, ¿no es cierto? Pero ah, algunas veces nos molestamos mucho. No sabemos cómo reconocer a los amigos, y creamos enemigos sin ninguna buena razón.

El hinduismo probablemente es la religión más antigua que aún existe en la tierra, remontándose su fundación a cinco milenios. En la teología hindú y en el lenguaje hindú, hay tres cualidades de Dios y, por lo tanto, de toda la realidad. Oía esas palabras frecuentemente cuando enseñaba en India hace unos años: *sat, chit, ananda*.

Ni siquiera tengo que esforzarme para establecer aquí el punto Trinitario; es obvio, estoy seguro:

Sat es la palabra para "ser". Dios es ser en sí mismo; es difícil ser más amplio que eso. El hinduismo parecía reconocer implícitamente esto, exactamente como Pablo dice a los atenienses en el discurso anteriormente

---

202. Ver Mateo 2:1-12.
203. Ver Lucas 10:25-37 para leer la parábola del buen samaritano; ver Juan 4:4-41 para leer el relato del encuentro de Jesús con la mujer samaritana en el pozo, en el que hablan de algunas de las diferencias teológicas entre judíos ortodoxos y samaritanos heterodoxos, con Jesús finalmente señalando a un lugar de Espíritu y realidad que trasciende a sus ubicaciones sociales y espirituales.
204. Ver Juan 1:1-5; 1 Juan 1:1-3.
205. Ver Hechos 17:16-34.
206. Ver Efesios 4:4-6.

mencionado en el Areópago.[207] Ser Universal, Fuente de todo ser, a quien llamamos Padre.

Chit es la palabra para conciencia o conocimiento. Dios es conciencia, mente, conocimiento. ¿No suena eso parecido a *logos*? Debería. Desde luego, nuestro concepto bíblico de *logos* fue tomado de la filosofía griega; el escritor del Evangelio de Juan ya ha hecho lo que yo estoy haciendo ahora, tomando de la sabiduría extra-bíblica (y extra-judía).[208] Ahora más que nunca, tenemos que tomar de nuestra herencia espiritual compartida para entender mejor nuestra propia creencia.

Y finalmente, *ananda*. Conocí a varias personas llamadas Ananda en India. Significa *felicidad*; *dicha* es el modo en que lo traducen los hindúes por lo general. ¿No parece el gozo del Espíritu Santo? La felicidad inherente y no creada, que es lo que experimentas cuando vives sin resistencia dentro del fluir. Es onmidireccional, y no está determinada por ningún objeto que te haga feliz. No sabes de dónde vino, al igual que Jesús dijo del Espíritu.[209] No puedes agarrarla, predecirla o demostrarla; solamente puedes disfrutarla cuando la paloma desciende, el viento sopla, el fuego cae, o el agua fluye. Como la gracia misma, *ananda* es siempre un don de "ninguna parte".

Sat-chit-ananda.

Ser-conocimiento-felicidad.

Padre-Hijo-Espíritu.

La verdad es una, y universal.

SILENCIO: PADRE

El Padre es Ser en sí mismo, la Fuente del flujo, el Creador: Aquel que no tiene forma y de quien vienen todas las formas. Dios como "nada", Misterio Indecible.[210]

---

207. Ver Hechos 17:28 para leer la frase clave en el mensaje de Pablo.

208. Comparemos el desarrollo de la idea de *logos* comenzando con el filósofo del siglo VI, Heráclito, en el contexto del primer siglo de Jesús. Para una visión general muy básica, ver www.britannica.com/topic/logos.

209. Ver Juan 3:8.

210. El concepto de Dios como el "espacio negativo" desde el cual sale toda creación es una abundante dimensión digna de un libro propio. Para tener solo una probada, intenta el ejercicio número 5: "Ver (en la oscuridad)", en el apéndice de este libro.

En nuestra herencia contemplativa, a Dios Padre normalmente se le experimenta mejor en el silencio, más allá de palabras o pronunciación, lo cual es exactamente en lo que insistía el pueblo judío.[211] Esto preserva nuestra humildad delante de Dios para que no creamos que alguna palabra comprenderá jamás la incomprensibilidad divina.[212]

En la larga tradición del misticismo cristiano hubo dos grandes corrientes de conocimiento que eran ambas necesarias para mantener al creyente equilibrado, humilde y abierto.

La primera manera de conocer, que se practicaba más comúnmente, se denominaba la manera *catafática* (vista según la luz) o "positiva"; se apoyaba en palabras definidas, conceptos claros, imágenes y rituales. Cristo como Logos, imagen y manifestación personifica este polo *catafático*, o *vía positiva*.

Y cuando la religión es saludable, feliz y mística, el camino de la luz necesita ser balanceado por el camino *apofático* (contra la luz), o camino "negativo" de oscuridad: conocer más allá de palabras e imágenes mediante silencio, oscuridad, espacio abierto, y soltando la necesidad de conocer. Esta *vía negativa* está representada por el Terreno de Ser, o "Padre".

Lo apofático ha desaparecido en gran medida en los últimos quinientos años; casi todas las congregaciones, parroquias y cristianos comunes son totalmente catafáticos. Esto ha dado como resultado un eclipse del "Padre".

Los grandes maestros espirituales siempre equilibran conocer con no conocer, luz con oscuridad. Ambos caminos son necesarios, y *juntos* crean una magnífica forma de conciencia más elevada no dual llamada fe. Yo veo esta energía entre medio, la sana relación entre catafático y apofático, como donde el Espíritu se muestra para obrar.

Lamentablemente, este dinamismo no está presente a menudo. Lo apofático ha estado casi siempre en minoría, pues nosotros en la civilización estamos incómodos con el silencio, la maravilla y el no conocer. Solamente los místicos preservaron este camino apofático, junto con algunas de las tradiciones sacramentales en la adoración. Pero incluso esto estaba bajo sospecha para los protestantes, quienes lanzaron al bebé místico y sacramental con el agua de la bañera católica y medieval, aunque los cuáqueros

---

211. Ver Éxodo 20:7.
212. Ver Richard Rohr, *The Naked Now* (Crossroad, New York, 2009), particularmente el capítulo 2.

ciertamente han intentado recuperar un sentimiento singularmente protestante del misticismo, junto con una perspectiva de que toda la vida es sacramental; es decir, es como una señal externa de presencia divina interna.

La mayoría de nosotros no conocemos el terreno del silencio antes de hablar, el espacio que rodea las palabras, el reposo interior después de las palabras, la humildad que las palabras deberían requerir. Esto era instintivo para nuestros ancestros de antaño antes de la llegada de la agricultura organizada, las ciudades y la civilización; y sigue estando aún presente con mucha más fuerza en Primeras Naciones y culturas indígenas donde estos instintos antiguos son mejor cuidados.[213]

Este es el ámbito "del Padre", que no puede ser declarado, que no puede ser nombrado. Dios llamado Padre es precisamente lo No-manifiesto, el Gran Silencio, lo Indecible de Dios. Nosotros estábamos tan ansiosos por pronunciar palabras que fueran infalibles e inerrantes que apostamos todo nuestro dinero a palabras para que nos llevaran hasta ahí, olvidando incluso que las palabras mismas son siempre metáforas.

Básicamente reprimimos a Dios Padre, cuya reputación ya había sido gravemente deslustrada por un patriarcado malsano en general, y por la teoría de la expiación sustitutoria penal en particular, donde Él se volvió completamente no libre, incapaz de perdonar, atado por una idea muy limitada de justicia; y francamente, insignificante y punitiva. Temíamos al Padre más de lo que lo amábamos. Esta pérdida solamente es suficiente para revelar por qué el cristianismo necesita redescubrir de nuevo a las tres personas de la Trinidad, junto con toda la "trinidad apofática" de humildad, oscuridad y silencio.

No creamos que esta metáfora, "Padre", intenta otorgar género a Dios. Dios no es masculino. Ese no es el punto. Simplemente se convirtió en el término clásico porque *Abba* es la palabra que Jesús utilizó para connotar seguridad y cariño; es realmente una palabra infantil, que se acerca a Papá o Papito. Pero lamentablemente, hoy sufre por siglos de ser oída (y usada) dentro de culturas patriarcales, validando de manera implícita una cosmovisión jerárquica.

---

213. Por eso la obra de iniciación en el mundo actualmente tiene una deuda continuada de gratitud a esos pueblos indígenas y Primeras Naciones; para ser testigo de una mirada asombrosa a la encarnación de Cristo desde una perspectiva indígena e inicial, lee *The Four Vision Quests of Jesus* de Steven Charleston (New York: Morehouse Publishing, 2015).

El Abba-Padre de Jesús, como contraste, se mueve mucho más dentro de un círculo que en lo alto de ninguna pirámide. Lee el pequeño estudio, ahora clásico, de Sandra Schneiders, *Women and the Word* [Las mujeres y la Palabra], donde ella demuestra muy eficazmente que Jesús probablemente tuvo que venir en un cuerpo de varón para deshacer cualquier idea patriarcal de Dios desde dentro hacia fuera.[214]

Desde luego, la mente es humillada ante tal anonimato, tal incomprensibilidad, cuando reconocemos otra vez que todas las metáforas tienen carencias.

En la primera metáfora ofrecida a Moisés, YHWH se niega a imágenes en palabras. Moisés, descalzo y asombrado, pide: "Dime tu nombre".

El que no tiene nombre responde: *"Yo Soy el que Soy".*[215]

Probablemente haya diez buenas maneras de traducir eso. No estoy diciendo que esta sea la perfecta, pero básicamente, esta dice: "A ti no te importa. No intentes captarme mediante un nombre. No intentes meterme en ningún molde. Yo seré quien seré".

Es el gran tetragramatón judío, el cual tenemos la fortuna de tener encima de nuestra catedral de San Francisco en mi hogar cerca de Santa Fe:
יהוה

Es, creo yo, la única entrada de catedral en los Estados Unidos que lo tiene encima de la puerta: *Yo Soy el que Soy.* Durante la construcción de la catedral en el siglo XIX, el arzobispo Jean-Baptiste Lamy lo puso allí en honor y respeto a la tradición y el pueblo judíos.

En algunos aspectos, la oración que permitimos resonar en nosotros antes, y que seguimos explorando en este libro resume todo lo que quiero decir aquí:

> Dios por nosotros, te llamamos Padre.
> Dios con nosotros, te llamamos Jesús.
> Dios en nosotros, te llamamos Espíritu Santo.
> Tú eres el eterno misterio que capacita, desarrolla y aviva todas las cosas.

---

214. Ver Sandra Schneiders, *Women and the Word* (New York: Paulist Press, 1986), p. 50ss.
215. Éxodo 3:14.

Incluso a nosotros e incluso a mí.
Todo nombre no llega a tu bondad y grandeza.
Solo podemos ver quién eres tú en lo que es.
Pedimos poder ver de modo perfecto:
Como fue en el principio, es ahora, y siempre será.
Amén.

Dios por nosotros es mi código para el Padre. Esa realidad es entrega fundamental. ¿Lo entiendes? La realidad es fundamentalmente benevolente; está de tu lado. No es un universo aterrador. Por eso la palabra *Padre* es una buena elección, si has tenido un buen padre. Un buen padre te protege; y una vez más, esto queda atestiguado por lo *apofático* contemplativo y el *sat* hindú.

LA MANIFESTACIÓN VIVIENTE: EL CRISTO

En la segunda persona de la Trinidad tenemos la epifanía visible del No Manifestado. Primero en forma de la creación misma, que es "el Cristo", en nuestra taquigrafía; y en segundo lugar, en forma personal, a quien llamamos "Jesús". Alguien que reverencie la primera epifanía (*apofático, sat*), sin duda está mejor preparado para reverenciar correctamente la segunda: *catafasis, chit*. Hasta ahora, hemos conducido a muchas personas a amar a Jesús, pero muchas menos fueron guiadas a reconocer, honrar y amar al Cristo. La principal tarea futura de la teología y la práctica cristiana es unir finalmente a ambos.

Mi comprensión en oración de Jesús es *Dios con nosotros*, el Dios que nos acompaña y camina con nosotros, especialmente en el misterio de la muerte y la resurrección, de soltar y recibir. Los teólogos denominan este patrón el *Misterio Pascual*; es el mejor resumen directo y conciso de toda la enseñanza y experiencia de Jesús.

El patrón divino revelado en la Trinidad es pérdida y renovación, vaciarse y seguir viviendo en un nivel ampliado, rendición y receptividad, "muerte y resurrección", oscuridad y luz.

La vida no tiene un contrario real; la muerte es meramente una transición que requiere confianza cada vez que la atravesamos.

Probablemente puedo decir que Jesús es con frecuencia totalmente rechazado como un modelo serio porque pocas personas quieren creer en este patrón, y sin embargo es el gran patrón redentor de todo. (Intento presentar este concepto a audiencias modernas y posmodernas en mi libro *Falling Upward*.)

En gran medida, lo que quieren los seres humanos es resurrección sin muerte, respuestas sin dudas, luz sin oscuridad, la conclusión sin el proceso.

Quizá podríamos decir que no nos gusta Jesús cuando no nos gusta la realidad. Negamos *chit*, la conciencia, y escapamos a un vuelo de fantasía, banalidad e irrealidad. El pensamiento mecánico toma el control, y nuestras vidas siguen en piloto automático: un ciclo giratorio de placer efímero y dolor sin propósito.

EL DINAMISMO DENTRO Y ENTRE MEDIO: ESPÍRITU SANTO

Y finalmente: *Dios en nosotros*, ya prometido por los profetas hebreos Jeremías e Isaías, adopta un carácter de morada interior. El innombrable Yo Soy se convierte en gran escrito en nuestro corazón, revelando la característica divina "interior" presente desde el principio del tiempo. Llamamos al Espíritu Santo *Esperanza Implantada*.

Cuando falta Dios como Espíritu Santo, yo lo expresaría de esta manera: no hay ímpetu interior. No hay *élan vital* (fuerza de vida). No hay correctivo interior, no hay viveza interior que evita que las personas mueran por sus heridas.

Cuando el Espíritu está vivo en las personas, *despiertan* de su pensamiento mecánico y entran en el ámbito del poder co-creativo. Como en la visión de Ezequiel, el agua fluye desde los tobillos a las rodillas, a la cintura, al cuello, cuando la Nueva Tierra es hidratada.[216]

Como Pinocho, pasamos de la madera a la realidad. Nos transformamos de ser personas heridas que hieren a otras personas, a ser sanadores heridos que sanan a otros. No solo individualmente, sino que la historia misma sigue avanzando en este potente mover del Espíritu desatado.

Se decía en el pasado que vivíamos en la era del Padre, y después en la era del Hijo; según Joaquín de Fiore en el siglo XII, nosotros los franciscanos

---

216. Ver la visión en Ezequiel 47:1-12.

habíamos de inaugurar la era del Espíritu. No creo que lo hayamos hecho, pero ¿por qué, desde esta palabra medieval hasta las últimas profecías de Grandes Despertares y avivamiento, hay esta frecuente esperanza de que la era del Espíritu es inminente?

Quizá lo que más necesitamos es un cambio de perspectiva para entrar plenamente en lo que ya está sucediendo. Creo que ha sido totalmente la Era del Espíritu hasta ahora; la historia no se detiene. La creación sigue su desarrollo;[217] la evolución de planetas, estrellas, especies y conciencia humana nunca se ha detenido desde el principio, pero nuestra idea de Dios jerárquica, masculina sin femenino, y así estática, ¡no nos permitía verlo! Ahora sabemos con certeza que el universo sigue expandiéndose hacia fuera.

El Espíritu que mora en el interior es esta constante capacidad de la humanidad de seguir adelante, de seguir recuperándose de sus heridas, de seguir esperando e intentándolo de nuevo. Creo que una cosa que nos gusta mucho en los niños pequeños es su esperanza indomable, su curiosidad y su deseo de crecer. Ellos se caen, y pronto vuelven a ser todo sonrisas. Otra generación va a intentar de nuevo vivir la vida al máximo, pero con demasiada frecuencia, cuando llegan a mi edad no sonríen tanto, y nos preguntamos: "¿Qué sucedió entre los seis años y los sesenta?". Siempre ha sido de alguna forma una pérdida de Espíritu, porque si el Espíritu Santo está vivo en tu interior, siempre seguirás sonriendo, a pesar de todos los reveses. Este es el puro gozo de *ananda*.

TDT: TRASTORNO DE DÉFICIT DE TRINIDAD

La tercera faceta de nuestra exploración de "¿Por qué la Trinidad? ¿Por qué ahora?" es una comprensión renovada de Jesús y "el Cristo", al revertir los efectos históricos de haber extraído esencialmente a Jesús de la Trinidad en nuestro concepto de Dios. Veamos algunas de esas causas históricas.

El unitarianismo, un pequeño movimiento periférico en Polonia y Transilvania en el siglo XVI, comenzó realmente a cobrar fuerza en la Inglaterra y América del siglo XVIII tras la estela del racionalismo de la Ilustración. Al estar de moda adherirse al deísmo en la época entre las élites educadas, el unitarianismo prometía un alejamiento de la religión malhumorada y supersticiosa, y ver a Dios como una Primera Causa remota, a Jesús como tan

---

217. Ver Romanos 8:19-25.

solo un buen maestro moral, y a la iglesia únicamente como un bien social en el mundo. Principalmente, como su nombre mismo implica, rechazaban la Trinidad como desfasada e incomprensible.

En el otro lado, varios movimientos más conservadores y denominaciones han surgido a lo largo de los años rechazando la Trinidad, como los Mormones, los Testigos de Jehová, Cristadelfianos, Ciencia Cristiana, y Unidad Pentecostal. Las creencias de estos movimientos difieren ampliamente unas de otras en casi todos los aspectos, pero están unidos en su rechazo de la Trinidad en términos de un enfoque literal y del texto como prueba de la interpretación bíblica, señalando (como ya hemos cubierto) que el término *Trinidad* no aparece en las páginas de la Escritura como tal.

Intentos bien intencionados por parte de liberales y conservadores en teología y espiritualidad han dado un fruto que vale la pena considerar, sin duda; pero en general, esos enfoques nos dejan con hambre a muchos de nosotros, y no estamos siempre seguros del porqué.

El desarrollo Trinitario de la acción dinámica de Dios nos satisface en un nivel profundo, y actualmente sufrimos un Trastorno de Déficit de Trinidad. Esta es la razón por la cual creo que esto es cierto...

PADRE AUSENTE

Cuando Dios como Padre falta o se considera en gran parte amenazador y punitivo, hay un temor y una inseguridad fundamentales en todo nuestro viaje humano; el temor y la competencia dominan más que el amor. No es un universo seguro; no es un universo benevolente. Hay un dios terrorista detrás de cada piedra, y tengo que proteger mi vida porque nadie más lo hará. Yo no participo de modo inherente, ni pertenezco intrínsecamente. La vida está enmarcada en un paradigma de ganar/perder, y entonces utilizamos a Jesús para que lo resuelva, de una manera como sobrehumana, no de una manera participativa. Por favor, toma esto en cierta consideración, y piénsalo.

Si Dios no está *por* ti, entonces estás tú solo. Como un niño huérfano, o un niño con un padre abusivo, creces desprovisto e incluso amargado si no hay un terreno sólido. Puedes ver por qué tantas personas son tan paranoides y obsesivas en la actualidad, y están tan preocupadas por tener armas y sistemas de seguridad de todas las formas y colores. Puedes ver por qué sus ojos se llenan de lágrimas cuando encuentran a sus ancestros en Ancestry. com. Cuando no hay una conformidad subyacente con el mundo o con tu propia vida, creerás cualquier cosa y harás cualquier cosa para sentir dignidad y significado. Existe una profunda alienación cuando no conoces al Padre. No hay ningún sentimiento de que la realidad sea segura, personal, y esté fuertemente de tu lado, un sentimiento que aquellos de nosotros que tuvimos un buen padre humano dimos por sentado.

En una sociedad sin padre, tienes que salvarte a ti mismo, lo cual muchos cristianos intentan hacer mediante todo tipo de "yihads" compensatorias contra el mundo, y toda manera de amenazas percibidas. Cuando no hay una fuerte protección en tu vida, tienes que ser macho y materialista, básicamente un loco del control. No hay tiempo alguno para oler las rosas.

Creo que el inmenso cinismo y el abrumador temor que vemos en el Occidente posmoderno podrían denominarse legítimamente un no-conocimiento del Padre. Y cuando digo *conocimiento*, estoy usando el término como lo tenemos en estas páginas: un conocimiento experiencial. La palabra bíblica para conocer a Dios es con frecuencia la que nosotros denominaríamos "conocimiento carnal". Sinceramente, es el *conocimiento* de dos cuerpos desnudos, conocimiento íntimo el uno del otro. Esto es casi asombroso para las personas asistentes a la iglesia, pero con poco entrenamiento. El conocimiento de Dios no es un conocimiento abstracto, preferido por las personas occidentales. ¡Quizá esto sea decir que el verdadero conocimiento es profundamente amoroso! ¡Sí!

Dios se niega a ser conocido excepto por medio de una relación de confianza y amor. No podemos conocer a Dios tan solo con la mente. Y por eso todos los maestros de oración y contemplación nos enseñan a soltar nuestra mente inadecuada para poder llegar a esa conciencia más profunda y amplia que llamamos la mente de Cristo. Es en realidad Dios en ti conociendo a Dios, que es lo que los verdaderos viajes de oración nos enseñan finalmente.

HIJO: ¿ME HAS VISTO?

Ahora bien, cuando falta Dios como *Logos*, significado o lógica (no lógica en el sentido racional, sino lógica como en los patrones de la realidad), no hay una dirección significativa ni propósito para nuestras vidas. Cada uno tiene que comenzar desde cero. Tenemos que solucionarlo todo por nosotros mismos, y ¿cómo podríamos saber cómo conectar la abrumadora plétora de puntos? ¿Qué importa y qué no importa?

Lo triste para mí como cristiano es que quienes se supone que conocemos este patrón parecemos, en su mayor parte, tan ignorantes al respecto como todos los demás. No conocemos, creemos o confiamos en que la realidad tiene un patrón Pascual (de *Pascua*).

Para expresarlo claramente, ¡cambio, muerte y transformación son parte del trato!

Resurrección y renovación son la meta y el resultado final.

El patrón pascual es siempre pérdida y renovación. No hay renovación sin pérdida; no hay nuevo nacimiento sin muerte, y esa es mi crítica de gran parte del lenguaje sobre nacer de nuevo de algunos evangélicos, que parece estar claramente en declive con la generación de los Mileniales incluso mientras prosperó entre los *Boomers* de mi generación. Al movimiento antes poderoso que popularizó este lenguaje le gusta hablar sobre nuevo nacimiento, pero no habla sinceramente sobre muerte. En gran parte terminan reflejando las guerras culturales de los Estados Unidos, en lugar de revelar cualquier alternativa nueva o real. Hasta que haya una muerte muy real al viejo yo de la seguridad, el estatus, el poder, el dinero, las armas y la guerra, cualquier conversación sobre un renacimiento o un nuevo yo se ha convertido en tema de risa para la mayoría del mundo.

EL IMPULSO IMPLACABLE DEL ESPÍRITU

La historia sigue avanzando con una creatividad siempre nueva. Hay que admitir que este movimiento va acompañado por un retroceso igual y opuesto. ¡Veamos lo que sucedió tan solo en el último siglo! A pesar de todas las horribles guerras, injusticia y pecado, tanto personal como sistémico, los inmensos avances en conciencia, ciencia, tecnología y conocimiento son asombrosos. La mayoría de personas de raza blanca ni siquiera sabían que el racismo, el sexismo o la persecución de personas del colectivo LGBT era un problema en la década de 1960, y en algunos lugares siguen sin saberlo. Hoy al menos, muchos de nosotros no podemos ir hacia atrás; sin embargo, esto "nos fue hecho" por un Viento Mayor. No lo hicimos por nosotros mismos.

¿Y de dónde provienen esos avances? Yo creo que surgen del Espíritu Santo, quien nunca da la espalda a su creación y a nuestra humanidad.[218] No creo que podamos entender la Escritura de manera honesta a menos que sepamos que su arco primario es una salvación de la historia y la creación misma, y que el individualismo actual es regresivo. Todos los pactos son con el pueblo colectivamente: la "casa" y el futuro. Individuos como Abraham, Noé y David son solamente los instrumentos. Los individuos son atrapados en el viento salvador de la historia, casi a pesar de sí mismos, cuando YHWH muestra misericordia "a Israel y sus descendientes para siempre".[219] En este punto, no ver esto en el texto es ignorancia culpable.

Creo que hay poca conciencia del Padre en nuestro entorno posmoderno. No hay mucha conformidad subyacente con el sentimiento del mundo en este momento.

También hay poca creencia en el Hijo; poca confianza en el misterio Pascual.

Es el Espíritu en la historia el que parece estar impulsándonos hacia adelante, no dándonos la espalda: Dios en el interior y en los espacios intermedios. He estado acudiendo a metáforas para ayudarnos. El Espíritu es como un dispositivo de seguimiento en nuestro interior, y también en toda la creación. Por toda nuestra estupidez y nuestros errores, en todo está esta profunda dignidad interior, convencida de su propio valor. Esta morada divina sigue insistiendo: "¡Soy lo que estoy buscando!". Seguramente, a esto se refería Jesús cuando dijo que toda oración verdadera ya tiene asegurada su respuesta.[220]

Es Dios en ti el que ama a Dios.

Es Dios por medio de ti el que reconoce a Dios.

Es Dios por ti el que te asegura que todo está bien finalmente, y para siempre.

Ahora estás viviendo dentro del flujo Trinitario.

¡Ya estás libre en casa libre!

---

218. Ver Romanos 8:19-30.
219. Ver, por ejemplo, Génesis 13:15; Éxodo 32:13.
220. Ver Mateo 7:7-8. Ver también 1 Juan 5:14-15.

ORACIÓN DE DENTRO HACIA FUERA

Tal como se entiende de modo convencional, *la oración* se ha convertido en un intento en una sola dirección de influenciar a Aquel a quien llamamos Dios. Si lo hacemos correctamente, dice el folklore, eso impulsará a Dios a escucharnos. Yo siempre sentí lástima por el pobre Dios, quien recibe todos esos mensajes contrarios de personas contrarias, ¡todos los cuales se postran y piden en fe!

¿A quién escucha Dios? Cuando Dios está recibiendo miles de oraciones sobre el resultado del *Super Bowl*, ¿se produce otro juego en los lugares celestiales, con Dios haciendo que los ángeles hagan un recuento de las oraciones en cada lado para determinar el resultado?

Mientras mantengamos el poder en nuestro propio bolsillo, todo se desmorona; básicamente se vuelve una necedad. Pero en una comprensión Trinitaria de la realidad, la oración siempre entra en mutualidad, un tipo de relación de manera amorosa y confiada.

Yo no sé qué orar, o ni siquiera realmente cómo hacerlo.

Sin embargo, la oración está sucediendo en mí, y a través de mí. Cuando quiero orar, pregunto: "¿Qué desea Dios en mí ahora?". Si la respuesta que surge no muestra alguno de los frutos del Espíritu Santo como Pablo los enumera, "*amor, alegría, paz, paciencia, amabilidad, bondad, fidelidad, humildad y dominio propio*", dudo si esa es la oración del Espíritu.

Pero si este flujo profundo en mi interior revela un deseo de sanidad, perdón y reconciliación, quizá no siempre en la forma que yo entiendo o incluso quiero, puedo decir con plena autoridad: "Sigue en este flujo, y haz de esta tu oración".

Pero recuerda: en primer lugar es la oración de Dios, y solamente es tuya secundariamente. Por eso las grandes oraciones cristianas se dirigen siempre al Padre; toda la liturgia está dirigida al Padre.

¿Por qué? Porque estamos en el Espíritu. Estamos firmes en la autoridad de que este dispositivo de seguimiento está operando en nuestro interior, y siempre ofrecemos nuestras oraciones *mediante* el Cristo.

¿Por qué estas primeras luminarias en la fe utilizaron esta preposición: *mediante*? Porque estamos ahí en *persona Christi*, como el cuerpo de Cristo con la plena autoridad de Cristo. No es solamente "tu" oración; repito que por eso no oramos *a* Cristo, y ninguna de las grandes oraciones de las iglesias litúrgicas son dirigidas a Cristo. ¿Has observado alguna vez esto? Compruébalo; es realmente asombroso.

¿Por qué están las grandes oraciones escritas todas ellas orientadas de este modo? ¿Por qué no orar al Padre, el Hijo y el Espíritu?

Porque esto molesta a la simetría.

Tú *eres* "Cristo": tú estás ahí como Cristo en el Espíritu dirigiéndote al Padre; la oración fluye por medio de ti. Escuchas el dispositivo de seguimiento, tu centro magnético. ¿Qué desea Dios por medio de mí hoy? ¿A qué está apelando Dios? Y lo único que yo puedo hacer es permanecer en esa relación, y secundar la moción.

Dios, yo también lo quiero. Deseo lo que tú deseas, y ofrezco mi oración mediante Cristo nuestro Señor.

Hace que seas parte de la danza, parte del amor, parte de la comunión que ya se está produciendo.

Jesús parece enseñar que en cierto modo nuestra inclusión en la danza *importa* en el gran plano de las cosas. Esto debe ser una ampliación de la gran *kenosis*, el despojamiento de Dios, que nosotros realmente contamos.

¿Dónde obtenemos dos grandes indicadores de esto? En la gran oración de María, y en la gran oración de Jesús en el huerto de Getsemaní.[221]

Ambos están diciendo: "Así sea".

María, que es la personificación de la raza humana recibiendo al Cristo, nos muestra que nuestro "así sea" importa para Dios; Dios no viene a nuestros mundos sin ser invitado. El Espíritu necesita a una María, un cuerpo, un vientre, una humanidad que diga: "Yo te quiero"; tu sí es siempre el sí de Dios.

Cuando lo quieres, te será dado; es así de sencillo. *"Hágase en mí"*, y fue hecho, ¿cierto? Esta es la naturaleza simbiótica de la vida Trinitaria, de la vida cristiana, en la que hemos sido incluidos como el espejo en el ícono de

---

221. Ver Lucas 1:46-55 para leer la oración de María y Mateo 26:36-46 para leer la oración de Jesús.

Rublev: en la mesa, en la danza. Por alguna razón increíble, Dios nos permite importar y que nuestras oraciones importen. Por eso parece que Jesús sí nos enseña a ofrecer oraciones de intercesión.

Por todos los medios, pide a Dios lo que quieras. Jesús nos dice que lo hagamos, pero no creas que estás gastando alguna moneda de dignidad personal para hacer que suceda una transacción. Primero escucha, y después habla; y ese hablar, se nos promete, importa en el gran diseño de las cosas.

Jesús, desde luego, en el huerto de Getsemaní personifica la misma disposición que tuvo su madre. Sin confiar en su propia capacidad para tomar una decisión sobre si ir hacia su propio arresto y ejecución, dice, en efecto: "Pero tú, Padre, hazlo por medio de mí y en mí"; esta es la relación absoluta que vemos en Jesús hasta el final.

Yo solo hago lo que veo hacer al Padre. No hago nada excepto lo que le veo hacer a Él primero, y replico sus movimientos.[222]

La oración cristiana se vuelve así mucho más una fusión que una manipulación, mucho más una danza que dominación, mucho más una participación que parcialidad. Quienes quieren lluvia y quienes quieren que la inundación se detenga, bailan ambos en el centro unitivo del Dios que sostiene la lluvia y la tierra seca igualmente.

Descansamos en Dios, y no en resultados.

ORACIÓN PRIMORDIAL

Lo que la oración se vuelve, en este reposo divino, es conocimiento experiencial del flujo. La oración no es principalmente la palabra declarada o leída. Ese podría ser un segundo o tercer nivel de oración, pero no el principal. La oración primordial es cuando puedes en verdad orar siempre,[223] cuando puedes vivir en comunión consciente con la morada divina, con el Espíritu que fue derramado de modo universal y misericordioso sobre toda la creación, sobre todas las naciones y lenguajes.[224] La oración primordial no significa esperar algún estado "espiritual" mítico y proyectado en el futuro, sino despertar en el interior de tu vida, en este momento, en el momento presente.

222. Ver, por ejemplo, Juan 5:19.
223. "Orad sin cesar" (1 Tesalonicenses 5:17, RVR1960).
224. Ver Hechos 2:1-13.

¡Has de saber que como haces cualquier cosa es como lo haces todo! Tan solo observa el *cómo* de tu vida, incluso más que el *qué*, por peligroso que parezca.

Me encanta el modo en que lo expresó el místico sufí del siglo XIV, Hafiz: "Yo soy un agujero en una flauta por el que el aliento de Cristo se mueve; escucha esta música".[225]

Estar totalmente entregado, y actuando desde ese centro rendido y creativo:

Esto es oración primordial.

Esto, para mí, es santidad.

Y la ironía es que precisamente la motivación para tu búsqueda continuada de Dios es gratitud porque Dios ya te ha sido entregado. Cuando oras, no es que tú oras y a veces Dios responde. Cuando oras, *Dios ya ha respondido*. ¡Ni siquiera se te habría pasado por la mente y el corazón orar si el Viento no hubiera soplado por medio de ti! ¡Vaya!

Cuando surgió gran parte del cristianismo primitivo, fue en su mayor parte dentro de una cultura dominante griega, y nosotros básicamente sobrescribimos a Zeus en la nueva descripción de Dios que nos dio Jesús. Este dios principal griego se sentaba en su trono en lo alto de la pirámide, enviando relámpagos arbitrariamente. No era un universo moral ni consistente en absoluto. No es ningún accidente que precisamente la palabra *Zeus* se convirtiera en *Deus* en latín, u otras variaciones de la misma en otros idiomas de Occidente con raíces latinas o raíces griegas.

La creencia en Dios como Trinidad tenía poca probabilidad de influenciar la cultura antigua. De nuevo, es asombroso que tanto Juan como Pablo lo entendieran de modo tan intuitivo. Zeus/Deus estaba bien instalado en nuestras mentes. Pronto, incluso Jesús se representaba sentado en un trono o emitiendo su propio tipo de relámpagos; mira la Capilla Sixtina.

---

225. Hafiz, *The Gift: Poems by Hafiz*, trans. Daniel Ladinsky (New York: Penguin Compass, 1999), páginas preliminares, p. 203.

TRASTORNO DE DÉFICIT DE TRASCENDENCIA

> Los iluminados han encontrado dentro de sí mismos una contemplación esencial que está por encima de la razón y es sin razón, y una tendencia fructífera que atraviesa toda condición y todo ser, y mediante la cual se sumergen a sí mismos en un abismo sin forma de incomprensible bienaventuranza, donde la Trinidad de las Personas Divinas posee Su Naturaleza en la Unidad esencial. He aquí que esta bienaventuranza es tan única y sin forma, que en ella toda mirada esencial, tendencia y distinción de criaturas cesa y pasa. Porque mediante su fruto, todos los espíritus avivados se funden en la Esencia de Dios, que es la súper esencia de toda esencia.[226]

¿Cuántos de nosotros podemos atestiguar de tener una experiencia incluso en el mismo universo como el que la belleza y la majestad de Dios que conocía este místico flamenco del siglo XIV? Queremos llegar apresuradamente a la inmanencia de "derretido y anulado", pero antes necesitamos entrar por la puerta del "abismo sin sentido".

O como canta la banda irlandesa a veces profética, U2: "Si quieres besar el cielo // Mejor aprende a arrodillarte".[227]

Lo que muy comprensiblemente hemos intentado hacer en el pensamiento humanista moderno e incluso en el liberalismo de las últimas décadas es acercar a Dios, y hacer que Dios sea amistoso; cosas como la renovación satírica "Buddy Christ" [Colega Cristo] en la campaña "¡Catholicism Wow!" en la película iconoclasta del cineasta Kevin Smith, *Dogma*.

Como reacción a la imagen divina muy parecida a Zeus que permanece asentada en la mayor parte de la religión convencional, hemos intentado hacer que Dios sea un poco más agradable, retirando la idea de "el hombre de arriba" con la barba blanca y el impulso sin fin de golpear. Pero al rechazar la caricatura, también hemos negado un retrato más completo; rechazar por completo la trascendencia de Dios niega el manantial del poder tan transformador de Dios.

226. John of Ruysbroeck, *The Adornment of the Spiritual Marriage*, trans. C. A. Wynschenk Dom, ed. Evelyn Underhill (Grand Rapids, MI: Christian Classics Ethereal Library), p. 213, http://www.ccel.org/ccel/ruysbroeck/adornment.pdf.
227. Adam Clayton, Dave Evans, Paul David Hewson, Larry Mullen, y Angelique Kidjo (U2), "Mysterious Ways", *Achtung Baby*, Universal Music Publishing Group, 1991.

En realidad terminamos eliminando la habilidad de Dios de renovar el corazón y asombrar la mente. No podemos realmente sobreponernos a la brecha desde nuestro lado; ¡Dios tiene que hacer eso desde su lado! Los actos proactivos de Dios están implícitos en la dinámica de la Trinidad misma, y cuando eso era incomprensible para casi todo el mundo, la venida de Jesús fue el intento siguiente de Dios para cubrir la brecha.

Cuando "sacamos" a Dios de los cielos, sufrimos un verdadero déficit de trascendencia. Nuestra capacidad de asombro queda disminuida, y también nosotros. Desde aquí, nuestra imaginación y las capacidades del corazón se atrofian; cualquier necesidad de adorar a Dios desaparece en aburrimiento y malestar. Se aleja cualquier experiencia sentida de Dios que está más allá, y es santa y trascendente.

Por más que lo intento, no puedo ver cómo el dios que golpea con la mitra o el dios con el gato en el sombrero, ¡puede sobrevivir a un encuentro serio incluso con el universo visible! Veamos las hermosas fotografías que provienen del telescopio Hubble. Como mencioné anteriormente, nos tomaría cuarenta mil años poder llegar a la siguiente estrella. ¿Quién *es* este Dios?

¡Dios debe estar totalmente *más allá* a fin de tener algún significado *en el interior*! Es una paradoja. Cuando Dios solamente está "dentro de nosotros", Dios se queda sin poder transformador. Tristemente, he sido testigo de eso en el liberalismo barato de los últimos cuarenta años, toda una generación espiritual sin capacidad de besar el suelo, hacer una genuflexión o arrodillarse; sin capacidad de postrarse, honrar o adorar.

(Y lo mismo es cierto en demasiadas megaiglesias conservadoras, amigables con quien busca, y no solo en las principales iglesias liberales.)

"Ah, sí, yo creo en Dios", dice el creyente pop, pero ese Dios es tan agradable que ya no es Dios. Han sacado a Dios de mi diminuta psiquis, ¡sin ningún otro lugar nuevo o maravilloso donde llevarme!

Dios nos creó a imagen de Dios; y vaya si le hemos devuelto el favor.

AMISTAD INTERCONFESIONAL

Como hemos tocado anteriormente en nuestra exploración de *sat-chit-ananda*, la teología Trinitaria quizá nos ofrece el mejor fundamento para el diálogo y la amistad interconfesional que hayamos tenido jamás, porque ahora no tenemos a Jesús como nuestra única "carta de triunfo". Esto hace que sea más fácil el diálogo inteligente con otras religiones, y no más difícil. Hasta ahora, generalmente hemos utilizado a Jesús de manera competitiva en lugar de hacerlo de manera cósmica, y así otros oyen nuestra creencia a un nivel tribal que dice: *"Vengan, únanse a nosotros, o lo lamentarán"*. Un lejano clamor desde el Cristo universal de los colosenses, que reconcilia "consigo todas las cosas, tanto las que están en la tierra como las que están en el cielo".[228] En pocas palabras, convertimos a Jesucristo en un salvador exclusivo en lugar del salvador totalmente inclusivo que había de ser. Como le gusta decir a mi amigo Brian McLaren: "Jesús es el camino; ¡Él no se interpone en el camino!".[229]

Cuando los cristianos aprenden a honrar al Cristo cósmico como una identidad ontológica mayor que el Jesús histórico, entonces judíos, musulmanes, hindúes, budistas y personas espirituales, pero no religiosas, no tienen razón alguna para tener miedo de nosotros. Pueden reconocer fácilmente que nuestro enfoque de tal Encarnación incluye a toda la creación y la honra, y también a ellos.

Entonces, ¿qué está sucediendo? Casi puede describirse con imágenes geométricas. Quizá sientas que el cambio ya está sucediendo en tu alma. La mayoría de personas son criadas con una perspectiva monárquica y piramidal de la realidad; comienza con la relación padre-hijo, pero veamos incluso el Gran Sello de los Estados Unidos, que está pintado en la parte de atrás de todos los billetes de un dólar que hayas gastado.

Los Estados Unidos es, desde luego, la pirámide ascendente, y cuando aceptamos a Dios en la parte más alta de ella, o eso dice la promesa, nosotros seremos el *novus ordo seclorum*, o el nuevo orden mundial. Y *annuit coeptis* escrito arriba asevera que Dios ha "favorecido nuestros esfuerzos" y hace que todo suceda para nosotros. ¡Qué bonito! (Pero ¿es Dios o Mamón el que realmente favorece todos nuestros esfuerzos?).

Sigue siendo un mundo desde arriba hacia abajo, y al menos le estamos dando el mérito a Dios. Pero aquí está la pregunta crucial: ¿es ese el mérito que Dios quiere o necesita? ¿O es el plan mucho más sutil? ¡Quédate con

---

228. Ver Colosenses 1:20.
229. Para una breve meditación excelente en Juan 14:6, una de las afirmaciones más controvertidas de Jesús en la Escritura, ver brianmclaren.net/emc/archives/McLaren%20-%20John%20 14.6.pdf.

esta pregunta! Debemos regresar a la danza y apartarnos de una "teología de elevador" exclusiva.

Si entendemos la Trinidad como el esquema básico de la realidad, nuestra mente hará lentamente la transición desde el concepto de una pirámide hacia un círculo, lo cual cambia totalmente nuestra conciencia sobre...

Lo que está sucediendo realmente.

Cómo sucede.

Hacia dónde vamos.

Cuál es la meta.

Y cómo es que somos parte de este flujo eterno.

Lo importante es la aventura amorosa.

Lo importante es la danza misma.

Repito: si Dios es Trinidad, la gracia es intrínseca a todas las criaturas. No es un aditivo ocasional y posterior. La gracia está incorporada en la naturaleza misma de las cosas; ciertamente, su dinámica interior mueve todas las cosas hacia el crecimiento. Es el aire que respiramos, y es nuestra vocación llegar a ser quienes somos y todo lo que somos. En la teología clásica, lo denominamos "ley natural"; todo ha de vivir de acuerdo a su verdadera naturaleza. Pero requiere un poco de tiempo saber incluso lo que es esto, si tienes elección y voluntad, como tenemos los seres humanos. Todas las plantas y los animales siguen su ley natural, aunque incluso ahí encontramos mucha diversidad. En cuanto piensas que es siempre la hembra quien cría a los jóvenes, ¡aparece el caballito de mar!

Por lo tanto, ¿cuál es tu verdadera naturaleza?

Saber eso verdaderamente te tomará toda la vida, porque al igual que Dios es misterio, tú eres el mismo tipo de misterio para ti mismo. Como lo expresa San Agustín en su liturgia eucarística para los nuevos bautizados:

Si tú, por lo tanto, eres el cuerpo y los miembros de Cristo, ¡es tu propio misterio el que está situado en la mesa del Señor! ¡Es tu propio misterio el que estás recibiendo![230]

Aunque ahora yo ya he sobrepasado los setenta años, me siguen asombrando las nuevas relaciones: conozco a una persona nueva, y si puedo relacionarme con ella sinceramente, confiar en ella, darle permiso, negarme a categorizar o catalogarla con demasiada rapidez, invariablemente abrirá en mi interior nuevos ámbitos de mi ser que no sabía que existían hasta que entablé una relación con esa persona.

El difunto John O'Donohue lo expresa de modo exquisito:

El concepto cristiano de Dios como Trinidad es la articulación más sublime de otredad e intimidad, una relación eterna de amistad. Esta perspectiva muestra el hermoso cumplimiento de nuestro anhelo inmortal en las palabras de Jesús, quien dijo: He aquí, yo los llamo amigos. Jesús, como el Hijo de Dios, es el primer Otro en el universo; es el prisma de toda la diferencia. Él es el *anam cara* secreto de todo individuo. En amistad con Él, entramos en la tierna belleza y afecto de la Trinidad. En el abrazo de su amistad eterna, nos atrevemos a ser libres.[231]

Ese es el poder de la relación, y la razón de que necesitemos estar en una relación para crecer. Repito que los solitarios o los separatistas normalmente se vuelven extraños y estancados, igual que las personas que *usan* a otros en lugar de relacionarse con ellos con reverencia.

Estarás diciendo, en efecto: Yo no necesito al Espíritu Santo. Descubriré quién soy por mí mismo, sin participar en la danza. Me quedaré sentado, y seré solamente el que no baila.

Quiero repetir, en caso de que ya lo hayas olvidado, que solamente hay dos cosas lo bastante fuertes para mantenerte dentro de la danza de la vida:

---

230. Ver http://www.earlychurchtexts.com/public/augustine_sermon_272_eucharist.htm. Vi por primera vez una traducción de este pasaje citado en Rebecca Ann Parker y Rita Nakashima Brock, *Saving Paradise: How Christianity Traded Love of is World for Crucifixion and Empire* (Boston, MA: Beacon Press, 2009), p. 144. Este libro es una mirada nueva y asombrosa a los primeros mil años de la historia de la iglesia desde "abajo". Ver savingparadise.net.

231. John O'Donohue, *Anam Cara: A Book of Celtic Wisdom* (New York: HarperCollins, 1998), p. 15.

Gran amor y gran sufrimiento.

Esas cosas hacen que te abras a tu naturaleza más profunda y más verdadera. Te mantienen en el círculo en lugar de escalar pirámides.

¿TENEMOS QUE HABLAR SOBRE EL PECADO?

Con este telón de fondo, el pecado es elegantemente sencillo de entender: pecado es cualquier cosa que detenga el flujo. Llamémoslo odio, llamémoslo falta de perdón, llamémoslo negatividad, llamémoslo violencia, llamémoslo victimismo: todas las cosas contra las que Jesús nos advierte en el Sermón del Monte.[232] Sencillamente no puedes permitirte hacer esas cosas. Son muerte, siempre muerte, aunque Dios siempre usará esas muertes a tu favor, si lo permites, conduciendo a "capacidad negativa".

Como una honda o un arco que en realidad crean ímpetu hacia adelante, la *capacidad negativa* describe esos fracasos, ese vacío, esos actos de resistencia que terminan siendo la fuerza y la motivación que nos catapulta hacia adelante. Esto se resume quizá en la observación paradójica de Pablo, que la Ley fue dada para multiplicar las oportunidades de caer, pero donde el pecado abunda, abunda aún más la gracia.[233] ¡Qué perspectiva tan asombrosa y valiente, y totalmente contraintuitiva! La misericordia de Dios es tan infinita y abundante que Dios usa incluso nuestro pecado para nuestra propia redención.

De hecho, ¿hay acaso otro patrón?

Pecado no es una lista arbitraria de cositas malas de las que Dios te examina; de todos modos, muy pocos parecen aprobar este gigantesco Examen de Ingreso. Esto crea un mundo bastante lúgubre y deprimido. Pecado no es una palabra para ciertas cosas que molestan o dañan a Dios. Dentro del Flujo Perfecto, Dios solamente podría ser "herido" si nos estuviéramos hiriendo a nosotros mismos, como dice, en efecto, el Jesús resucitado tiernamente a Pablo: *"Dura cosa te es dar coces contra el aguijón".*[234]

Dios esencialmente está diciendo: "Eres *tú* quien no puede permitirse ser despreciable; simplemente no puedes. Eso va a detener el flujo intrínseco, y estarás fuera del misterio; estarás fuera del flujo de gracia que es inherente a

232. Ver Mateo 5—7.
233. Ver Romanos 5:20-21.
234. Ver Hechos 26:14 (RVR1960).

todo acontecimiento; sí, incluso el pecado". No somos castigados *por* nuestros pecados; ¡somos castigados *mediante* nuestros pecados!

Por eso Jesús nos mandó a amar. Debes amar. Debes, o no conocerás lo fundamental. No conocerás a Dios, no te conocerás a ti mismo, y no conocerás la danza divina. *Y algún tipo de sufrimiento es siempre el precio y la prueba del amor.*

Todos sabemos que eso supone muchas veces más trabajo que obedecer los Diez Mandamientos. Espero que obedezcas los Diez Mandamientos; estoy totalmente a favor de eso, pero es diez veces más importante vivir momento a momento en comunión, permaneciendo en el flujo positivo y notando toda resistencia negativa. Esta es tu práctica contemplativa, la cual originalmente llamamos sencillamente *oración*.

Las personas que fluyen sanan simplemente estando ahí.

Las personas pecadoras, según como hemos descrito el pecado aquí, salen de él estando ahí.

Por lo tanto, desde este lugar más espacioso volvamos a reconocer:

Dios por nosotros, te llamamos Padre.
Dios con nosotros, te llamamos Jesús.
Dios en nosotros, te llamamos Espíritu Santo.
Tú eres el eterno misterio que empodera, envuelve y energiza
todas las cosas.
Incluso a nosotros e incluso a mí.
Todo nombre no llega a tu bondad y grandeza.
Solo podemos ver quién eres tú en lo que es.
Pedimos poder ver de modo perfecto:
Como fue en el principio, es ahora, y siempre será.
Amén.

ENTRAR POR OTRA PUERTA

Voy a decirlo otra vez: Dios no es solo más extraño de lo que pensamos, sino más extraño de lo que la mente *puede* pensar. Quizá gran parte de la debilidad de nuestros primeros dos mil años de reflexión en la Trinidad, y muchos de nuestros dogmas, de hecho, es que hemos intentado entrar en este espacio por la puerta de nuestra mente lógica, en lugar de hacerlo por la puerta de la oración.

¿Sabías que el significado temprano de "teólogo" entre los Padres y Madres del Desierto era *simplemente alguien que oraba verdaderamente*, y no un brillante gimnasta mental? Un teólogo era alguien que entendía estos movimientos interiores, sutiles energías e interconexiones. De hecho, un teólogo no era digno de confianza a menos que él o ella fuera, antes que nada, un hombre o una mujer de oración.

Francamente, la cabeza hace cosas peligrosas y estúpidas cuando secuestra nuestro sistema nervioso. Operar desde una cabeza desconectada de la intuición y el corazón es buscar la desconexión, e incluso el desastre.

Pero es instintivo en nuestra especie estar conectados. Creo que a la creación se le ha otorgado un orden natural accesible a nosotros precisamente porque nosotros, los observadores de la creación, somos creados esencialmente a la misma imagen que el observado.

Existe un principio de semejanza entre el observador y el observado.

Todo conocimiento es re-conocimiento.

Lo ves porque ya está en ti.

Lo conoces allí porque ya lo conoces aquí, en el nivel más profundo de tu ser. El mejor comentario que obtengo de los lectores es: "Richard, usted no me enseñó nada que fuera totalmente nuevo; las palabras son diferentes, pero de algún modo en mi intuición más profunda ya sabía lo que usted está diciendo".

Lo único que puede hacer un buen maestro espiritual es dar palabras y expresión, de modo que te encuentres diciendo: "Sí, ya conozco esto. Puede que él lo esté sacando de mí, pero esta perspectiva no proviene de Richard".

Si no provoco un reconocimiento en ti, no creo que esté enseñando en el Espíritu, porque es solamente el Espíritu en mí el que sabe lo que el Espíritu en ti conoce, y ambos intentamos perfeccionar ese mismo centro.

La Trinidad, y su efecto generativo, el amor, es la verdadera "teoría del todo". Todo el mundo busca últimamente esta teoría unificadora. El amor trino, me parece a mí, es la pieza de resolución que nos ayuda a entender, a soltar, y a mantenernos seguros en el mundo, del mismo modo relacional en que vemos que permanece Dios en sí mismo.

Solamente el amor, dicen los místicos, puede al final conocernos con precisión. Ahora bien, *por favor*, no interpretes este "amor" de manera sentimental, ¿de acuerdo? No es sacarina, o un especial de Hallmark.

Cuando el yo está rendido, cuando no estamos demasiado atados a nuestros propios planes, enojo, temor, o deseo de hacer que las cosas sucedan a nuestra manera, entonces nos abrimos verdaderamente al amor. Pero estemos atentos a la propensión que tiene el corazón a agarrar y cerrar.

El acto mismo de leer libros como este conlleva cierto peligro. Los lectores acuden a un libro con ciertas expectativas claras. Quizá la contracubierta no decía que iba a cumplir con esas expectativas, pero seguían implícitas en las mentes de las personas. Cuando el contenido no se conforma a las expectativas, ¡algunos lectores sienten realmente que tienen derecho a ofenderse! ¿Ves el narcisismo que hay en eso? No aparece solamente en la lectura, sino también en la vida: quiero que la realidad sea lo que yo quiero que sea.

Si eso te describe a ti, vas a pasar por la vida sintiéndote infeliz el 90 por ciento del tiempo, porque el mundo no va a cumplir con tus expectativas preconcebidas. Cada expectativa preconcebida es un resentimiento en espera de manifestarse.

ESTAR ALLÍ

Mientras sostienes este libro en tus manos, comprueba si puedes adentrarte plenamente en él *ahora mismo, recordando siempre*:

No puedes *llegar* aquí; no hay ningún lugar donde llegar.

Solamente puedes *estar* aquí.

Hermanas y hermanos, creo que detrás de cada comprensión equivocada de la realidad hay siempre una comprensión equivocada de Dios. Eso podría parecer una generalización demasiado amplia, pero he descubierto que es cierto. La mayoría de personas no se molestan en pensar a este nivel teológico, ni tampoco necesitan hacerlo, pero si te acercas a alguien que esté en un estado de ser violento, infeliz o temeroso, siempre descubres que su dios operativo (y siempre hay uno, lo sepa la persona o no) es inadecuado, distorsionado o incluso tóxico. Todo el mundo tiene su lealtad y punto de referencia principales, incluso si es únicamente el dios de la seguridad.

Así que todo el mundo tiene un dios, o un punto de referencia central, quiera admitirlo o no. Lo único que necesitas es a un dios que sea realmente digno de ser Dios, porque llegarás a ser como el dios al que adoras. Las personas verdaderamente buenas siempre han conocido a un Dios verdaderamente bueno.

UNA CADENA DE SER ASOMBROSA

Siempre sorprende a las personas que haya muy pocos dichos o historias que se encuentren de modo uniforme en los cuatro Evangelios: Mateo, Marcos, Lucas y Juan; en realidad no hay tantas.

Esta es una de ellas:

> *Quien los recibe a ustedes, me recibe a mí; y quien me recibe a mí, recibe al que me envió.*[235]

Si te criaste como cristiano, seguramente habrás oído esa frase más de una vez; ¡quizá antes de que el predicador pidiera mujeres voluntarias en la cocina para el tiempo de compañerismo!

Pero ¿te has detenido alguna vez a pensar lo que está sucediendo realmente aquí? ¡Jesús está diciendo que hay una equivalencia moral entre tú mismo, tu prójimo, el Cristo, y Dios!

Esta es una cadena de ser sorprendente que no es evidente para quien mira de modo casual. Esta nueva ontología, esta nueva manera de moldear la realidad, es el núcleo y fundamento de toda la revelación y la revolución cristiana.

Esto ha de remodelar por completo nuestra comprensión de *quién es Dios* y *dónde está Dios.*

De *quiénes somos nosotros* y *dónde estamos.*

¿Vas a permitirlo?

---

235. Mateo 10:40; ver también Marcos 9:37; Lucas 10:16; Juan 13:20.

Dios ya no está "allá fuera", lo cual ha imaginado la religión desde el principio.

Debemos preguntar: "¿Cuál es la nueva experiencia que permite que los cuatro Evangelios hablen de manera tan contraria a la intuición, pero a la vez tan segura?".

LA TRINIDAD EN LA ETERNIDAD PASADA

Pero antes necesitamos regresar al principio; en realidad, *antes* del principio. Necesitamos estirar nuestro corazón e imaginación hasta el Cristo preexistente, el "Unigénito Eterno" de quien se habla en el primer capítulo o párrafo del Evangelio de Juan, en Efesios, Colosenses, Hebreos, 1 Juan y probablemente 2 Pedro.

¿Cómo nos las arreglamos para pasar esto por alto? *¡Ninguna cosa se convirtió en Alguna cosa desde el principio mismo!* Pero ¿qué era antes del principio?

Este enigma hizo que los teólogos se preguntaran: "¿Es eterno el universo mismo?". En este punto, la mente humana no puede computar más, y tiene que abandonar. Yo apelo a la ignorancia.

Intentemos describir al Hijo eterno, recordando muy bien que los primeros aprendices de Jesús buscaban, al igual que nosotros, metáforas para describir este movimiento, esta forma de Dios, esta realidad. Ellos pensaron en metáforas que a muchas personas no les gustan en la actualidad, especialmente porque pensamos que son masculinas, y lo son. Pero te invito a dejar en suspenso esta particularidad lingüística por un momento para llegar a su significado subyacente; entonces no estarás tan atado a las metáforas.

Como describimos anteriormente, el Padre es el misterio de la entrega total. Dios es entrega. Espero que captes las implicaciones de esto: si Dios es entrega absoluta, entonces el flujo está siempre y para siempre en una dirección positiva; cualquier conversación trabada del enojo de Dios, la ira de Dios, o Dios retirando de cualquier modo es espiritualmente y teológicamente imposible.

El molino de agua fluye solamente y siempre en una dirección.

El lenguaje humano y los textos bíblicos simplemente tienen que hablar de esa manera para comunicar nuestras propias experiencias de pérdida, oscuridad y sequedad interior.

Recordemos la idea de Rene Girard de que las Escrituras se ven mejor como *un texto en esfuerzo laborioso*; cuando la narrativa bíblica se mueve tres pasos adelante, invariablemente se asusta por las implicaciones de hacia dónde va la Historia, y así retrocede dos pasos. *Solamente Jesús es la Palabra viva y dinámica, ajustándose a la capacidad de preparación de cada era. Las palabras escritas son para siempre y siempre metáforas.* No pueden ser otra cosa. Cuando olvidamos esa distinción, pronto nos volvemos idólatras y finalmente policías, pero raras veces místicos.

Quienes golpean con la Biblia son invariablemente personas que prefieren las partes de la Escritura que dan dos pasos hacia atrás; les encanta citar cualquier cosa que sea vengativa, represiva, violenta, exclusiva o temerosa. *Vemos tal como somos*, y un gran porcentaje de la humanidad formó por primera vez su mundo psíquico dentro del mundo paternal castigador y de temerosa advertencia. Es difícil cambiar, incluso si eso hace que nuestra vida sea pequeña y temerosa.

Si necesitas venganza, francamente vas a amar a un dios vengativo. Si te gusta la guerra, vas a amar a un dios guerrero, e incluso vas a crear a un dios guerrero. Detrás de cada acontecimiento equivocado hay una imagen equivocada, una comprensión errónea de Dios.

Si estás cómodo con recibir y mostrar amistad, estarás preparado y anhelante por la Trinidad.

Serás un testigo de tu propia transformación; requerirá todo de ti, pero también te dará todo.

A la mayoría de nosotros nos enseñaron: *¡Deberías ser generoso y dar!* Y con frecuencia nos sentimos culpables porque no estamos dando suficiente. A menos de nosotros nos enseñaron cómo recibir humildemente la misma generosidad divina; pero cuando no hay flujo interior, por lo general es imposible mantener el flujo exterior.

Voy a compartir un trozo de una poesía asombrosa del maestro Eckhart, el maravilloso místico dominico del siglo XIV:

¿Quieres saber
lo que sucede en el centro de la Trinidad?
Yo te lo diré.
En el centro de la Trinidad
el Padre ríe
y da a luz al Hijo.
El Hijo devuelve la risa al Padre
y da a luz al Espíritu.
Toda la Trinidad ríe
y nos da a luz a nosotros.[236]

Dios ha hecho solamente una cosa constante desde el principio del tiempo: Dios siempre, para siempre y sin vacilación, ha amado "al Hijo", entendido en este sentido como *creación, el universo material, tú, yo*; y sí, puedes utilizar igualmente y adecuadamente "la Hija". Recuerda: el punto es la calidad de la relación, y no el género ni ninguna otra cosa.

Dios no puede *no* amar a su hijo engendrado universalmente en ti, y la "parte" de ti que ya conoce y disfruta esto es el Espíritu que habita en ti.

¿Y sabes que el flujo va también en ambas direcciones? El hijo divino también "crea" al Padre *como Padre*, como cualquier padre puede atestiguar. Un padre no es verdaderamente padre hasta que el hijo devuelve el flujo. Observa la alegría o las lágrimas en el rostro de una madre o un padre cuando su pequeño dice por primera vez "¡Mamá!" o "¡Papá!".

Es el universo en un momento.

¡El mundo simplemente no tiene tiempo para nada que sea menos que esta risa, gusto, deleite y amor! Y tú tampoco.

El mundo ahora se está reposicionando sobre un terreno y un fundamento totalmente positivos. La bancarrota, la triste historia de culpabilidad, vergüenza, recompensa y castigo, de todos modos nunca llevó muy lejos a la civilización occidental. Cuando comienzas en un agujero, nunca llegas a salir realmente del agujero. Pero cuando comienzas con bendición original, la vida solamente se vuelve más grande y siempre mucho mejor.

---

236. Matthew Fox, trans. and ed., *Meditations with Meister Eckhart* (Rochester, VT: Bear and Company, 1983), p. 129.

LA OLEADA VIVA MÁS SALVAJE

Me gustaría compartir contigo un fragmento de uno de mis poemas favoritos: "La Rosa":

> Cerca de esta rosa, en esta arboleda de madronas resecas por el
> sol y combadas por el viento,
> Entre los árboles medio muertos, me encontré con el verdadero
> descanso de mí mismo,
> Como si otro hombre apareciera desde las profundidades de
> mi ser,
> Y permanecí fuera de mí mismo
> Por encima de llegar a ser y perecer,
> Un algo totalmente de otro,
> Como si cimbreara sobre la oleada viva más salvaje,
> Y sin embargo estaba quieto.
> Y me alegré en ser lo que era.[237]

Hay mucho en este poema con lo que me identifico, pero especialmente con la frase "Como si cimbreara sobre la oleada viva más salvaje". Creo que todos estamos cimbreando sobre esta oleada, lo sepamos o no. Ya sea de modo consciente o inconsciente, lo que te ha atraído a estas páginas está llevando este misterio del flujo Trinitario, la oleada viva más salvaje, a niveles cada vez más elevados de conciencia.

No es suficiente tan solo con saber que esta oleada está fluyendo por medio de nosotros; ¡el Espíritu realmente se deleita en ello! El fundamento de la espiritualidad cristiana auténtica no es el temor, sino la alegría; no el odio, sino el amor; no es el terror de Dios, sino realmente participación en el misterio de Dios.

Mira, si somos completamente distintos a Dios, hay un golfo infranqueable entre nosotros. No podemos conocer algo que es totalmente distinto a lo que somos; la idea de un Dios tan remoto es reflejada por los deístas y los filósofos neoplatónicos.

Lo que nos muestra el misterio de la Trinidad, esta oleada viva más salvaje, como contraste, es que el principio de la semejanza está en acción. La presencia del Espíritu en nuestro interior ya conoce a Dios, ya ama a Dios,

237. Theodore Roethke, "The Rose", *The Collected Poems of Theodore Roethke* (New York, Anchor Books, 1974). Publicado originalmente por Doubleday and Company, 1961.

y ya está enamorada de Dios. ¡No hay nada que podamos añadir o sustraer de esto! Lo único que podemos hacer es subirnos a este tren, que ya está en movimiento.

La mayoría de las personas se mantienen alejadas. Ellas son el misterio divino, pero lamentablemente, no lo están disfrutando. No recurren conscientemente a su Fuente. Si tuviera que dar la definición más sencilla de un cristiano, sería esta: sencillamente alguien que recurre conscientemente a su Fuente.

No qué rituales realizas, pues son externos, y todos ellos van a morir.

No qué mandamientos obedeces. Eso te deja tomando tu propia temperatura con respecto a cuán digno eres; ¡no te acerca en absoluto a Dios!

Pablo dejó muy claro en Romanos y Gálatas que obedecer mandamientos no te conducirá a la experiencia de Dios. Y sin embargo, apostaría a que el 85 por ciento de los cristianos siguen pensando que van a llegar a Dios haciendo lo correcto. No hay evidencia de que eso funcione. De hecho, sucede lo contrario. Esta preocupación con ser correcto y hacerlo bien por lo general crea, y perdóname por ser tan directo, personalidades obsesivas y neuróticas. Generalmente son críticos preocupados consigo mismos, y con mucha frecuencia no están enamorados de Dios, enamorados de la vida, o enamorados de sus congéneres.

Porque puedes obedecer mandamientos sin estar en la oleada viva más salvaje. El ego puede hacer eso, el yo puede hacer eso; pero solamente Dios puede llevarnos a este flujo de la Trinidad.

PRESENCIA REAL

No puedes estar presente tan solo con la mente; la mente repite el pasado y se inquieta por el futuro la mayor parte del tiempo. No sabe cómo estar presente sin incluir el corazón, el cuerpo y el alma. La presencia es un espejo de dos direcciones y de cuerpo completo, y la Trinidad nos enseña a reflejar esta realidad sólida.

En el linaje católico enseñamos, y yo defendería, la creencia en la "presencia real" de Jesús en el pan y el vino en la Eucaristía, o *Comunión*. Fuimos muy buenos a la hora de mantenernos en ese extremo del espectro, una creencia en la presencia objetiva de Dios en el mundo material y físico. El catolicismo, mucho mejor que nuestros hermanos y hermanas protestantes, lleva la Encarnación a sus conclusiones lógicas; sin entenderlo plenamente, podría añadir.

"Si Dios está presente en las personas, en la historia, en la creación", podría preguntarse un creyente católico u ortodoxo, "entonces ¿por qué no ampliar también presencia real al enfoque, la resistencia y rendición esperanzada en los alimentos elementales más humildes y a la vez universales del pan y el vino?".

Si no podemos aceptar Presencia en este pedazo de tierra, entonces ¿por qué deberíamos aceptarla en nosotros mismos o en otros? ¿Cómo podríamos hacerlo? Es uno y el mismo acto de fe y un salto de lógica. Aquí, la Encarnación se ha extendido al máximo.

Pero ¿sabes lo que ninguno de nosotros hizo muy bien? No enseñamos a nuestra gente a estar *presentes aquí, y allá, y en todas partes*, y a menos que estemos presentes delante de la Presencia, no hay Presencia real para nosotros. La presencia, como toda oración verdadera, como la Trinidad misma, se trata de "conocimiento de interrelación", el cual denominé *reflejo* anteriormente en el libro.

Esa para mí es la reforma de toda religión.

SER Y LLEGAR A SER

Por lo tanto, si Dios Padre es el No-manifestado, entonces el Cristo es el movimiento original hacia la Manifestación, y se podría decir que el Espíritu Santo es el Conocedor y Recordatorio de la Manifestación universal. Cuanto más abierto estés a los impulsos e invitaciones del Espíritu Santo, más se ampliará tu visión.

Ahora tenemos la base para una eco-espiritualidad muy arraigada.

Ahora tenemos la base para la bondad y la importancia de toda la creación, y no solo de la especie humana.

Aquí tenemos una espiritualidad muy franciscana de aprecio por toda la longitud y amplitud de la gran cadena del ser: animales y todo lo creado, como rocas, agua y plantas. Toda realidad manifiesta rebosa de este misterio, y como enseñó nuestro místico San Bonaventura, todo es, por lo tanto, una huella que revela la naturaleza de Dios.[238]

¿Cuán diferente habrían sido nuestra historia y nuestra historia religiosa si hubiéramos sabido esto y hubiéramos permitido que fuera cierto?

Si la Trinidad es el patrón interior de Dios, entonces Jesús, para decirlo una vez más, es el patrón exterior y visible, que contiene una gran sorpresa y francamente una decepción para nosotros:

Pérdida y renovación, pérdida y renovación. La muerte como el precio de la resurrección.

Recordemos que incluso nuestro sol está muriendo, y es solamente una estrella menor en una galaxia de estrellas mucho más grandes. Está muriendo a sí mismo a seiscientos millones de toneladas de hidrógeno por segundo. El sol está muriendo constantemente, mientras que a la vez da vida a nuestro sistema solar, y a cada cosa que vive en nuestro planeta.

Ese es el patrón. Nada vive a largo plazo sin morir en su forma presente.

La muerte no es lo contrario a la vida, sino el proceso completo de la vida.

¡La vida no tiene contrario!

Por eso las Madres y Padres primitivos de la iglesia decían algo muy osado. Decían, y podría parecerte asombroso leer esto, que incluso Dios sufre.

Jesús es el sufrimiento, y el morir de Dios visible para que todos lo vean.

ÉXTASIS ESENCIAL

Mientras tengamos la idea de Dios como Zeus que mencioné anteriormente, no podremos progresar mucho. Él es un dios con hambre de poder, con un control remoto, que está en lo más alto de la jerarquía de dioses, lanzando relámpagos y favoreciendo a unos pocos escogidos. Él es siempre un Él; es todopoderoso, pero no igualmente todovulnerable, como lo es nuestra Trinidad. Nuestra comprensión de Dios colectiva y cultural, lamento informar, no se ha movido mucho del lenguaje de "Dios Todopoderoso" que dábamos por sentado; ¡no hemos entendido que Dios ha

238. Ver el texto clásico de Bonaventure, *Journey of the Mind into God* (*Itinerarium Mentis ad Deum*).

redefinido para siempre el poder divino en la Trinidad! El poder del Dios cristiano viene por medio de su *impotencia* y humildad. *Es mucho más apropiado denominar a nuestro Dios todovulnerable que todopoderoso, lo cual deberíamos haber entendido mediante la constante metáfora de "Cordero de Dios" que se encuentra en todo el Nuevo Testamento.* Pero lamentablemente, para la inmensa mayoría sigue siendo "el hombre en lo alto", un sustantivo más que un verbo activo. En mi opinión, este fracaso está en la base de la vasta expansión del ateísmo, el agnosticismo y el ateísmo práctico que vemos actualmente en Occidente. "Si Dios es todopoderoso, entonces no me gusta el modo en que este Dios todopoderoso está dirigiendo el mundo", parecen estar diciendo la mayoría de las personas modernas. ¡No saben que la revolución Trinitaria nunca echó raíz! Seguimos teniendo una imagen de Dios en gran parte pagana.

Pero cuando experimentamos este *cambio de los dioses*, tenemos una base sólida y atractiva para el *cristianismo como un camino*, un cristianismo místico y dinámico interesado en la justicia restauradora y la reconciliación en cada nivel, aquí y ahora.

Lo único que tenemos que hacer hoy es salir al exterior y mirar una hoja amorosamente durante un largo rato, hasta que sepamos, *realmente sepamos*, que esa hoja es una participación en el ser eterno de Dios. Es suficiente para crear éxtasis. Lo que importa no es la dignidad inherente del objeto, sino la dignidad de nuestra relación con el objeto, pues eso transforma al objeto en sujeto, como lo expresó Martin Buber, cambiando de una orientación Yo-Eso del mundo a una relación Yo-Tú.[239] Para un verdadero contemplativo, un árbol verde opera igual de bien que un tabernáculo de oro.

En un poema de otro modo débil que creé una vez en mi diario, escribí (sabiamente, creo): "Todos son un éxtasis que hace eco".

¡Pero nos han robado! Todas las criaturas permiten naturalmente y comunican inherentemente este éxtasis, a excepción de la especie humana. Nosotros discriminamos, decidimos, calificamos y disociamos casi a todo lo que miramos, en lugar de amarlo tal como es.

Nosotros somos los únicos que se privan a sí mismos de éxtasis esencial.

Si lo dudas, tan solo observa a tu perro. Los perros no detienen el éxtasis. *Tú* te cansas de que ellos den saltos y te den lametones, pero *ellos* no se

239. Ver Martin Buber, *I and Thou* (New York: Scribner, 1958).

cansan. Parece que ser perro es *disfrute* puro, fascinante, no adulterado. Y entonces, la mayoría de ellos simplemente se tumban un día y mueren. No hay dramatismo.

El perro no cuestiona la realidad.

No se angustia con malestar existencial, golpeando la tierra con su pata y preguntando: *¿Por qué no soy un pato?*

Aparentemente, a los perros les gusta simplemente ser perros, a las moreras les gusta ser moreras, y a las abejas les gusta hacer lo que hacen las abejas; al pargo colorado no le importa si le ponemos el nombre de "pargo colorado", aunque seguramente el pez conoce su verdadero nombre. Todas las cosas dan gloria a Dios sencillamente siendo lo que son.

Hay solo una especie que se resiste a ser lo que es, y esa especie somos nosotros. Irónicamente, nos resistimos a nuestra propia felicidad. Este es el sufrimiento de Dios: que la única especie a la que Dios le dio libre albedrío, lo ha utilizado para decir *no* a sí misma, y por lo tanto, también *no* a la mayoría de otras cosas. Esto es reflejo negativo. Si rehúsas el éxtasis, también transmites el rechazo.

Probablemente sea eso lo que queremos decir con la palabra pecado.

En gran parte rehusamos el éxtasis mediante nuestros juegos mentales, nuestras explicaciones mentales, nuestras teorías, y lo quisquillosos que somos teológicamente.

Sí, Dios te dio tu propio control remoto, al igual que imaginamos a Zeus operando en la tierra por control remoto. Puedes usar el tuyo para cambiar a cualquier canal que quieras, e incluso puedes usarlo para salir del sistema. Supongo que por eso casi todas las religiones sienten que es necesario plantear la posibilidad lógica de algo como el infierno.[240]

La Trinidad proclama que Dios no tiene un control remoto, sino en cambio opera amorosamente desde el interior. Su profunda entrega relacional dice que los seres humanos sí tienen un control remoto, otorgándonos más poder del que hemos imaginado jamás.

---

240. Para explorar más este tema, ver Richard Rohr, "Hell, No!" (2015), CD o MP3 (www. cac. org.).

¿DEMASIADO BUENO PARA SER VERDAD?

Esta participación plena ha sido demasiado para que la psiquis lo crea, y por eso nos hemos sentido forzados a retroceder, creando lo que yo creo que toda iglesia cristiana tiene a su propia manera: varios sabores de códigos de deuda, códigos de dignidad, casos de prueba, requisitos rituales y metas que lograr.

Quiero decir esto con toda la fuerza posible: si estás atrapado en esas estrategias que insensibilizan, estás pasando por alto el mensaje central del evangelio. No puedes ganar algo que ya tienes. No puedes lograr algo que ya te ha sido otorgado totalmente y gratuitamente.

Una espiritualidad Trinitaria deja en el polvo la culpabilidad y la vergüenza, volviendo a centrar el cristianismo, me atrevo a decir, en la comprensión y el reposo. Lo que finalmente te motiva en esta vida espiritual es *la gratitud, nunca el temor*. Incluso la obligación funciona bien solamente a corto plazo; a la larga, crea (perdóname otra vez) personas obsesivas. Las he visto en monasterios, en misas en la mañana, y en mezquitas por todo el mundo.

Pero ahora sabes que el molino de agua gira constantemente, siempre hacia adelante, y animado por el río mismo, ¡no por tu empuje!

Karl Rahner, uno de los arquitectos del Concilio Vaticano Segundo y mi teólogo europeo favorito, a quien cité anteriormente, lo expresó muy bien: "Pero tenemos que decir del Dios a quien profesamos en Cristo: que él es exactamente donde estamos, y solamente ahí se le puede encontrar".[241]

El maestro contemporáneo Frank Viola lo expresa de otro modo:

> Dentro del Dios trino descubrimos amor mutuo, compañerismo mutuo, dependencia mutua, honor mutuo, sumisión mutua, morada mutua, y comunidad auténtica. En la Deidad existe un intercambio eterno, complementario y recíproco de vida divina, amor divino y compañerismo divino...
>
> La iglesia es una extensión orgánica del Dios trino...

---

241. Karl Rahner, *Foundations of Christian Faith: An Introduction to the Idea of Christianity*, trans. William V. Dych (London: Darton, Longman & Todd/New York: Seabury, 1978), p. 226.

... Cuando un grupo de cristianos sigue su ADN espiritual, se reunirá de una manera que encaje en el ADN del Dios trino; porque posee [esta] misma vida que Dios mismo posee...

... Las cabeceras de la iglesia se encuentran en la Deidad.[242]

El misterio de la comunidad en la Trinidad es el misterio de *permitir reconocimiento, e interacción.*

¡Piensa en eso durante unos diez años!

LA ENCARNACIÓN ES EL EVANGELIO

Jesús se encarnó para revelar la imagen del Dios invisible.[243] La Encarnación personal es la conclusión lógica de la aventura amorosa de Dios con la creación. ¿Sabes por qué puedo decir esto? ¿Sabes por qué puedo creer esto? Porque lo veo en los seres humanos: a lo largo del tiempo, todos nos convertimos en lo que amamos. Dios en Jesús se convirtió en lo que Dios ama: todo lo humano.

Jesús ejemplificó de modo dramático la tan citada frase del poeta latino Terence: "Soy un ser humano, y nada humano me es ajeno".

Y me encanta cómo expresa esta idea Eugene Peterson en su traducción en El Mensaje:

> *La Palabra se hizo carne y sangre,*
> *y se mudó al barrio.*
> *Vimos la gloria con nuestros propios ojos,*
> *la gloria única,*
> *de tal palo, tal astilla,*
> *Generoso por dentro y por fuera*
> *Verdadero de principio a fin.*[244]

Tan solo muéstrame lo que amas, y yo te mostraré lo que te gustará de ahora en cinco años. Muéstrame a qué dedicas tu tiempo, cuál es tu tesoro, en lo que pones energía, y yo te mostraré en lo que te convertirás.

---

242. Frank Viola, *Reimagining Church: Pursuing the Dream of Organic Christianity* (Colorado Springs, CO: David C. Cook, 2008), p. 35.
243. Ver Colosenses 1:15-20.
244. Juan 1:14 (traducción libre de *The Message*).

Dios tuvo que hacerse humano cuando comenzó la aventura amorosa, porque, hablando estrictamente, el amor implica cierto nivel de semejanza o incluso de igualdad. La Encarnación fue una conclusión inevitable, y no un accidente o una anomalía. No debería haber sido una sorpresa total para nosotros.

Dios estaba destinado y determinado, creo yo, a convertirse en un ser humano, pero sigue siendo algo grande cuando la brecha imposible es vencida desde el lado de Dios y por decisión de Dios, incluso si fue desde el principio. Situarlo en una persona y una época es el ejemplo supremo de lo que Walter Brueggemann denomina "el escándalo de la particularidad",[245] que es claramente el patrón bíblico. En otras palabras, es siempre un poco decepcionante cuando YHWH parece estar enseñando meramente por medio de anécdotas puntuales, un pueblo de Israel o un Jesús histórico, en lugar de revelar patrones universales por medio de estos personajes o historias anecdóticas puntuales. Un místico es precisamente alguien que ve cosas en general y no en partes, mueve el momento encarnado para leer la mente misma de Dios. Los literalistas se pierden en lo específico, y les resulta difícil dar el salto. Básicamente, cuando hablamos sobre Dios estamos hablando sobre todo. Sin embargo, cuando Dios nos habla a nosotros sobre este "todo", no habla en abstracciones o filosofía, sino mediante historias y personajes muy específicos. La gran verdad debe ser presentada en pequeñas etapas para que los seres humanos la entiendan.

Quizá por eso decoramos todo a la vista el día 25 de diciembre. Casi con toda seguridad, no es la fecha de nacimiento real de Jesús, pero no importa lo más mínimo cuál sea el día exacto; ¡tenemos que adornar! Cada mesa, cada árbol, cada ventana, saturados de color y luz... como para revelar su identidad interior y oculta.

Durante algunas semanas, todo debe brillar.

Mi padre Francisco seguía mucho el ayuno, pero el día de Navidad decía: "¡Incluso las paredes deberían comer carne!". Francisco encontró su punto de apoyo en el éxtasis de la Encarnación universal y el escándalo de la Encarnación particular; cuando entendemos realmente este misterio de la

---

245. Walter Brueggemann, *An Unsettling God: The Heart of the Hebrew Bible* (Minneapolis, MN: Fortress Press, 2009), p. 103.

Encarnación, la redención es una conclusión inevitable. Para los franciscanos, la Navidad era ya Pascua.[246]

Mira, la Encarnación, cuando se aprecia correctamente, *ya* es redención; Jesús no tiene que morir en la cruz para convencernos de que Dios nos ama, aunque de seguro admito que la imagen dramática ha convencido y ha dado convicción a muchos creyentes. La cruz corrigió nuestra grave miopía en relación con el Padre, comprando al alma humana un buen par de lentes para que pudiera ver con claridad el amor del Padre.

El Misterio de la Encarnación está revelando ya el abrazo total de Dios. El bebé en la cuna ya proclama: *Me gustas; quiero ser uno contigo.* Pero ¿sabes qué? No fue suficiente para nuestra psiquis. La cruz no cambió el modo de pensar del Padre. El Padre estaba entregado totalmente desde la eternidad. La cruz era necesaria como un ícono dramático y trastornador para cambiar *tu* modo de pensar sobre Dios, y sigue sirviendo a ese propósito. Creo que incluso películas como *La Pasión de Cristo* sirven al propósito de remodelar la psiquis, de entender que podría haber una *entrega inmensa* en la creación misma.

Si crees que la tarea del Hijo es meramente la de resolver cierto problema cósmico que el Padre tiene con la humanidad, que el trabajo del Hijo es hacer eso, entonces cuando el problema es resuelto, aparentemente no hay ninguna necesidad de la imitación concreta de Jesús o de sus enseñanzas transformadoras. Sí, seguimos dándole gracias por resolver ese problema, pero hemos perdido la base para una comunión continuada, una aventura amorosa constante, por no mencionar el recelo que ahora tenemos con respecto al Padre, y la falta de una necesidad activa de un Espíritu Santo dinámico.

La idea de Dios como Trinidad se destruyó en gran parte cuando apartamos a Jesús del Flujo único y proyectamos *nuestro* problema sobre Dios. *Nosotros* necesitábamos convicción, no Dios.

SANGRANTE Y PACIENTE

Cuando estuve en India algunos años atrás, tuve una reunión profunda y extensa con un hombre santo. Él me habló de muchas cosas maravillosas.

---

246. Ver Rohr, *Eager to Love*, capítulo 8, y Rohr, *Things Hidden*, capítulo 9.

Lo siguiente es algo que permaneció conmigo: él dijo que un gran ser tiene dos corazones; uno que sangra y uno que es paciente. Esto me impresionó profundamente.

En el corazón que sangra, entendí que cualquier cosa con la que nos unamos, sufriremos con ella. Cuando decidimos amar, al final sufriremos, aunque solo sea ante la pérdida del ser amado. Es tan certero como el amanecer. Porque cuando nos entregamos por completo, la entrega no siempre, o incluso normalmente, es recibida perfectamente. Se resiste, se resiente, se te regresa, o ni siquiera se nota.

Pero ¿cuál es este otro corazón paciente? *Paciente* no es una palabra que usemos mucho. Los indios, en mi experiencia, a veces usan las palabras de modo más preciso que los estadounidenses, y es un regalo. Esto es lo que él me dijo que quería decir con *paciente*: un gran ser permanece con lo que ella ama; ella es paciente, ella perdona, y ella permite que lo que ama se desarrolle y crezca. Ella pasa por alto sus errores, y en este sentido, ella sufre por la realidad y con ella. Este es el significado más profundo de pasión; *patior* es el verbo latino que significa sufrir o padecer la realidad (contrario a controlarla).

Cuando el hombre santo me dijo eso, entendí que estaba describiendo a Jesús: un ser totalmente grande que sostiene todos los contrarios que nosotros no podemos sostener.

Jesús soporta nuestro quebrantamiento para que nosotros podamos hacer lo mismo: por nosotros mismos y, finalmente, los unos por los otros. Él sabe, como solo la mente de Dios puede hacerlo, que a lo que nos referimos como maldad es en realidad bondad torturada por su propia hambre y sed, bondad que no ha sido capaz de experimentar el ser recibida y correspondida. "Maldad" es lo que sucede cuando los seres humanos llegan a estar torturados por este deseo de bondad que no pueden experimentar. Y entonces hacemos el tipo de cosas horribles que vemos en nuestros televisores y redes sociales: matarse unos a otros, humillarse unos a otros, herirse unos a otros en abusos de poder y privilegio, mostrar una total incapacidad incluso para reconocer la *imago Dei* en otros seres o en nosotros mismos.

Ver de verdad amplía aún más tu vista: las personas a las que quieres odiar, las personas que llevan a cabo las peores atrocidades, no son maldad en su núcleo; son simplemente seres humanos torturados. Siguen llevando la imagen divina. Hitler y Stalin llevaban la imagen divina. ¡Hussein y Bin

Laden llevaban la imagen divina! No me inclino a admitir esto, pero es la única conclusión hacia la que me conduce el ver totalmente. La paciencia de Dios hacia mí me permite ver la danza divina en otras vasijas rotas.

Si soy sincero, tengo que reconocer que ver de esta manera me roba cierto privilegio que me he permitido a mí mismo toda mi vida: siempre he comido generosamente del "árbol del conocimiento del bien y del mal". Las categorías están claras en mi mente, lo cual hace que juzgar sea natural. ¿Bondad y paciencia? Mucho menos.

A medida que he entrado cada vez más en esta danza, Dios me ha quitado la capacidad de escoger quiénes son las buenas personas y quiénes son las malas; ya no tengo la libertad de decidir a quién muestro respeto, con qué razas me siento más cómodo, y qué religiones, o subgrupos religiosos, no me gustan.

"¡Esos seculares liberales!".

"¡Esos fundamentalistas!".

"¡Esos idiotas de republicanos (o demócratas)!".

Pero me he estado alimentando de una alternativa. Invitado a un cambio de dieta consciente, ahora como del árbol de la vida, que se ofrece desde el centro del Huerto original para todo aquel que entre en el flujo con un corazón sangrante y paciente. Qué gran diferencia hay: en esta *vida* gloriosa, sin hacer diferencias, y que se ofrece gratuitamente, ya no están allí unos "ellos".

Es todo "nosotros".

Ahora *nosotros* estamos indefensos ante tal Derramamiento Generoso, profundamente vulnerables ante tal Misericordia Infinita. El lado dador de Dios es constante; ¡todo es dado todo el tiempo! Esta Generosidad Divina solamente espera un vientre como el de María, un Hijo amado. Cualquier cantidad de masa dispuesta a recibir la levadura; cualquier cantidad de materia dispuesta a recibir el festín. Cualquier cantidad de tierra o de polvo de estrellas a la espera y dispuesto a ser ungido como "el Cristo".

Jesús es el único que nunca dudó de esta unción, pero *todos* somos mesías en construcción a medida que aprendemos gradualmente a recibir nuestra propia unción (Cristo = el *ungido* o *firmado* = Mesías). Cuando yo era un pequeño muchacho católico, siempre me decían que todos éramos "otros Cristos".[247]

Es cierto tipo de solidaridad cósmica con todas las cosas, y tal solidaridad cósmica es la esperanza del mundo. Cualquier "Cristo" ve a Cristo en todas partes; de hecho, eso es exactamente lo que significa ser un ungido.

Cristo soportó el misterio por adelantado, como cabeza del Gran Desfile, o *"desfile victorioso"*, como Pablo lo denomina, para que Cristo pudiera ser el primero de muchos hermanos y hermanas.[248] Ahora podemos manejarlo en pequeñas dosis con Él, en Él, y por medio de Él. Como escribí anteriormente, estas se convirtieron en las tres grandes preposiciones que utilizamos para concluir la gran oración eucarística:

mediante Cristo

con Cristo

en Cristo

El yo pequeño, aislado o privado alberga una verdad tan grande, preparándonos, de hecho, para vivir *como Cristo.*

Si sigues operando con una espiritualidad individualista o estrecha de cualquier tipo, no entenderás esto, pues solamente puede experimentarse mediante presencia mutua, atención completa, donde puedes evaluar el flujo que va hacia ti, está en ti, por medio de ti, y sale de lo que tú *piensas* como tu yo.

EL GRAN ATRAYENTE

Coventry Patmore, el poeta inglés del siglo XIX, escribió:

> Esta "seca doctrina" de la Trinidad, o principal Acto de Amor, es el fundamento de todo conocimiento vivo y deleite. Dios mismo se convierte en un objeto concreto y un gozo inteligible cuando se contempla como la felicidad eterna de un amante

---

247. La apelación "pequeños Cristos" fue utilizada por primera vez en tono de medio burla por lugareños no creyentes en Antioquía unas décadas después de la ascensión de Cristo. Ver el relato en Hechos 11:19-26.

248. Ver 2 Corintios 2:14 (NTV) y Romanos 8:29.

con el amado, el anti-tipo y el original del Amor que inspira al poeta y el sentido.[249]

Tú eres el deseo de Dios. Dios desea todas las cosas en ti, y por medio de ti.

Y si estás sintiendo cualquier deseo de que Dios crezca mientras lees estas páginas, este es el deseo del Hijo por comunión con el Padre actuando en ti y por medio de ti. Es el Espíritu Santo, quien es la personificación de la eterna y abundante energía, vida y amor entre los otros Dos. Escucha ese deseo, y espera su nivel más profundo, y el más profundo. Te llevará hasta ahí, como hace siempre el Espíritu Santo.

Mira, tú por ti mismo:

No sabes cómo desear a Dios.
No sabes dónde mirar.
No sabes qué buscar
No sabes cuál es el nombre de Dios.
No conoces la forma de Dios.
Originalmente no conoces la energía de Dios.
Casi siempre miras en los lugares equivocados.
En hermosos atardeceres y no en grietas en el sendero.
En bodas y funerales y no en el cuarto de la colada.

Mira nuestra historia. Me refiero a que cada esquina en la calle, cada cartel publicitario y red televisiva está gritando: "¡Dios!", y aun así, ¡ellos parecen ser bastante odiosos y bastante infelices! Nos da la impresión de que el flujo no se está produciendo necesariamente.

Voy a decir esto con toda la fuerza posible: solamente Dios en ti conoce a Dios. Tú puedes saltar a bordo si así lo deseas. *Eso es* espiritualidad Trinitaria.

Tú, tu pequeña mente y tu pequeño yo pueden conocer *sobre* Dios; puedes estudiar catecismos, todo tipo de versículos de la Biblia y teologías sistemáticas; y puedes sentir que estás bien informado teológicamente, ya sea en el lado progresista o en el lado conservador. Puedes caminar a todas partes con un título como "Doctor en Divinidades" (¡los obispos católicos

---

249. Derek Patmore, ed., *The Rod, the Root and the Flower* (Tacoma, Washington: Angelico Press, 2013), p. 111.

obtienen eso *ipso facto* en su ordenación!) o "Profesor de Teología", en alguna famosa universidad cristiana, y aun así no conocer o amar a Dios, a ti mismo o a tu prójimo.

"Conocer al Señor y sus caminos", como lo expresan los profetas judíos,[250] tiene muy poco que ver con la inteligencia y mucho que ver con una maravillosa mezcla de confianza y rendición. Las personas que viven de ese modo tienden a ser las personas más calmadas y felices que conozco. Dibujan su vida desde dentro hacia fuera.

¿Sabías eso?

Yo te lo ofrezco, de modo gratuito.

Puedes ser una mujer sin educación formal que limpia habitaciones de hotel, y vive en esta luz tranquila e inspiradora. Las he conocido con frecuencia; establecen contacto visual, mantienen su terreno, y sonríen de modo genuino.

Todo se reduce a lo siguiente: ¿permites el flujo sin obstáculo, o lo detienes mediante interminables formas de resistencia, juicio, negatividad y temor?

Solamente "pidan, busquen, y llamen", como dice Jesús, "*y se les abrirá*".[251] ¿Por qué te ofrecería Dios algo que nunca has pedido? ¿O que quieras de verdad?

Sinceramente, la mayoría de personas infelices con las que he trabajado no han pedido ni una sola vez "conocer al Señor y sus caminos".[252] Para ellos, la oración fue tan solo un intento desesperado y momentáneo de manipular a un Poder Superior, formando lo que Martin Buber llamaría "la relación Yo-Ello" en la que ninguna de las partes mantiene su dignidad.

Dios no puede permitirnos que nos relacionemos con Él como si Dios fuera un "ello"; y tampoco permitimos que nuestro Dios salga del molde que creamos para Él. Ambos perdemos nuestra dignidad.

Dios de ninguna manera permite la manipulación o la adulación, pero Dios está disponible siempre e inmediatamente para quien busca

---

250. Ver, por ejemplo, Oseas 6:3.
251. Ver Mateo 7:7-8.
252. Ver, por ejemplo, Salmos 25:4.

sinceramente amor y unión. Dios espera hasta que tú seas capaz de mantener una relación Yo-Tú, o te dirige en esa dirección, al igual que sucedió una vez en tu primer intento fallido de romance. Solamente entonces tenemos una relación recíproca adulta en la que ambos crecemos, y llegamos a ser.

Entonces ambos ganamos, y ninguna de las partes queda disminuida; al igual que la Trinidad. Dios es un Amante exigente; Dios no juega a hacerse el difícil, sino espera compañeros verdaderos. El amor verdadero siempre mejora a ambas partes, y si hemos de creer a muchos de los profetas y místicos, parece que nosotros realmente le importamos a Dios; ¡algunos incluso dijeron que nosotros "cambiamos" a Dios![253] ¡Vaya! Quédate con eso por ahora.

253. Ya que la Escritura representa a Dios como muy relacional, y que frecuentemente cambia el parecer divino como respuesta a la interacción con nuestras oraciones, deseos y acciones, es asombroso que ciertos sistemas teológicos estén en tal negación de ello. Ver esta muestra de pasajes compilados por Greg Boyd: Éxodo 32:14; 33:1–3, 14; Deuteronomio 9:13–29; 1 Reyes 21:21– 29; 1 Crónicas 21:15; Jeremías 26:2–3; Ezequiel 4:9–15; Amós 7:1–6; y Jonás 3:10. Para un breve resumen de estos pasajes, ver reknew.org/2015/04/doesgodchangehismind.

PARTE III

EL ESPÍRITU SANTO

TOTALMENTE RECONCILIADOR

La pasión del Espíritu es llevar su unción de humanidad en Jesús hasta la plena expresión personal y duradera en nosotros [como personas únicas], y no solo en nosotros personalmente, sino también nuestra relación con el Padre mediante el Hijo, y en nuestras relaciones con los demás, y ciertamente con la tierra y toda la creación...[254]

Hasta que todo el cosmos sea un sacramento vivo de la gran danza del Dios trino.[255]

Hagamos que la Parte III sea una sección muy breve del libro, ¿de acuerdo? De ese modo podrías recordarlo, o abrirte a ella al azar y leerla.

Mientras podamos pensar de Dios como *un Ser*, o lo que estoy llamando un sustantivo, entonces este Ser podría claramente escoger ser amoroso en ocasiones, pero también no ser amoroso.

Pero ¿y si la forma misma del Ser es antes que nada comunión? La naturaleza misma de Ser es amor; o como lo expresó Teilhard de Chardin: "la estructura física [misma] del universo es amor".[256]

Ser es un verbo activo, ¿y Dios es un evento de comunión? ¿Podría ser cierto?

---

254. Kruger, *Shack Revisited*, p. 247.
255. Ibid., p. 64.
256. Chardin, "Sketch of a Personal Universe", p. 72, https://cac.org/the-shape-of-the-universe-is-love-2016-02-29/.

Dios no *decide* amar, por lo tanto, y el amor de Dios nunca puede estar determinado por la dignidad o indignidad del objeto. Pero Dios *es amor en sí mismo.*[257] Dios no puede *no* amar, porque amor es la naturaleza del ser de Dios.

En la filosofía escolástica, como mencioné anteriormente, nos enseñaban que las tres cualidades universales del ser desnudo ("las Trascendentales") son que ser es siempre:

bueno
verdadero
hermoso

Cuando las tres están juntas, también experimentamos la *unidad* radical de todo ser.

Acabamos de describir al Espíritu Santo, quien sostiene y sana todas las cosas hacia el amor revelando lentamente la bondad, verdad y belleza inherentes en todo.

LA ENERGÍA DIVINA

Ahora puedes volver a leer el prólogo al Evangelio de Juan,[258] y cada vez que veas el término "*Verbo*" o *Logos*, sustituirlo en cambio por *Relación* o *Huella*, y te ayudará mucho a comprender el mensaje. "En el principio era la Relación", o "En el principio era la Huella". Va en *crescendo* cuando el texto podría traducirse como "Y la Huella tomó forma", o "la Relación se hizo visible",[259] lo cual es representado cuando el Espíritu desciende sobre Jesús y se oye una voz: "*Tú eres mi Hijo amado; en ti tengo complacencia*".[260] Este modelo exacto de relación entonces ha de ser transmitido a nosotros en lo que Jesús llama "el bautismo en el Espíritu Santo".[261]

Recuerda: el Espíritu Santo *es* la relación de amor entre el Padre y el Hijo. ¡Esta relación misma es la que se nos otorga gratuitamente! O mejor, somos incluidos dentro de este amor. Vaya. Esto es salvación en una instantánea maravillosa.

---

257. Ver 1 Juan 4:8, 16.
258. Ver Juan 1:1-18.
259. Ver Juan 1:14.
260. Ver, por ejemplo, Marcos 1:11 (RVR1960).
261. Ver Hechos 1:4-5; ver también, por ejemplo, Juan 1:32-33.

Y esta misma relación se muestra en muchísimas otras formas, como interminables animales y flores silvestres, montañas y árboles, todo intento cultural de arte, ciencia y medicina, todo teatro callejero positivo, y cada movimiento por la renovación. Cada una de estas manifestaciones expresa este interminable deseo de crear nuevas formas de vida y amor externalizado. Todas las cosas buenas, verdaderas y hermosas son bautizadas en uno y el mismo Espíritu.[262]

El Espíritu Santo se muestra como el poder central y sanador de novedad y sanidad absolutas en nuestra relación con todo lo demás. La mística anglicana del siglo XX, Evelyn Underhill, definió misticismo como "el arte de la unión con la Realidad";[263] ¡el Espíritu Santo es el artista que pinta esta unión por medio de nosotros!

Cualquier permanencia en la relación, cualquier insistencia en la conexión, es siempre la obra del Espíritu, quien calienta, suaviza, venda y renueva todos los lugares quebrantados y fríos en las cosas, y entre ellas. El Espíritu Santo es siempre "la tercera fuerza" que se produce entre dos dinámicas. Invisible, pero poderoso, dispuesto a ser anónimo, no le importa quién obtenga el mérito del viento que sopla de donde quiere, el agua viva que damos por sentada, o la zarza que siempre arde, y nunca se consume.

Dentro de la creación, podemos decir que Dios Espíritu Santo tiene dos tareas casi opuestas. En primer lugar, el Espíritu simplemente quiere multiplicarse continuamente, en formas siempre nuevas de creatividad y vida. Dicen que dos terceras partes de formas de vida están debajo del mar, y ningún ojo humano ha visto nunca una tercera parte de ellas. Los seres humanos podríamos imaginar: "¿Qué es una forma de vida sin que *nosotros* la veamos?". ¡Su dignidad no depende de que nosotros sepamos de ellas! Como dicen los Salmos de muchas maneras: *"los cielos cuentan la gloria de Dios"*.[264]

De hecho, la vasta mayoría de animales y flores que han existido jamás nunca han sido observados por un ojo humano. Forman el ciclo universal de alabanza: simplemente por existir, no por hacer nada bien, todo ofrece alabanza a Dios. ¡Todo! Por ser, simplemente ser. Este es el fundamento. Si

262. ¡Lee Efesios 4:4-7 de modo diferente!
263. Evelyn Underhill, *Practical Mysticism* (autopublicado por Renaissance Classics; impreso por CreateSpace, Charleston, SC, 2012), p. 2.
264. Ver, por ejemplo, Salmos 19:1.

quieres ser un contemplativo, eso es lo único que necesitas saber; todo, en ser eso mismo, está dando pura gloria a Dios.

Tengo que citar el familiar poema de Gerard Manley Hopkins en el que él expresa eso perfectamente:

> Digo más: el justo vive justicia;
> Cumple con la gracia: así todos sus andares son gracias cumplidas;
> Actúa a los ojos de Dios aquello que a los ojos de Dios es —
> Cristo — pues Cristo juega en diez mil lugares,
> Bello de miembros, y bello a los ojos ajenos
> Del Padre a través de las facciones de los hombres.[265]

Ese es el misterio. Es el círculo que se completa a sí mismo.

Ahora bien, nuestro gran y terrible don es este: nosotros somos los únicos que podemos poner un obstáculo en los radios de este círculo de alabanza. Si Gerard Manley Hopkins es mi poeta favorito, Annie Dillard es probablemente mi escritora favorita. Permíteme citarla a ella también: "Estamos aquí para ser testigos de la creación y cómplices de ella. Estamos aquí para observar cada cosa de modo que cada cosa sea observada. Juntos observamos no solo cada sombra de una montaña y cada piedra en la playa, sino, especialmente, observamos los hermosos rostros y las complejas naturalezas de cada uno... De otro modo, la creación sería jugar en una casa vacía".[266]

No dar alabanza, y en cambio quedarnos a un lado con crítica, rechazo, juicio y categorización, clasificando lo que no merece alabanza: esto no es la morada divina. Esto no es la imagen de Dios; en cambio, es precisamente lo que significa vivir en un estado de maldad o pecado.

Como he dicho, el Espíritu tiene dos tareas: en primer lugar, crea diversidad, como se ejemplifica en la metáfora del viento: que sopla nueva vida en interminables formas de vida.

Pero también el Espíritu tiene otra tarea: la del Gran Conector, ¡de todas esas cosas tan diversas! Toda esta vida pluriforme, el Espíritu la mantiene

---

265. Gerard Manley Hopkins, "As Kingfishers Catch Fire", *Poems and Prose*, ed. W. H. Gardner (New York: Penguin Classics, edición reimpresa, 1963), p. 51.
266. David Friend y los editores de la revista *Life*, eds., *The Meaning of Life: Reflections in Words and Pictures on Why We Are Here* (Boston: Little, Brown and Co., 1991), p. 11.

en armonía y "deferencia mutua",[267] "de modo que habrá un Cristo, amándose a sí mismo", como Agustín lo expresa tan osadamente.[268] El Vidente verdadero disfruta de un ecosistema gigantesco de amor que rota y evoluciona. Ese ver y ese disfrute es la obra del Espíritu en nuestro interior. Esta imagen enciende una zarza ardiente que no se consume, y es avivada como *lenguas de fuego que descienden*, creando templos móviles de personas de todas las naciones,[269] que hablan un idioma universal de amor que les permite entender los diversos lenguajes de los demás. ¡Qué gran símbolo a tantos niveles!

El fuego funde, y también disuelve las fronteras entre relaciones para que podamos dejar de ocultarnos tras nuestros nombres, nuestras etiquetas, nuestras definiciones y descripciones. Otra palabra para este fuego que consume es, desde luego, *amor*. Y si ha habido una identificación constante con el Espíritu, ha sido precisamente el Espíritu Santo en amor en su forma implantada; probablemente es lo que queremos decir por el *alma* de cada cosa. A menos que el todo tenga significado, es muy difícil dar mucho significado a las partes. Cuando el todo es bueno y está conectado, todas las partes se elevan mediante asociación cósmica.

¿Cómo puede obrar este fuego en nuestro cuerpo? El filósofo, afroamericano, teólogo, educador y líder por los derechos humanos del siglo XX, Howard Thurman, mentor de Martin Luther King Jr. y muchos otros agentes de cambio social, escribe lo siguiente:

> Este es un mundo vivo; la vida está viva, y como expresiones de vida nosotros, también, estamos vivos y sostenidos por la vitalidad característica de la vida misma. Dios es la fuente de la vitalidad, la vida, de todas las cosas vivientes. Su energía está disponible para plantas, para animales, y para nuestro propio cuerpo si se cumplen las condiciones. La vida es una actividad responsable. Lo que es cierto para nuestro cuerpo es cierto también para la mente y el espíritu. En estos niveles, Dios está a nuestra disposición inmediatamente si la puerta está abierta para Él. La puerta se abre al rendir a Él ese nervio central donde sentimos consentimiento o retirada de ello más centralmente. Así, si un hombre hace que su intención deliberada y

---

267. Ver Efesios 5:21.
268. S. Agustín, "Diez homilías sobre la Primera Epístola de Juan".
269. Ver Hechos 2.

cohibida sea el ofrecer a Dios su consentimiento central y su obediencia, entonces es vigorizado por el Espíritu viviente del Dios viviente.[270]

A medida que aumentamos en la conciencia de este Espíritu, y practicamos su presencia en actos de dar y recibir con toda la creación, el fuego de la zarza ardiente y de las lenguas que descienden llenará cada vez más toda la creación; no con destrucción, como los aprendices de Jesús le suplicaron en una ocasión que hiciera caer sobre sus enemigos[271] haciéndose eco del impetuoso profeta Elías,[272] sino como un fuego purificador en el que nos sumergimos.

TODO ES SANTO AHORA

Cuando aprendemos a ocupar nuestro lugar dentro del círculo de alabanza y deferencia mutua, se desvanecen todas las distinciones significativas entre secular y sagrado, natural y sobrenatural. En la economía divina, todo es utilizable, incluso nuestros errores y nuestro pecado. Este mensaje grita desde la cruz, ¡y nosotros seguimos sin oírlo!

Todo es santo ahora.[273] Y la única resistencia a ese flujo divino de santidad e integridad es la negativa humana a ver, a disfrutar y a participar.

Se reduce a que cada uno de nosotros es una estación de transmisión, una estación de repetición. Eso es lo que somos, eso es lo que maravillosamente somos, y tristemente es en cierto modo humillante para el ego. Yo estaba muy contento cuando prediqué por primera vez en Alemania y descubrí que mi apellido, *Rohr*, se traducía como "conducto" o "tubería". ¡Aleluya!

Pero mi ego no está satisfecho con ser un objeto de paso; ¡yo quiero ser "Richard Rohr"! Sin embargo, este marco de referencia pequeño y egocéntrico habrá pasado en unos pocos años en la forma con la que me identifico actualmente. Lo único que puedo ser es una parte del círculo de alabanza; solo saber que soy parte del equipo se convierte en más que suficiente, en especial cuando reconozco que todo se me otorgó gratuitamente.

---

270. Howard Thurman, *Disciplines of the Spirit* (Richmond, IN: Friends United Press, 1977), p. 21. Primera edición por Harper and Row, 1963.

271. Ver Lucas 9:54.

272. Ver 2 Reyes 1:10.

273. Como atestigua de modo tan elocuente el canto "Santo Ahora" (1999). Ver petermayer.net.

Yo no pedí nacer. Le doy gracias a Dios por haber nacido, y estoy agradecido por estar aquí. Se dice que mi hermana, Santa Clara de Asís, dijo, cuando estaba moribunda: "Gracias por permitirme ser un ser humano".

Ahí está.

Gracias a Dios porque tuve mi pequeña oportunidad de danzar en este escenario de la vida, para devolverle a Dios la gloria de Dios reflejada.

Cuando fui capaz de pasar del pensamiento de pirámide al pensamiento circular, por razón de la Trinidad, ¡ah! *Entonces* mi mente soltó sus propias defensas, y dejó de negarse a la danza universal.

T.S. Eliot describió a otro poeta inglés, William Blake, como una persona que también vivió en esta danza. Eliot dice de Blake:

> Él entendía. Él estaba desnudo, y vio al hombre desnudo, y desde el centro de su propio cristal... Respecto a él, no había nada de la persona superior. Esto hace que él sea aterrador.[274]

Precisamente porque no intenta forzarse ni promocionarse a sí misma, una persona verdaderamente del Espíritu se refleja con frecuencia como "aterradora". No te manipulará, y siempre sabes que no puedes manipularla. Los santos que viven en la danza circular de amor son con frecuencia una anomalía que asusta. No están sujetos a nuestro usual sistema de recompensas, castigos y ventajas.

No están ahí por "sucio lucro", como estamos la mayoría del resto de nosotros. ¡Francisco nos dijo que tratáramos el dinero como si fuera estiércol! ¿Era un ingenuo o era libre? No hay ninguna cumbre a la que él tuviera que llegar, pues ya había encontrado la cumbre: en lo más bajo.

Muchas personas del Espíritu causan temor en los corazones de quienes preservan el status quo, o cualquier tipo de privilegio. Cuando estás en "la danza general", como lo denominó Thomas Merton,[275] no tienes ninguna necesidad de hacer movimientos que capten la atención en un rincón.

---

274. T. S. Eliot, *The Sacred Wood: Essays on Poetry and Criticism* (London: Forgotten Books, 2012), p. 140. Publicado originalmente en 1920.
275. Ver Thomas Merton, *New Seeds of Contemplation*, edición reimpresa: New Directions Paperback 1091 (New York: New Directions Books, 2007), capítulo 39: "The General Dance".

Tales personas son hacedores de mitos naturales; son reformadores naturales. Cambian la realidad sin siquiera intentarlo, sino simplemente mostrándose de esta nueva manera con una agenda tan nueva, que no es agenda, además de vivir como parte del círculo de alabanza.

Su presencia es contagiosa. Su libertad interior nos llama a sintonizar su frecuencia dentro de nosotros. Así, el Espíritu es principalmente una presencia energética; con frecuencia puedes decir cuándo una persona está en el Espíritu porque es a la vez no consciente de sí misma y radiante, conectada a su propio circuito interior. Eso le permite ser espontánea y quietamente original.

Como dice la Escritura, el Espíritu sopla de donde ella quiere;[276] nunca podrás controlarla o categorizarla. Nunca podrás definirla. Nunca podrás meterla en tu bolsillo conceptual o denominacional y decir: "Hemos capturado al Espíritu, y solamente nosotros podemos repartirla"; sin embargo, muchos de nosotros practicamos nuestra religión como si fuéramos cazadores del Espíritu Santo, ¡construyendo la trampa perfecta! El Espíritu no puede ser detenido mediante fórmulas de llamados al altar, una teología excelente, o cualquier ceremonia de confirmación. Esas cosas son a menudo intentos de domesticar, "afligir" o "entristecer al Espíritu"[277] sin saberlo. Sucede fácilmente siempre que confundimos al Espíritu con orden y control, en lugar de energía y vida. Los movimientos carismático y pentecostal tienen mucho que enseñar aquí a las iglesias tradicionales. Por un lado, tienen un historial mucho más fuerte de sanar realmente a personas emocionalmente, físicamente y relacionalmente.

Ken Wilber señala que gran parte de la organización eclesial está a un nivel de conciencia de "membresía mítica", lo cual con frecuencia engendra complacencia con el sufrimiento humano real, camarillas engreídas, y poco más.[278]

He sido sacerdote por más de cuarenta y cinco años ya; a veces cuando miro a la multitud en la misa, puedo ver una resistencia pasiva en gran parte de los rostros de la congregación. Incluso cuando estoy dando lo que considero un mensaje arriesgado y vivificante. Ellos están condicionados

---

276. Ver Juan 3:8.
277. Ver Efesios 4:30.
278. Ken Wilber, "The Integral Vision at the Millennium" (parte 1), extractos de la introducción al volumen siete de *The Collected Works of Ken Wilber* (Boston: Shambhala, 2000), www.fudomouth.net/thinktank/now_integralvision.htm.

para no esperar nada. Se han acostumbrado tanto a que esas reuniones no sean significativas, que ya no saben cómo permitir que toquen su corazón o les hagan cambiar de opinión. El Espíritu Santo es de nuevo la Persona Ausente de la Bendita Trinidad.

Sin el flujo libre del Espíritu Santo, la religión se convierte en un sistema tribal de catalogación, que pasa gran parte de su tiempo intentando definir quién está dentro y quién está fuera, quién tiene razón y quién está equivocado. ¡Y sorpresa, siempre estamos en el lado de quienes tienen razón!

¿Cuáles son las probabilidades?

Sin embargo refinar, y cualquier catalogación que pueda o no ser necesario hacer, eso es la obra de Dios. No es problema nuestro. Realmente no lo es. Nuestro problema no es decidir quién va a ir al cielo y quién va a ir al infierno, especialmente cuando entendemos que son en su mayoría descripciones en tiempo presente antes de ser futuros destinos.

Nuestra tarea es simplemente ejemplificar el cielo ahora. Dios lo tomará desde ahí.

Aquí está el remedio cuando nos resulta difícil ejemplificar el cielo ahora: *permitir que el amor suceda.*

Recuerda: no puedes "llegar allá"; solamente puedes *estar aquí.*

El amor es igual que la oración; no es tanto una acción que hacemos, sino una realidad en la que ya estamos. No decidimos "ser amorosos". El Padre no decide amar al Hijo. La paternidad es el flujo del Padre al Hijo, en un ciento por ciento. El Hijo no decide soltar de vez en cuando algo de amor al Padre, o al Espíritu: ¡El amor es el *modus operandi* pleno de ellos!

El amor en ti, que es el Espíritu en ti, siempre dice sí de algún modo.[279] El amor no es algo que tú haces; el amor es alguien que eres. Es tu Verdadero Yo.[280] Amor es de donde viniste y amor es hacia donde vas. No es algo que puedas comprar. No es algo que puedas alcanzar. Es la presencia de Dios en tu interior, llamada el Espíritu Santo, o lo que algunos teólogos denominan *gracia no creada.*

---

279. Ver 2 Corintios 1:20.
280. Ver Richard Rohr, *Immortal Diamond* (San Francisco: Jossey-Bass, 2013) para una enseñanza detallada sobre tu verdadero yo y cómo tener acceso a él.

No puedes fabricarlo mediante ningún conducto adecuado, querido lector. No puedes hacer que Dios te ame un gramo más de lo que ya te ama en este momento.

No puedes.

Puedes ir a la iglesia cada día durante el resto de tu vida. Dios no va a amarte más de lo que Él ya te ama en este momento. Tampoco puedes hacer que Dios te ame menos, ni un gramo menos. Haz lo más terrible, como robar y saquear, engañar y mentir, y Dios no te amaría menos. ¡No puedes cambiar la idea que el Divino tiene de ti! El flujo es constante, total y al ciento por ciento hacia tu vida. Dios está de tu lado.

No podemos disminuir el amor de Dios por nosotros. Sin embargo, lo que *podemos* hacer, es aprender cómo creerlo, recibirlo, confiar en Él, permitirlo y celebrarlo, aceptando la invitación circular de la Trinidad a unirnos a la danza cósmica.

Por eso toda la espiritualidad se reduce a cómo desempeñamos la vida *ahora*.

Cómo te va ahora es un microcosmos del todo de tu vida.

Cómo haces cualquier cosa es como lo haces todo.

San Bernardo dice: "En esos aspectos en los que el alma no es como Dios, tampoco es como sí misma. Y en esos aspectos en los que el alma es menos parecida a sí misma, no es como Dios".[281] Bernardo, desde luego, ha llegado a lo mismo que intentamos decir aquí: el patrón dentro de la Trinidad es el mismo que el patrón en toda la creación. Y cuando regresas a ese mismo patrón, el flujo será idéntico.

Catherine LaCugna termina su gigantesco tomo teológico con esta sencilla frase; le ha ocupado dos pulgadas y media de libro el llegar a esta línea, y su simplicidad podría abrumarte, pero no puedo terminar en ningún lugar mejor que donde lo hace ella:

---

281. Aldous Huxley, *The Perennial Philosophy* (New York: Harper Perennial Modern Classics, 2009), p. 11. Publicado por primera vez por Harper & Brothers, Publishers, 1945.

La naturaleza misma de Dios, por lo tanto, es buscar la comunión y la amistad más profunda posible con cada una de las criaturas en esta tierra.[282]

Esa es la descripción de trabajo de Dios. De eso se trata todo. Y lo único que puede mantenernos fuera de esta danza divina es el temor y la duda, o cualquier odio a uno mismo. ¿Qué sucedería en tu vida, en este momento, si aceptaras lo que Dios ha creado e incluso permitido?

De repente, este es un universo muy seguro.

No tienes nada a lo que tenerle miedo.

Dios está de tu lado.

¡Dios está saltando hacia ti!

Dios está de tu lado, sinceramente más de lo que tú mismo lo estás.

---

282. Catherine Mowry LaCugna, *God for Us: The Trinity and Christian Life* (San Francisco: HarperSanFrancisco, 1993), p. 411.

RECONOCIMIENTOS

DE RICHARD ROHR Y MIKE MORRELL

Un libro es en muchos aspectos como un nacimiento: una persona (o una pareja) son vistos haciendo principalmente la hermosa e intensa tarea de traer nueva vida al mundo, pero la realidad es que requiere a un pueblo. Muchas personas asombrosas contribuyeron a la formación de *La Danza Divina*, y nos gustaría reconocer a algunos de ellos aquí. Seguramente no recordaremos cada contribución. Por favor, perdónennos de antemano.

En el Centro para la Acción y la Contemplación en Albuquerque, Joelle Chase, Vanessa Guerin y Michael Poffenberger son parte de nuestro equipo que hace que todo suceda, desde conferencias, meditaciones diarias por correo electrónico y publicaciones internas como la revista *ONEING Journal*, hasta nuestra floreciente *Living School*. Además de esto, estas tres personas, junto con Tim King trabajando en la distancia desde su granja en New Hampshire, han intervenido "abundantemente" para asegurar que este libro salga a la luz no solo desde nosotros, sino también desde toda una comunidad global de contemplativos y activistas involucrados. Gracias a ellos y a todo el equipo de CAC por su trabajo en ese proceso.

El equipo en Whitaker House no ha sido otra cosa sino alentador, involucrado y emocionado con respecto a traer al mundo este libro, en cierto modo inusual, sobre la Trinidad. Desde el editor de adquisiciones, Don Milam, hasta los publicadores, publicistas, editores y diseñadores, incluidos Bob y Christine Whitaker, Cathy Hickling, Lois Puglisi, Tom Cox, Jim Armstrong: gracias por crear un hogar hospitalario para este proyecto.

A Turner Simkins y Jeremy Mace en NewFire Media, y Chris LaTondresse: gracias por ayudar a que este libro llegue a tantos lectores como sea posible.

Al consejo directivo de CAC y el agente literario Christopher Ferebee, quienes administraron sabiamente este libro.

Muchas gracias a Paul Young, hermano querido, por proveer el prólogo tan inspirado.

Gracias a todos los que lo han endosado, y que ven valor en estas palabras.

Sería imposible mencionar a todos los que han tenido una influencia espiritual o literaria en estas páginas. Por favor, ¡vean las notas a pie de página para deleitarse en su sabiduría!

DE RICHARD ROHR

Este libro nunca se habría producido si Mike Morrell no se hubiera acercado a mí con una amable oferta de tomar el material de dos de mis conferencias, *La Danza Divina* y *La Forma de Dios*, y darles forma escrita. Él no solo me envió de manera amable y creativa el ejemplar de muestra inicial, sino que también hizo mucho más mediante su ampliación de ciertas ideas, organizar el material en partes secuenciales, subtítulos, títulos muy creativos, y el duro trabajo de buscar muchas citas e ideas que sin duda necesitaban ser citadas.

Cuando también añadió su estilo, formato, ejemplos y vocabulario de su edad más joven perteneciente a la generación X/milenial, el resultado es el emocionante libro que tienes en tus manos. Gracias, querido Michael. ¡No eres un "escritor fantasma" sino un jinete del Espíritu!

Michael también fue capaz de invitar al inspirado William Paul Young, autor de la novela *best seller* mundial, *La Cabaña*, a escribir el prólogo, lo cual hizo tan amablemente, y que ahora tú puedes disfrutar. Los tres estamos ahora comprometidos, junto con los amigos muy amables y plenamente cooperadores en Whitaker House Publishers, a reintroducir el misterio de la divina Trinidad a un mundo hambriento.

Qué presuntuoso pensar que podríamos hacer eso, pero lo que realmente estamos haciendo es agarrar el Flujo. ¿Cómo no podríamos hacerlo?

DE MIKE MORRELL

A riesgo de entrar en una *suave* contradicción, este libro nunca se habría producido si Fray Richard no hubiera corrido el riesgo de explorar un proceso de escritura inusual ¡con alguien a quien él conocía principalmente como organizador de eventos y publicista! Gracias, Fray Richard, por su amabilidad, confianza y entusiasmo por este proyecto de principio a fin, especialmente durante lo que ha sido un periodo ajetreado en su vida y en la vida del Centro para la Acción y la Contemplación.

A mi familia: mi esposa, Jasmin, y mis hijas, Jubilee Grace y Nova Rain, gracias por crear espacio para que Hubs y Papá (respectivamente) trabajaran en el libro, además de todo lo demás que sucede en nuestra vida juntos, que es abundante e impredecible. ¡Su amor me inspira a reconocer el Amor que anima la Danza!

A mi "trabajo de día" que es mucho más en *Presence International*, gracias por vivir lo que predicamos: que la colaboración es mejor que la competencia, y que todos nos hacemos más fuertes juntos. A medida que seguimos albergando "Una conversación global para una tierra nueva", gracias por ver el valor en mi conexión con compañeros de conversación tan asombrosos como Fray Richard y el CAC.

Para mí, la espiritualidad no se produce en un vacío. A lo largo de las edades y las etapas de mi vida, comunidades de fe concretas y personificadas me han inspirado, me han retado, me han dado algo contra lo cual clamar, y me han alimentado. A los espacios que me han educado, me han afilado, y me han enseñado a danzar a la luz de la Trinidad en estas tres décadas: Douglasville First Baptist; Lithia Springs Assemblies of God; Harvester Presbyterian; las iglesias en casas sin nombre, con su centro en los barrios y descentralizadas de Lithia Springs, Georgia, y Raleigh, Carolina del Norte; el desaparecido, lamentado (y adecuadamente llamado) Trinity's Place; y North Raleigh Community Church.

Y finalmente: a ti, querido lector, que estas páginas abran tu vida a nuevas etapas de comunión, pertenencia y vida en el Flujo.

APÉNDICE

CÓMO EXPERIMENTAR LA TRINIDAD: SIETE PRÁCTICAS

Seamos sinceros: leer sobre la danza divina que anima el cosmos y nos atrae para que entremos es bonito, pero para estar realmente arraigados en nuestra experiencia diaria, ¡tenemos que poner eso en *práctica*! ¿Cómo podemos descubrir la Trinidad en nuestras vidas y relaciones cotidianas?

Los siguientes ejercicios invitan al participante a este flujo consciente y amoroso, este movimiento hacia la vida que llamamos Trinidad.

Cada uno debería ayudarte a tener tu propia experiencia interior de la Vida que se mueve en ti. A menos que los pruebes sinceramente, no tienes razón alguna para decir que no "obran" su misterio. El futuro del cristianismo maduro estará basado en la práctica más que estar meramente basado en la creencia, lo cual no nos da nada por lo que argumentar hasta que lo probemos por nosotros mismos.

¿Estás preparado para abrirte: a la vulnerabilidad, al riesgo, a la relación? Si es así, ¡vamos a comenzar!

1. Movimiento: la señal de la cruz

Si regresamos a los dos primeros siglos del cristianismo de Oriente y de Occidente, allí surgió una forma sencilla de oración, llamada a veces "Bendición de uno mismo" o "Señal de uno mismo", en la que se trazaba la imagen de la cruz con las manos sobre el torso del cuerpo.

Aunque distintos movimientos y doblar los dedos fueron evolucionando en distintas culturas, siempre estaba acompañado por la fórmula Trinitaria: "En el nombre del Padre, del Hijo, y del Espíritu Santo".

Desarrollando lo que escribí anteriormente en el libro, veamos esto y comprobemos si este gesto antiguo podría tener significado útil para nosotros hoy, especialmente porque necesitamos símbolos que muevan los mensajes espirituales fuera de la cabeza y hacia un conocimiento celular y corporal, que con frecuencia se denomina "memoria muscular".

En primer lugar, es muy revelador que a uno se le permita *bendecirse a sí mismo,* lo cual parece ofrecer al individuo cierta confianza en sí mismo y autoridad espiritual.

En segundo lugar, esta señal también parece ser un *renombrar e incluso un reclamo del yo en una identidad diferente.* En culturas más antiguas y en el uso literario común, cuando cualquier acción va precedida por la frase "en el nombre de", cambia tu identidad a la de otra persona, con una autoridad diferente; al menos mientras realizas esa acción: "Ahora no estoy hablando o actuando en mi nombre personal, sino que ahora me mantengo en la identidad de _____". No es insignificante que deportistas y quienes se enfrentan a la muerte o a una situación difícil hagan con frecuencia esta señal en público para que todos la vean. ¡En cierto modo están proclamando: "No soy solo yo aquí y ahora"!

En tercer lugar, con frecuencia se considera una protección y una honra del cuerpo mismo. Comenzamos con la frente, honrando nuestros pensamientos y nuestra mente como la fuente o el punto de comienzo de todas nuestras decisiones de actuar: "En el nombre del Padre" es ciertamente ofrecer nuestros pensamientos y nuestra mente a Dios como la Fuente suprema.

Después nos movemos directamente hacia abajo, haciendo un cruce sobre el corazón, hacia el plexo solar, o el estómago, que es ciertamente bendecir nuestra propia encarnación como el cuerpo de Cristo: "Y del Hijo", decimos.

Y entonces, confiando ahora y disfrutando *del flujo,* cruzamos nuestro cuerpo de hombro a hombro, volviendo a cruzar el corazón, y decimos: "Y del Espíritu Santo". Notemos el cruce, el movimiento, y la plenitud de lo vertical y lo horizontal.

Toda la clave y el poder sacramental radica en nuestra capacidad de hacer esto de modo consciente, por decisión propia, amorosamente y en oración.

Esta es una manera en que el cuerpo mismo conoce cosas santas, se honra a sí mismo como el templo y el recipiente del Misterio, y vive con una dignidad autodeclarada y de la que es consciente.

"¡Amén!".

(Para ver un video de la señal de la cruz, por favor visita TheDivineDance.org).

2. Caminar: meditación caminando

Cuando yo era joven, uno de mis directores espirituales me dijo que probara la meditación caminando cuando tuviera problemas con la meditación exclusivamente sentado. Resultó ser un enviado de Dios y un balance para mí personalmente, y también me permitió invitar a muchos otros tipos muy enérgicos, tipos "sensatos" (en el test de personalidad Myers-Briggs), tipos más jóvenes, y tipos macho a "clavar sus pies" literalmente en una práctica de meditación inicial.

Ese mismo director espiritual decía que una confianza exclusiva en la meditación sentado no permitía a muchas personas gastar energía acumulada; sin esta liberación necesaria, la meditación sentada con frecuencia se abandonaba. En ciertos momentos en nuestra vida, debemos encontrar nuestra energía fundamental liberando de modo consciente energía acumulada, ya sea nerviosa, depresiva, sexual, o incluso feliz y emocionada. A veces la encontramos al liberarla; eso es meditación caminando.

Con frecuencia he enviado a grupos a hacer ejercicios de meditación caminando durante retiros, o lo he hecho con nuestros alumnos en la *Living School*, invitando a los caminantes a procesar la experiencia como grupo cuando regresan. Eso es invariablemente enriquecedor, humorístico y verdaderamente útil para todos nosotros. Uno de nuestros alumnos, Jonathon Stalls, incluso dirige una cooperativa de caminantes llamada Walk2Connect.com, que combina muchos de nuestros valores espiritualmente, ecológicamente y relacionalmente. Ellos alientan, invitan y forman a miles de personas para conectar caminando consigo mismos, con los demás y con su entorno.

Somos *creados* para movernos de este modo. Sencillamente vemos y escuchamos de modo distinto cuando nos movemos con otros y nosotros mismos a trote de paseo y fuera en el mundo real, abierto e impredecible; en nuevos barrios y mundos donde de otro modo puede que nunca vayamos. Caminar en lugares "bonitos" no es con frecuencia la meta, ¡pero sí lo es practicar presencia, conexión y reverencia dondequiera que estemos!

Mis pautas son normalmente sencillas (a veces, los envío llevando puesto nuestro Medallón espejo, pero esta será la siguiente práctica por sí sola).

+ Salir solo y en silencio. Regresar solo y en silencio.

+ Esta no es una experiencia de colegas; sal de cualquier necesidad de que sea locuaz, bonito o rápido. Debes ver *tú* solo y apropiarte de ello tú solo.

+ Con frecuencia noté la frase usada por Shakespeare, "caminar como un fraile", refiriéndose a la costumbre franciscana primitiva de caminar a cierta distancia detrás de otro mientras caminaban de una ciudad a otra, de modo que la otra persona, su personalidad o experiencia, no se convierta inmediatamente en mía, como sucede a menudo cuando se camina hombro con hombro. Este es un buen significado de "individualización", y tomar responsabilidad de tus propios pensamientos, emociones y sensaciones, para bien y para mal. Entonces pueden ser un maestro.

+ No tener metas santamente es tu meta. El viaje es el destino completo.

+ Pon un pie delante del otro de manera amorosa e intencional, y confía sinceramente en la *guía*. Quienes esperan al Espíritu, reciben el Espíritu.

+ No lleves libros ni diarios. "No pienses, tan solo mira" es tu lema.

+ No regreses esperando tener algo profundo o significativo que decir. Si regresas con algo que decir o escribir, está bien, pero la profundidad no es la meta. Cualquier expectativa es una decepción a la espera de producirse.

+ Es lo que es, y eso es tu maestro.

+ Como dice Jonathan Stalls, ahora estás viviendo la vida a "2-3 ki- lómetros por hora": el modo en que estás diseñado. ¡Y eso es muy bueno!

+ Tienes una muy buena posibilidad de experimentar así el puro *flujo* de la Trinidad en tu cuerpo.

3. Observar

(a) El Medallón espejo

Durante mi Cuaresma en el monasterio en 2003, leí por primera vez el libro de Catherine LaCugna, *Dios con Nosotros*. Me dio un lenguaje teológi- co para lo que yo sentía que había experimentado muchos días durante esa Cuaresma, y regresé con la idea de ayudar a otras personas a "vivir, moverse y ser" dentro del mismo *flujo*.[283]

Yo sabía que el flujo se estaba produciendo en diferentes niveles: men- tal, espiritual, psíquico, durante ese tiempo, y sin embargo cuando asentí a cualquiera de ellos, siempre tomaba forma y sentimiento también en mi cuerpo. Este flujo era siempre *hacia mí, en mí y por medio de mí*, y también *de mí hacia el mundo exterior*. Todo eso parecía ser necesario, o no se sentía como un FLUJO Trinitario auténtico.

Por lo tanto, de regreso en casa en el Centro para la Acción y la Contem- plación, creamos lo que denominamos "medallón espejo", que hemos utili- zado en muchas conferencias, retiros y meditaciones caminando, y ahora utilizamos con nuestros alumnos en la *Living School* in situ. (Puedes pedir tu propio medallón; puedes verlo al final de este libro). Sirve doblemente como una señal de que la persona que lo lleva desea guardar silencio en ese momento, y para protegerla de cualquier crítica de no ser sociable. Yo esperaría que la persona fuera social y relacional, pero de manera diferente. Sirve como una ayuda muy práctica para formar "la mente espejo". Y tienes que practicar durante mucho tiempo para crearlo dentro de ti de manera natural.

+ El espejo redondo mira hacia fuera cuando lo llevas sobre el pecho. Así, recibe el mundo exterior exactamente como debería hacerlo un espejo de verdad: sin distorsión, ajuste, negación o juicio. Lo que

---

283. Ver Hechos 17:28.

viene hacia mí merece en primer lugar ser honrado *en su existencia básica*, y entonces que también *es lo que es* y no necesita inmediatamente mi análisis, comentario o etiqueta.

+   El espejo, sin embargo, también mira hacia adentro, mirando directamente a tu alma y tu corazón, sin juicio, simbolizado por "el ojo de Dios" Trinitario.

+   Contemplando quizá lo que no puedes o no quieres ver: la imagen divina que llevas.

+   Honrando lo que con frecuencia tenemos temor de honrar: nuestra propia alma.

+   La cita que hay en el interior es de Pablo: "Nuestra contemplación sin velo recibe y refleja el brillo de Dios". Lamentablemente no había lugar para la siguiente parte importante del versículo: "Hasta que poco a poco seamos *'transformados a su semejanza con más y más gloria por la acción del Señor, que es el Espíritu'*". [284]

+   Es toda una invitación a permitir esa "revelación" de nuestro rostro y nuestra mirada, desde el *flujo hacia dentro* y también desde el *flujo hacia fuera*.

+   Y ofrezco otro versículo de la Escritura que se observa poco para avivar este *flujo* pleno y libre. Es Santiago 4:5. Aunque he leído muchas traducciones, esta es mi favorita: *"El Espíritu que él ha hecho morar en nosotros nos anhela celosamente"* (RVR1960). Intenta permitir el flujo divino por medio de ti como el anhelo, el deseo, e incluso los celos de Dios por la respuesta de tu alma. Es un tema bíblico que comienza en Éxodo 34:14 (LBLA): *"el Señor, cuyo nombre es Celoso, es Dios celoso"*.

(b) Reflejar la mirada divina

Invita a un ser amado de confianza (amigo, alguien significativo, padre, madre, o quizá tú mismo en un espejo) a pasar unos minutos compartiendo la mirada mutuamente. Siéntense el uno frente al otro, y comiencen encendiendo una vela o tocando una campana. Tomen unos momentos con los

---

284. Ver 2 Corintios 3:18.

ojos cerrados para encontrar su centro: el testigo estable. Después, abran los ojos y simplemente miren a la cara a la persona que tienen enfrente.

Den y reciban esta mirada en silencio, estando presentes mutuamente y en la presencia del Amor dentro y fuera. Permitan que sus ojos, su rostro y su cuerpo estén relajados a la vez que alerta. Respiren. Si su atención se disipa, lleven su conciencia otra vez a los ojos de su compañero y a la presencia del Amor que fluye entre los dos.

Cuando hayan pasado dos o tres minutos, vuelvan a tocar la campana, o unan sus manos e inclínense para señalar el final de la práctica. Compartan unas palabras, un abrazo, o una expresión de gratitud.

4. Respirar

(a) La oración YHWH

Lo que normalmente se denominaba el "segundo mandamiento" se tradujo con frecuencia como *"No tomarás el nombre del Señor tu Dios en vano"*.[285] A los cristianos se nos decía que eso significaba que no debíamos decir palabrotas o maldecir a personas; pero un rabino judío me enseñó que lo habíamos entendido mal, y habíamos perdido el punto principal:

¡En realidad enseñaba que *cualquier* declaración del nombre divino era en vano!

Cualquier intento de captar la Esencia divina en alguna palabra hablada era inútil; esta es la mejor manera de interpretar el nombre que fue dado a Moisés, normalmente traducido como alguna variante de "Yo Soy el que Soy", y en su forma hebrea original como YHWH (las letras yod, he, vav, he), que normalmente traducimos como *Yahvé*.

Era para preservar la total inutilidad de intentar conocer a Dios, y para mantener humildes a los creyentes y a la religión con respecto a su capacidad de conocer quién es Dios. La palabra era literalmente *impronunciable e indecible* por cualquier creyente judío ferviente, como lo sigue siendo para muchos hasta la fecha.

¡Pero la cosa se pone aún mejor!

---

285. Éxodo 29:7.

También era indecible porque había que imitar y replicar el sonido de la respiración humana. ¡Inténtalo ahora!

* Primero inhala. (Di *Yah* respirando hacia dentro; para hacerlo correctamente debes mantener la cavidad bucal completamente abierta, sin usar lengua ni labios).

* Y después exhala. (Di *vé* soltando el aire, y sigue manteniendo totalmente abierto el canal sin usar los labios, sino dejando que el aire recorra la lengua).

Ni siquiera puedes decir "Dios" y saber de lo que estás hablando, pero *puedes* respirar a Dios. De hecho, esto significa que la primera palabra que "pronunciaste" jamás cuando saliste del cuerpo de tu madre fue el Nombre sagrado.

Tu existencia al desnudo da gloria a Dios mediante lo único que lo ha hecho constantemente desde el nacimiento, que es tomar y devolver el aliento de vida, en partes iguales, a propósito, o te ahogarías. ¡Creo que aquí tenemos una lección!

Algún día habrá un último aliento, y también será el Nombre sagrado.

Así que en este momento, prueba a poner diez minutos en un cronómetro con ningún otro plan sino el de respirar de modo consciente el Nombre sagrado. Y *cuando* sientas la necesidad de una mayor conciencia, gozo y presencia en tu vida, detente y oye este Nombre en tu respiración.

(b) Oración a All'á

Cuando enseñaba una vez la Oración YHWH a un grupo interconfesional de maestros contemplativos, observé a un sufí islámico enfrente de mí en el círculo tragarse su propio aliento, y comenzar a llorar cuando yo compartía con el grupo.

Cuando terminó la sesión, se acercó a mí rápidamente y me preguntó: "¿Conoce la etimología estricta de nuestro nombre musulmán para Dios?".

Le dije que no la conocía, y que me gustaría conocerla. Después de todo, *Alá* es también el nombre que usan muchos cristianos para Dios en el Oriente Medio. Es sencillamente "Dios" en árabe.

Él me dijo que *Al* es el artículo definido para *El*, y si añadimos otra *l*, le da un énfasis especial, como *El Mismo*, o quizá *El Único*.

Me dijo que se deletrea más correctamente con un apóstrofe antes de la *á*, aunque muchas otras personas lo deletrean como *Alá*, que es correcto.

Pero entonces me miró fijamente, de nuevo sus ojos se llenaron de lágrimas, y casi temblaba. Me dijo: "¿Sabe lo que significa? Venimos de la misma experiencia primitiva y antigua de Dios que el pueblo judío, con quienes hemos desperdiciado siglos por las luchas y el odio.

"¡Nuestro nombre para Dios es precisamente 'HA'! pronunciado como una fuerte exhalación. Tenemos el mismo nombre para Dios, ¡mientras imaginamos que es muy distinto!".

Estuvimos allí mirándonos fijamente ante un profundo descubrimiento y casi incrédulos, y en humilde reverencia delante del Indecible.

Siéntete libre para probar la oración YHWH con el mismo movimiento de respiración de *All'á*.

(c) La oración hawaiana

Mientras enseñaba recientemente la oración de respirar el nombre divino a un grupo grande de hawaianos, ellos sonreían emocionados e interrumpieron mi enseñanza, ¡sin poder esperar a decirme que la palabra hawaiana para "aliento" y "Dios" es también *HA* pronunciada como una exhalación!

¡Y fue necesario llegar el siglo XX para que pensáramos en un término como el "inconsciente colectivo"! La Tradición Perenne simplemente hablaba de ello como el Espíritu Único.

5. Ver (en la oscuridad)

Lectio Divina es una manera de leer la Escritura y otros escritos sagrados con el *corazón* en lugar de con la cabeza, dirigiendo la acción. Es un modo de entrar en las palabras mismas como un medio de experimentar directamente la presencia de Dios.

En las siguientes meditaciones, imagina el proceso que el erudito bíblico Walter Bruggemann denomina *orientación, desorientación, y nueva orientación*. Cuando dejamos a un lado imágenes de Dios dolorosas, imágenes que ya no sirven, con frecuencia tenemos la sensación de estar tropezando en la oscuridad; es necesario un tiempo para que nuestros ojos se ajusten, y para que encontremos un nuevo punto de apoyo. Bautizados como estamos en este misterio Trinitario, el Dios de nuestra juventud una vez más se vuelve extraño.

Toma cada uno de estos pasajes y *saboréalo* de verdad. Analízalo en las cámaras de tu corazón. Tómalos tan lentamente como quieras, uno al día, incluso, y presta atención a cualquier nuevo retrato de Dios que surja.

Moisés se acercó a la densa oscuridad en la que estaba Dios, pero los israelitas se mantuvieron a distancia.[286]

Le dije a mi alma: está quieta, y deja que la oscuridad venga sobre ti,
La cual será la oscuridad de Dios.[287]

Rasgando el cielo, descendió,
pisando sobre oscuros nubarrones.
Montando sobre un querubín, surcó los cielos
y se remontó sobre las alas del viento.
De las tinieblas y de los cargados nubarrones
hizo pabellones que lo rodeaban.
De su radiante presencia
brotaron carbones encendidos.
Desde el cielo se oyó el trueno del Señor,
resonó la voz del Altísimo.[288]

Nubes y oscuridad alrededor de él;
Justicia y juicio son el cimiento de su trono.[289]

Cuando los sacerdotes se retiraron del Lugar Santo, la nube llenó el templo del Señor. Y por causa de la nube, los sacerdotes no pudieron celebrar el culto, pues la gloria del Señor había llenado el

---

286. Éxodo 20:21.
287. T .S. Eliot, "East Coker", *Four Quartets* (New York: Harcourt, Brace and Company, 1943), p. 14.
288. Salmos 97:2 (RVR1960).
289. Salmos 97:2 (RVR1960).

*templo. Entonces Salomón declaró: «Señor, tú has dicho que habi-
tarías en la oscuridad de una nube».*[290]

*Te daré los tesoros de las tinieblas,
y las riquezas guardadas en lugares secretos,
para que sepas que yo soy el Señor,
el Dios de Israel, que te llama por tu nombre.*[291]

Hay en Dios (dicen algunos),
Una profunda pero deslumbrante oscuridad.[292]

*Saulo se levantó del suelo, pero cuando abrió los ojos no podía
ver.*[293]

La oscuridad de la fe da fruto en la luz de la sabiduría...

... La oscuridad misma de la fe es un argumento de su perfección. Es oscuridad para nuestras mentes porque trasciende con mucha diferencia su
debilidad. Cuanto más perfecta es la fe, más oscura se vuelve. Cuanto más
cerca estamos de Dios, menos diluida está nuestra fe con la media luz de
imágenes y conceptos creados. Nuestra certeza aumenta con esta oscuridad, y sin embargo no sin angustia e incluso duda material, porque no nos
resulta fácil subsistir en un vacío en el cual nuestras capacidades naturales
no tienen nada propio en que apoyarse. Y es en la oscuridad más profunda
donde poseemos más plenamente a Dios en la tierra.[294]

¡La Trinidad, que excede a todo Ser, Deidad y Bondad! ¡Tú, que ins-
truyes a los cristianos en tu sabiduría celestial! Guíanos a esa altura suprema de sabiduría mística que sobrepasa a la luz y más que sobrepasa al
conocimiento, donde los misterios sencillos, absolutos e inmutables de la
Verdad celestial permanecen ocultos en la deslumbrante oscuridad del Silencio secreto, superando todo brillo con la intensidad de su oscuridad, ¡y

---

290. 1 Reyes 8:10-12.
291. Isaías 45:3.
292. Henry Vaughan, "The Night", http://www.bartleby.com/105/112.html. Vaughan fue un
poeta galés del siglo XVII.
293. Hechos 9:8.
294. Merton, *New Seeds of Contemplation*, pp. 141, 134–135.

214   LA DANZA DIVINA

sobrecargando nuestros intelectos cegados con la blancura profundamente impalpable e invisible de glorias que exceden a toda belleza![295]

Ahora dices: "¿Cómo procederé a pensar de Dios tal como es en sí mismo?". A esto solo puedo responder: "No lo sé". Con esta pregunta me llevas a la oscuridad y la nube de no conocer en la que quiero que entres.[296]

Serás... guiado hacia arriba al Rayo de la oscuridad divina que excede a toda existencia.[297]

Aquí la hiperpresencia de Dios es experimentada por el participante religioso como un tipo de ausencia, porque nuestras mentes son incapaces de hacer que el Dios que está ahí sea inteligible para nosotros.[298]

Al único inmortal, que vive en luz inaccesible, a quien nadie ha visto ni puede ver, a él sea el honor y el poder eternamente. Amén.[299]

Cuando llegaron a Betsaida, algunas personas le llevaron un ciego a Jesús y le rogaron que lo tocara. Él tomó de la mano al ciego y lo sacó fuera del pueblo. Después de escupirle en los ojos y de poner las manos sobre él, le preguntó:

—¿Puedes ver ahora?

El hombre alzó los ojos y dijo:

—Veo gente; parecen árboles que caminan.

Entonces le puso de nuevo las manos sobre los ojos, y el ciego fue curado: recobró la vista y comenzó a ver todo con claridad. Jesús lo mandó a su casa con esta advertencia:

—No vayas a entrar en el pueblo.[300]

---

295. Dionysius the Areopagite, en *The Mystical Theology* y *The Divine Names*, trans. C. (Clarence) E. (Edwin) Rolt (Mineola, NY: Dover Publications, 2004), p. 191. Es otra publicación no abreviada de *Dionysius the Areopagite on the Divine Names and the Mystical Theology* (London: Society for Promoting Christian Knowledge, and New York: Macmillan Company, 1920). Lenguaje actualizado para este ejercicio.

296. Anónimo, *The Cloud of Unknowing: and The Book of Privy Counseling*, trans. and ed. William Johnston (New York: Image Books, 1996), p. 46.

297. Dionisio, *Mystical Theology*, p. 192. Lenguaje actualizado para este ejercicio.

298. Peter Rollins, *How (Not) to Speak of God* (Brewster, MA: Paraclete Press, 2006), p. 87.

299. 1 Timoteo 6:16.

300. Marcos 8:22-26.

6. Alabanza: una letanía invocando al Espíritu Santo

Setenta nombres evocadores para Dios (si permites que lo sean):

Puro Don de Dios
Presencia Interior
Promesa del Padre
Vida de Jesús
Promesa y Garantía
Alabanza Eterna
Abogado Defensor
Unción Interior
Recordatorio del Misterio
Dispositivo de Seguimiento
Conocedor de todas las cosas
Testigo Estable
Marcapasos Implantado
Vencedor de la brecha
Conciencia Siempre y Ya
Observador Compasivo
Centro Magnético
Brújula de Dios
Aliento Interior
ADN Divino
Lugar de Anhelo Mutuo
Gloria Otorgada
Amor de Dios Escondido
Conciencia sin Elección
Esperanza Implantada
Deseo Chispeante
Fuego de Vida y Amor
Pacificador Sagrado
No Violencia de Dios
Sello de la Encarnación
Primicias de Todo
Ley Implantada
En ningún lugar porque en todo lugar
La Forma Secreta de Dios
El Flujo Eterno
Relación Misma

El Pegamento de la Bondad
Padre y Madre de huérfanos
Declarador de Verdad
Plan Secreto de Dios
Gran Constructor de Puentes
Quien calienta el corazón
Espacio entre Todo
Corriente que Fluye
Viento de Cambio
Paloma Descendida
Nube de Desconocimiento
Gracia no Creada
Vacío Lleno
Vidente
Nivel más profundo de nuestro anhelo
Corazón Atento
Herida Sagrada
Sanidad Santa
Quien suaviza nuestro espíritu
Voluntad de Dios
Gran Compasión
Generosidad del Creador
Victoria Inherente
La Tristeza
Nuestro Gozo Compartido
Lágrimas de Dios
Felicidad de Dios
La Bienvenida Interior
Pacto Duradero Eterno
Contrato escrito en nuestros corazones
Amante Celoso
Deseo de Dios

Tú que oras en nosotros, por medio de nosotros, con nosotros, por nosotros, y a pesar de nosotros.

¡Amén! ¡Aleluya!

7. Chispas de sabiduría[301]

En la historia de la práctica espiritual, tanto en Oriente como en Occidente, la obra interior que hacemos tiende a estar enfocada individualmente. Claro que todos podríamos estar juntos en una sala mientras lo hacemos, arrodillados para la liturgia como católicos, sentados en silencio como cuáqueros, meditando como budistas en el sangha... pero estos son ejercicios esenciales que también pueden hacerse individualmente; ¡no *necesitan* que otra persona esté presente para practicarlos!

Al explorar cómo es una espiritualidad verdaderamente Trinitaria, buscamos desarrollar prácticas que se apoyen plenamente en "cuando dos o más están reunidos". Esto no es disminuir el valor o la importancia de las prácticas a solas, sino más bien darnos también una probada más inmediata del flujo, la vulnerabilidad y la interdependencia radical que vemos mostrarse en la vida de Padre, Hijo y Espíritu.

En este espíritu, ofrezco una muestra de "práctica circular" aquí. De hecho, la *práctica* se siente un poco seca considerando su naturaleza. A la luz del gozo y la entrega mutua modeladas en la Trinidad, ¡prefiero llamar a esto un *juego*!

Al principio podrías facilitar este ejercicio para un pequeño grupo de amigos. Después puedes pedir a cada uno de ellos que lo facilite para un grupo en el que tú participes.

Primera ronda

El escenario: son necesarios tres o más participantes. Haz que se sienten en círculo e invítalos a cerrar los ojos y considerar...

El marco: tú, o el facilitador, pueden leer en voz alta las secciones que están en las cajas sombreadas:

---

301. Este juego fue desarrollado por David Bollt y Mike Morrell como parte de algo que ellos ofrecen anualmente en el Festival Wild Goose de justicia, artes y espiritualidad. Es parte de una tarde (o noche) completa de "juegos" que ellos llaman *practicar la presencia de personas*. Para saber más sobre estos juegos, e incluso para invitar potencialmente a David y Mike a facilitarlos en tu comunidad, visita el sitio web de David en RelationalYoga.life.

Muchas veces en la vida, hay algo que anhelamos oír; de un amigo, de alguien en nuestra familia, o incluso de Dios.

Puede que nos encontremos haciendo cosas que provocarán elogios de otros, o que oremos y escuchemos atentamente a que esa suave voz ofrezca sabiduría, paz y perspectiva.

Así que tomemos un momento para reconocer que Dios Creador es el Originador de todo, que somos miembros vivientes del cuerpo de Cristo, que el Espíritu resuena y conecta a toda la humanidad, y que el Ser de Dios vital y comunicativo debe incluir a cualquier comunidad o grupo en el que podamos encontrarnos en cualquier momento dado. Incluso aquí, en este círculo.

¿Y si fueras capaz de oír algo que has estado anhelando, de la persona que está sentada aquí, a tu lado?

Por lo tanto, ¿hay algo que estés anhelando oír de alguien en tu vida? ¿Quizá de un amigo o un ser querido?

Si el círculo necesita más aliento, pregunta:

¿Hay una palabra de sabiduría, reconocimiento o ánimo que te gustaría oír de alguien que te importa?

Quizá es algo que has necesitado oír desde que eras niño.

O quizá es algo relacionado con una relación o una lucha actual.

Cuando todos hayan respirado varias veces, pide a quienes están en el círculo que abran los ojos. Comprueba para ver si todos tienen una respuesta. Si no, permite unos momentos más para que ellos mediten.

Cuando todos tengan algo que entienden que anhelan oír, di...

¿Lo tienes? Bien. Ahora quiero que *declares* lo que más anhelas oír. Pero en lugar de decirlo ahora, quiero que te gires a la persona que está a tu lado y *le* digas lo que has recibido: lo que más anhelas oír.

Compártelo con tu compañero del modo en que te gustaría oír que te lo dijeran.

Antes de compartir, toma un momento para conectar con el espíritu o la intención de tus palabras. Lo que estás a punto de declarar es un regalo.

Con frecuencia es bueno que quien esté dirigiendo el ejercicio comience primero, y modele esa intención.

Ahora, gírate hacia la persona que tienes al lado y comparte lo que anhelas oír.

Si eres quien está escuchando, toma un momento para asimilarlo.

Después, gírate hacia la persona que tienes al lado, y comparte *con ella* lo que *tú* más anhelas oír.

Haz el ejercicio, con los participantes recorriendo todo el círculo.

Con frecuencia descubrimos que esas cosas que cualquiera de nosotros anhela oír son las mismas, o bastante parecidas, a algo que otra persona anhela oír. Es común que haya algunas coincidencias asombrosas que pueden parecer señalar a una inteligencia superior que está obrando dentro del grupo.

Ejemplos de cosas que dicen a veces las personas:

Eres suficiente exactamente como eres.

Eres amado.

Estás haciendo todo lo que puedes, y eso es lo único que tendrás que hacer nunca.

Estás exactamente donde necesitas estar en tu vida en este momento.

Segunda ronda:

Una vez más, invita a los participantes a cerrar los ojos, y pídeles que consideren esta nueva pregunta:

¿Hay algún consejo o perspectiva que tu verdadero Yo conoce ya, y que sería bueno que lo oigas en este momento?

Si tu verdadero Yo, en comunión con el Ayudador, tu Observador interior, el Espíritu Santo en ti, pudiera decir una palabra claramente, libre del ruido y los enredos del ego, ¿cuál sería?

Pide algunas respiraciones silenciosas que permitan tiempo a que los participantes piensen en esa palabra, y una vez más ofrece que "compartan" alrededor del círculo, de persona a persona, con la instrucción de conectar con la sinceridad y la importancia de las palabras.

Ejemplos de cosas que dicen a veces las personas:

Toma más tiempo para jugar; no tienes que ser tan serio todo el tiempo.

Disfruta de las personas que están ahora en tu vida; puede que no sean perfectas, pero un día entenderás cuán preciosas son esas relaciones.

Todo pertenece en este viaje.

Estás exactamente donde deberías estar.

Tercera ronda:

Para la última ronda, invita a los participantes a cerrar los ojos y considerar esta pregunta:

Si hay algo que imaginas que Dios quiere que sepas o aprendas, ¿qué sería eso?

Si hubiera cierta sabiduría o perspectiva que Dios te estuviera invitando a descubrir mediante tus actuales circunstancias, bendiciones y retos, ¿cuál sería?

Si Dios te hablara y te ofreciera una sola frase, una que necesitas oír en tu vida en este momento, ¿qué podría decirte Dios?

Permite varias respiraciones para que los participantes lo piensen, y una vez más ofréceles que compartan alrededor del círculo de persona a persona, con la instrucción de conectar con la importancia del mensaje. Y asegúrate de indicar a las personas que tomen un momento para recibir lo que han oído antes de compartirlo con la persona que tienen al lado.

Ejemplos de cosas que dicen a veces las personas:

Siempre te he amado, y siempre te amaré.

Tú eres hogar.

Eres amado.

Te creé a mi imagen; eres perfecto tal como eres.

Eres completo.

La vida es una oportunidad de amar y ser amado.

Te mereces estar aquí.

Después de esta última ronda, toma un tiempo para comprobar con los participantes cómo fue para ellos. Permite espacio para que las personas compartan con el grupo.

Explora:

¿Cómo fue decirle esas cosas a alguien?

¿Cómo fue oír esas cosas de otra persona?

¿Hubo alguna sorpresa?

¿Qué les dio una buena sensación?

¿Hubo algo que fuera un reto decirlo o escucharlo?

Este ejercicio revela una y otra vez que tenemos a nuestra disposición una gran profundidad de sabiduría, amor y conexión simplemente mirando a nuestro prójimo: sin duda, si el universo refleja la interconexión de la Trinidad, ¡eso es lo que podemos esperar!

Puede que descubramos que el susurro de la voz de Dios llega a nosotros con más frecuencia de la que pensamos, pues la oímos por medio de quienes nos rodean.

Regularmente, esta sencilla experiencia es profundamente conmovedora y abundante para todo aquel que participa. Los participantes experimentan frecuentemente sentimientos de gozo, gratitud y alivio. Risas y lágrimas dentro del círculo son comunes y bienvenidas.

ACERCA DE LOS AUTORES

Fray Richard Rohr es un maestro ecuménico globalmente reconocido que da testimonio del despertar universal dentro del misticismo cristiano y la Tradición Perenne. Es sacerdote franciscano de la provincia de Nuevo México, y fundador del Centro para la Acción y la Contemplación (CAC. org) en Albuquerque. Su enseñanza está arraigada en la ortodoxia alterna franciscana (prácticas de contemplación y despojarse uno mismo), que se expresa en una compasión radical, particularmente hacia los marginados socialmente.

Fray Richard es el autor de numerosos libros, entre los que se incluyen *Everything Belongs, Adam's Return, The Naked Now, Breathing Under Water, Falling Upward, Immortal Diamond, y Eager to Love: The Alternative Way of Francis of Assisi.* Es también decano académico de la Escuela Viviente para la Acción y la Contemplación. Acudiendo al lugar del cristianismo dentro de la Tradición Perenne, la misión de la escuela es producir individuos compasivos y potentemente instruidos que trabajarán por el cambio positivo en el mund,o basándose en la conciencia de nuestra unión común con Dios y todos los seres.

Mike Morrell es director de comunicaciones del tanque de pensamiento Teología Integral de Presence International, cofundador de The Buzz Seminar, y organizador fundador del festival de la justicia, las artes y la espiritualidad, Wild Goose. Es un ávido escritor, periodista *freelance* para publicaciones entre las que se incluyen *Conspire* y *RELEVANT*, consultor editorial, coach de autor, y comisario de la comunidad de reseñas de libros en TheSpeakeasy.info. Denominado a sí mismo "opti-místico" y maestro principal y facilitador en espacios de fe emergente, Morrell explora Espíritu, cultura y permacultura en su blog en MikeMorrell.org.

Mike también organiza experiencias contemplativas y comunitarias mediante Authentic World, Relational Yoga, ManKind Project, y (H) Opp, alegrándose en proporcionar espacio para la extraordinaria transformación que puede tener lugar en la intersección de anticipación, imaginación y aceptación radical. Mike vive con su esposa y sus dos hijas en Carolina del Norte.